Der Autor:
Richard Elliott Friedman promovierte in Harvard und
ist heute Professor an der Theologischen Fakultät der
University of California in San Diego.

Richard Elliott Friedman

Wer schrieb die Bibel?

Die spannende Entstehungsgeschichte des Alten Testaments

Aus dem Amerikanischen von
Hartmut Pitschmann

BASTEI-LÜBBE-TASCHENBUCH
Band 60 320

1. Auflage März 1992
2. Auflage Feb.   1993

Lizenzausgabe mit freundlicher Genehmigung
des Paul Zsolnay Verlages Wien/Darmstadt
Copyright © Paul Zsolnay Verlag Gesellschaft m. b. H.,
Wien/Darmstadt 1989
Titel der amerikanischen Ausgabe: Who Wrote the Bible?
Copyright © 1987 by Richard Friedman
Lizenzausgabe im Gustav Lübbe Verlag GmbH,
Bergisch Gladbach
Printed in Germany
Umschlaggestaltung: Manfred Peters
Das Umschlagbild zeigt einen Ausschnitt aus den
›Qumran-Rollen‹, die die ältesten heute bekannten
Niederschriften von Bibeltexten enthalten.
Foto: Archiv für Kunst und Geschichte (Erich Lessing)
Satz: Fotosatz Schell, Bad Iburg
Druck und Bindung: Ebner Ulm
ISBN 3-404-60320-6

Der Preis dieses Bandes versteht sich einschließlich
der gesetzlichen Mehrwertsteuer

Dieses Buch widme ich in Liebe
Reva A. Friedman und
Laraine Friedman Linn

Inhalt

ANHANG:

Vorwort

Dies Buch bringt eine Zusammenschau meiner Forschungen aus den letzten zehn Jahren. Einzelaspekte dieser Forschungen habe ich in Fachzeitschriften und bibelwissenschaftlichen Publikationsreihen veröffentlicht; ich habe mich jedoch entschlossen, einige neuere Ergebnisse und die Synthese der einzelnen Teile hier in einer Form zu veröffentlichen, die Nichtspezialisten leichter zugänglich ist. Ich habe versucht, Fachjargon und ellenlange Fußnoten zu vermeiden und habe dafür Hintergrundinformationen für diejenigen Leser eingefügt, denen dieses Thema neu ist.

Ich habe mich für diese Art der Darstellung entschieden, weil ich aufrichtig glaube, daß dieses Thema für einen größeren Leserkreis von Bedeutung ist als die Welt meiner Fachkollegen. Die Analyse der biblischen Autorenschaft wird in fast jeder Standard-Einführung zum Alten oder Neuen Testament, in hunderten von Kommentaren zur Bibel sowie in den meisten Kursen an Universitäten und Priesterseminaren berührt. Trotzdem ist sie weithin unbekannt oder unverstanden geblieben. Das ist um so bemerkenswerter, als eine solche Analyse mindestens ebenso wichtig ist wie beispielsweise Aspekte der Evolution oder geologische Indizien zum

Alter der Erde. Während aber von diesen Dingen jedes Schulkind gehört hat, sind die Entdeckungen zu der so wichtigen Frage, wer die Bibel geschrieben hat, außerhalb von Gelehrtenkreisen unbekannt geblieben.

Teilweise mag es daran liegen, daß es hier keine sensationellen Einzelentdeckungen gab wie die Schrifttafeln vom Toten Meer oder Darwins Funde auf Galapagos. Die Entdeckungen waren vielmehr Teil einer langen, mühseligen Suche, bei der über Jahrhunderte hinweg die kleinen Teile eines riesigen Puzzles zusammengetragen wurden, von denen zu ihrer Zeit nur wenige Nachrichtenwert besaßen. Ich bin jedoch überzeugt, daß wir jetzt endlich das Puzzle soweit zusammengesetzt haben, um eine Vorstellung von den Autoren der Bibel vermitteln zu können, die für ein breites Publikum interessant ist. Wir sollten sie meines Erachtens diesem Publikum nicht vorenthalten.

Wer schrieb die Bibel?

Seit fast zweitausend Jahren wird die Bibel gelesen. Man versteht sie im wörtlichen oder übertragenen Sinn oder symbolisch. Die einen halten sie für von Gott gegeben, geoffenbart oder inspiriert, die anderen für das Werk von Menschen. Sie ist das meistverbreitete Buch der Welt. Sie wird öfter als jedes andere Buch zitiert (und falsch zitiert). Sie ist auch öfter als jedes andere Buch übersetzt (und fehlübersetzt) worden. Man bezeichnet sie als großes literarisches Werk und auch als das erste Geschichtswerk. Sie bildet den Kern des Judentums und des Christentums. Pfarrer, Priester und Rabbiner predigen aus ihr. Gelehrte widmen sich ihr Leben lang ihrem Studium und machen sie zum Gegenstand ihrer Vorlesungen an Universitäten und Seminaren. Die Menschen lesen sie, schreiben über sie, diskutieren sie, lieben sie. Viele haben nach ihr gelebt und sind für sie gestorben. Und doch wissen wir nicht, wer sie geschrieben hat.

Es ist doch eine merkwürdige Sache, daß niemand mit Sicherheit weiß, wer der Verfasser des Buches ist, das eine solch zentrale Rolle in unserer Kultur spielt. Was die Frage betrifft, wer die einzelnen Bücher der Bibel geschrieben hat, so gibt es gewisse Überlieferungen: die fünf Bücher Mose werden Mose zugeschrieben, das

Buch der Klagelieder dem Propheten Jeremia, die Hälfte der Psalmen dem König David. Wie soll man aber wissen, ob diese traditionellen Zuordnungen auch tatsächlich stimmen?

Seit fast tausend Jahren arbeiten Forscher an der Lösung dieses Rätsels, und insbesondere in den letzten zweihundert Jahren haben sie bedeutende Erkenntnisse gewonnen. Manche dieser Erkenntnisse stellen gewisse überkommene Anschauungen in Frage. Trotzdem will die vorliegende Arbeit nicht einer Kontroverse Religion gegen Wissenschaft oder kirchlich gegen weltlich das Wort reden. Im Gegenteil. Die meisten Forscher wurden im Rahmen religiöser Traditionen ausgebildet und sind mit der Bibel ebenso vertraut wie jene, die nur die überlieferten Antworten gelten lassen wollen. Tatsächlich gehörte und gehört bis auf den heutigen Tag ein bedeutender Teil der kritischen Bibelgelehrten − vielleicht gar die Mehrzahl − dem geistlichen Stand an. Und warum sucht man immer wieder eine Antwort auf die Frage zu finden, wer die Bibel geschrieben hat? Weil diese Antwort bedeutende Konsequenzen für das traditionelle wie für das kritische Bibelstudium hat.

Immerhin geht es um die Bibel. Ihr Einfluß auf die Kultur des Westens − und später auch auf die des Ostens − ist so gewaltig, daß man kaum darum herumkommt, ihre Wirkung anzuerkennen oder gar ihre Autorität zu akzeptieren, ohne danach zu fragen, woher sie eigentlich kam. Wenn wir die Bibel für ein großes literarisches Werk halten − wer ist der Dichter, der sie geschaffen hat? Betrachten wir sie als Geschichtsquelle − von wem stammen diese Berichte? Wer hat die Gesetze niedergeschrieben? Wer hat diese Sammlung diverser Erzählungen, Dichtungen und Gesetze zu einem einheitlichen Werk zusammengeschweißt? Da beim Lesen eines Werkes, gleichgültig ob Belletristik oder Sachbuch, bis zu einem gewissen Grad stets die Persönlichkeit des Autors durchscheint – wer tritt uns entgegen, wenn wir die Bibel lesen?

Für die meisten Leser der Bibel bedeutet dies eine ganze Menge, ob sie nun das Buch der Bücher aus religiösem, moralischem oder historischem Interesse lesen. Wird ein Buch in der Schule oder an der Universität vorgetragen, so erfährt man im allgemeinen auch etwas über das Leben des Verfassers, und das trägt gewöhnlich zum besseren Verständnis des Werkes bei. Von hochgestochenen literaturtheoretischen Erwägungen einmal abgesehen, sind die Leser in der Regel bemüht, Verbindungen zwischen dem Leben des Verfassers und der von ihm entworfenen Welt herzustellen. In der Belletristik beispielsweise ist es für die meisten Leser wichtig zu wissen, daß Dostojewski als Russe im 19. Jahrhundert lebte und ein orthodoxer Christ mit originellen revolutionären Ideen war; daß er Epileptiker war und daß die Epilepsie in seinen Romanen *Der Idiot* und *Die Brüder Karamasow* eine wichtige Rolle spielt; oder daß Dashiell Hammett Detektiv und George Eliot eine Frau war. Bei wissenschaftlichen Büchern ist es ähnlich. Die Faszination, die Sigmund Freud als Mensch ausstrahlte, scheint ebenso grenzenlos zu sein wie das Interesse an der Frage, bis zu welchem Grad seine Schriften persönliche Erfahrungen widerspiegeln. Oder Nietzsche – bei der Lektüre seiner Werke ist alles Biographische von Bedeutung, von seiner Geisteskrankheit über seine Beziehung zu Lou Andreas Salomé bis hin zu seiner manchmal geradezu unheimlichen Verbundenheit mit Dostojewski.

Je offensichtlicher solche Zusammenhänge, desto auffallender die Tatsache, daß vergleichbare Informationen bei der Bibel im großen und ganzen fehlen. Oftmals ist der Text ohne diese Informationen nicht zu verstehen. Lebte der Verfasser einer bestimmten Textstelle nun im achten Jahrhundert vor Christi Geburt oder im fünften? Wenn also der Autor einen bestimmten Ausdruck verwendet, wie sollen wir ihn verstehen – in der Bedeutung, die dieser Ausdruck im achten Jahrhundert hatte oder in der des fünften? War der Verfasser Zeuge der beschriebenen Ereignisse? Und wenn nicht, wie kommt er zu seiner Darstellung der Ereignisse? Was beruht auf schriftlichen Quellen, was auf alten Familienüberlieferungen oder noch anderen Quellen, was auf göttlicher Offenbarung, was auf Dichtung? Inwieweit wirkten die Ereignisse der Zeit, in der der Autor lebte, auf die Art und Weise, wie er die Geschichte wiedergibt, zurück? Hat der Verfasser das Werk in der klaren Absicht geschrieben, einen heiligen, bindenden Text zu schaffen?

Solche Fragen sind wichtig für das Verständnis des Stellenwerts des Bibeltextes in der biblischen Welt selbst. Wenn wir aber einmal die Menschen und die Kräfte kennen, die die Bibel schufen, dann bieten diese Fragen dem Leser, ob er nun religiös ist oder nicht, die Möglichkeit, zu einem neuen und reicheren Verständnis dieses Buches in der heutigen Zeit zu gelangen.

Die Fünf Bücher Mose

Hier handelt es sich um eines der ältesten Rätsel der Welt. Praktisch seit der Vollendung der Bibel hat es den Forschern zu schaffen gemacht. Zunächst ging es gar nicht um die Suche nach dem Verfasser. Es begann ganz einfach damit, daß einzelne Leser sich die Fragen stellten, die sich aus den biblischen Texten selbst ergaben. Dann ging es weiter wie in einer Detektivgeschichte, die sich über Jahrhunderte hinzieht; und dabei legten die Forscher einen Anhaltspunkt nach dem anderen frei.

Es begann mit Fragen zu den ersten fünf Büchern der Bibel: Genesis, Exodus, Levitikus, Numeri und Deuteronomium. Diese Bücher nennt man auch den *Pentateuch* (griechisch: ›fünf Schriftrollen‹) oder die *Thora* (hebräisch: ›Vorschrift‹). Sie sind auch als die Fünf Bücher Mose bekannt. Im größten Teil dieser Bücher ist Mose die Hauptfigur, und gemäß der frühen jüdischen und christlichen Überlieferung hat Mose selbst sie geschrieben, obwohl aus dem Text der Fünf Bücher Mose nirgendwo hervorgeht, daß er der Autor war[1]. Doch die Annahme der alleinigen Autorschaft Moses brachte Probleme mit sich. Die Leser fanden Widersprüche im Text. Einmal werden Ereignisse in einer bestimmten zeitlichen Abfolge geschildert, und an anderer Stelle wird über dieselben Ereignisse in einer anderen Abfolge berichtet. Einmal heißt es, eine gewisse Sache sei zweimal vorhanden, dann wieder ist von vierzehnmal die Rede. Da wird von einer Aktion der Moabiter berichtet, und später erfährt man, daß es die Midianiter waren. In einem Kapitel begibt sich Mose zur Stiftshütte, bevor sie überhaupt noch errichtet war.

Die Leser merkten auch, daß in den Fünf Büchern Mose Dinge vorkamen, die Mose entweder nicht gewußt oder kaum gesagt haben konnte. Schließlich berichtet der Text vom Tode Moses! Ferner heißt es, daß Mose der bescheidenste und demütigste Mann auf Erden war; normalerweise erwartet man nicht, daß der bescheidenste Mann auf Erden sich als den bescheidensten Mann auf Erden bezeichnet.

Anfangs wurden die Argumente derer, die die Autorschaft Moses in Zweifel zogen, zurückgewiesen. Im dritten Jahrhundert n. Chr. verteidigte der christliche Dogmatiker Origines vehement die Einheit des Pentateuch. In gleicher Weise deuteten die Rabbis in den Jahrhunderten nach der Vollendung der hebräischen Bibel (des Alten Testaments) die Brüche und Widersprüche innerhalb des Rahmens der Überlieferung: Die Widersprüche seien nur scheinbar Widersprüche; sie seien erklärbar — mittels (oft recht weit hergeholter) Interpretationen oder durch die Einführung zusätzlicher erzählerischer Details, die im ursprünglichen Bibeltext nicht aufschienen. Die Stellen, wo Mose auf Dinge Bezug nimmt, von denen er nichts wissen konnte, wurden damit erklärt, daß Mose ein Prophet sei. Derartige an der Überlieferung orientierte Ansichten herrschten bis ins Mittelalter vor. Die jüdischen Bibelexegeten des Mittelalters, wie Rashi in Frankreich und Nachmanides in Spanien, verstanden sich in besonderem Maße darauf, Erklärungen zur Auflösung der Widersprüche zu finden. Aber im Mittelalter begannen die Wissenschaftler auch, neue Antworten auf die alten Fragen zu finden.

Sechshundert Jahre Forschung

Zu Beginn akzeptierten die Forscher noch die Überlieferung, laut der Mose die Fünf Bücher geschrieben habe; allerdings, so meinten sie, seien hier und da einige Zeilen hinzugefügt worden. Im 11. Jahrhundert wies Isaak ibn Yashush, jüdischer Hofarzt eines Herrschers im maurischen Spanien darauf hin, daß eine in 1. Mose 36 erscheinende Liste edomitischer Herrscher die Namen von Königen enthalte, die erst lange nach Moses Tod gelebt hätten. Ibn Yashush kam zu dem Schluß, diese Liste stamme von jemandem, der nach Mose gelebt haben mußte – und das brachte ihm den Spitznamen ›Isaak der Tölpel‹ ein.

Der Mann, der ihm diesen Namen gab, war Rabbi Abraham ibn Esra, der im 12. Jahrhundert in Spanien lebte. Ibn Esra fügte noch hinzu: »Man sollte sein (Isaaks) Buch verbrennen.« Ironischerweise deuten gewisse zweideutige Kommentare in Esras Schriften darauf hin, daß er selbst nicht frei von Zweifel war. Er machte Anspielungen auf mehrere Bibelstellen, die nicht von Mose selbst stammen konnten: Stellen, die von Mose in der dritten Person sprechen; die Ausdrücke verwenden, die Mose nicht gekannt haben konnte; die Orte beschreiben, an denen Mose nie gewesen ist; und deren Sprache einer anderen Gegend und einer anderen Epoche zuzuordnen ist als der, in der Mose lebte. Dennoch war Rabbi ibn Esra offenbar nicht bereit, offen an der Autorschaft Moses an den Fünf Büchern zu zweifeln. Er schrieb lediglich: ›Und wenn du verständig bist, wirst du die Wahrheit erkennen.‹ Und an anderer Stelle schreibt er mit Bezug auf diese umstrittenen Abschnitte: ›Und wer verständig ist, wird schweigen.‹

Im 14. Jahrhundert folgte der Gelehrte Bonfils in Damaskus der Beweisführung von ibn Esra, nicht jedoch dessen Rat, den Mund zu halten. Zu den fraglichen Passagen sagt Bonfils ganz eindeutig: »Und das ist der Beweis, daß dieser Vers der Thora später geschrieben wurde und daß nicht Mose ihn geschrieben hat, sondern einer der späteren Propheten.« Bonfils leugnete nicht den Offenbarungscharakter des Textes. Er war noch der Ansicht, die fraglichen Abschnitte seien von ›einem der späteren Propheten‹ verfaßt worden. Er kam nur zu dem Schluß, daß sie nicht von Mose stammen konnten. Bei einem Nachdruck seines Werkes 350 Jahre später wurden allerdings alle diesbezüglichen Hinweise getilgt.

Im 15. Jahrhundert stellte Tostatus, Bischof von Avila, gleichfalls fest, daß bestimmte Passagen, insbesondere der Bericht über Moses Tod, nicht Mose selbst als Autor haben konnten. Nach einer alten Überlieferung soll Josua, der Nachfolger Moses, der Verfasser dieses Berichts gewesen sein. Aber im 16. Jahrhundert wies Carlstadt, ein Zeitgenosse von Luther, nach, daß der Bericht von Moses Tod in demselben Sprachduktus abgefaßt ist wie vorangehende Texte. Dadurch stand die Behauptung, Josua oder jemand anderes hätte lediglich ein paar Zeilen zu einem ansonsten von Mose stammenden Manuskript hinzugefügt, auf schwachen Beinen. Es erhob sich auch die Frage, was denn eigentlich das Werk Moses war und was von jemand anderem eingefügt wurde.

In einer zweiten Phase dieser Ermittlungen meinten die Forscher, Mose hätte zwar die Fünf Bücher geschrieben, diese seien aber später überarbeitet worden, wobei hier und da ein Wort oder eine Redewendung des Überarbeiters eingeflossen sei. Im 16. Jahrhundert stellten der flämische Katholik Andreas van Maes und die beiden Jesuiten Benedict Pereira und Jacques Bonfrère einen gleichsam von Mose stammenden Text her, den in der Folge andere Autoren erweiterten. Van Maes glaubte, daß ein späterer Überarbeiter gewisse sprachliche Wendungen eingefügt und manche Ortsnamen in ihrer nunmehrigen Schreibweise gebracht habe. Die katholische Kirche setzte das Buch des Andreas van Maes auf den Index der verbotenen Bücher.

Im dritten Forschungsstadium kamen die Forscher geradewegs zu dem Schluß, daß Mose den größten Teil des Pentateuch *nicht* geschrieben habe. Der erste, der das auch aussprach, war im 17. Jahrhundert der englische Philosoph Thomas Hobbes. Hobbes sammelte zahlreiche Fakten und Aussagen aus den Fünf Büchern, die mit einer Autorschaft Moses unvereinbar waren. Beispielsweise heißt es an manchen Stellen, ein bestimmter Zustand wirke ›bis auf den heutigen Tag‹. ›Bis auf den heutigen Tag‹ – mit dieser Redewendung beschreibt man nicht eine Situation des Hier und Jetzt. Es ist dies eine Floskel, die eher ein späterer Autor gebrauchen würde, um etwas zu beschreiben, das von der Vergangenheit bis in die Gegenwart andauert.

Vier Jahre darauf betonte auch der französische Calvinist Isaac de la Peyrère, daß Mose nicht der Verfasser der ersten fünf Bücher der Bibel sein konnte. Auch ihm waren quer durch den Text Unstimmigkeiten aufgefallen, beispielsweise die Formulierung ›jenseits des Jordans‹ im ersten Vers des Deuteronomiums. Dieser Vers beginnt: ›Das sind die Worte, die Mose redete zum ganzen Israel jenseits des Jordans …‹ Das Problem bei der

Wendung ›jenseits des Jordans‹ besteht darin, daß sie auf jemanden Bezug nimmt, der sich auf der anderen Seite des Jordanflusses befindet und nicht auf derjenigen des Schreibers. Daher scheint der Vers die Worte von jemandem in Israel auf der westlichen Jordanseite wiederzugeben, der auf das Bezug nimmt, was Mose auf der östlichen Jordanseite getan hat. Mose selbst sollte jedoch in seinem ganzen Leben niemals in Israel gewesen sein. Das Buch von la Peyrère wurde verbrannt und mit dem Kirchenbann belegt. Er selbst wurde eingekerkert, und man legte ihm nahe, zum Katholizismus überzutreten und seinen Meinungen abzuschwören – nur so könnte er auf Freilassung rechnen. Das tat er dann auch.

Um dieselbe Zeit veröffentlichte in Holland der Philosoph Baruch Spinoza eine einheitliche textkritische Analyse, mit der er nachwies, daß es sich bei den fraglichen Stellen nicht um einige wenige isolierte Fälle handelte, die man jeden für sich wegerklären könnte. Sie zogen sich vielmehr durch die ganzen Fünf Bücher Mose. Da waren die Berichte über Mose in der dritten Person, die Aussagen, die Mose wahrscheinlich nie gemacht hätte (z. B. ›der bescheidenste Mann auf Erden‹), der Bericht von Moses Tod, die Wendung ›bis auf den heutigen Tag‹, die Bezeichnung geographischer Gegebenheiten mit Namen, die erst nach Moses Tod aufkamen, die Erwähnung von Fakten, die sich erst nach Moses Lebzeiten ereigneten (z. B. die Liste der edomitischen Könige), sowie verschiedene Widersprüche und problematische Textstellen, die schon früheren Forschern aufgefallen waren. Er bemerkte auch, daß es in 5. Mose 34 heißt: »Und es stund hinfort kein Prophet in Israel auf wie Mose ...« Diese Worte klingen, kommentierte Spinoza, als kämen sie von jemandem, der lange nach Mose gelebt und die Gelegenheit gehabt habe, auch anderen Propheten zu begegnen; und nur so könne er diesen Vergleich anstellen. Spinoza schrieb: ›Es ist … sonnenklar, daß der Pentateuch nicht von Mose geschrieben wurde, sondern von jemandem, der lange nach Mose gelebt hat.‹ Spinoza war aus dem Judentum ausgeschlossen worden. Jetzt wurde sein Werk auch von Katholiken und Protestanten mit dem Bann belegt. Sein Buch kam auf den Index, innerhalb von sechs Jahren wurden sechsunddreißig Edikte gegen es erlassen, auf ihn selbst wurde ein Anschlag verübt.

Kurze Zeit danach legte in Frankreich der katholische Priester Richard Simon, ein konvertierter Protestant, ein Werk vor, das eigentlich als eine Kritik an Spinoza gedacht war. Laut Simon war der Kern des Pentateuch (d. h. die Gesetze) mosaisch, es gebe aber einige Zusätze aus der Hand derer, die die alten Texte gesammelt, zusammengestellt und überarbeitet hätten. Und diese Kompilatoren, so Simon, seien Propheten gewesen, die vom Heiligen Geist geleitet waren. Damit hatte er seiner Meinung nach die Heiligkeit des biblischen Textes verteidigt. Seine Zeitgenossen waren aber anscheinend noch nicht reif für eine Schrift, laut der ein Teil der Fünf Bücher nicht von Mose stammen sollte. Katholische Geistliche griffen Simon an; er wurde seines Amtes enthoben. Seine Bücher kamen auf den Index. Aus dem protestantischen Lager kamen vierzig Entgegnungen auf sein Werk. Von den 1300 gedruckten Exemplaren seines Buches wurden bis auf sechs alle verbrannt. Eine von John Hampden übersetzte englische Fassung des Buches konnte zwar erscheinen, aber später widerrief Hampden. Dazu Edward Gray in seinem zurückhaltenden Bericht: Hampden ›verwarf die Ansichten, die er mit Simon geteilt hatte … 1688, wahrscheinlich kurz vor seiner Entlassung aus dem Tower‹.

Die Quellen

Simons Hypothese, die Verfasser der Bibel hätten ihren Text aus vorhandenen alten Quellen zusammengestellt, war ein wichtiger Schritt zur Beantwortung der Frage, wer die Bibel geschrieben hat. Jeder seriöse Historiker weiß, wie wichtig die Quellen für die Schilderung der Ereignisse sind. Die Hypothese, daß die Fünf Bücher Mose auf einer Zusammenfügung mehrerer älterer Quellen unterschiedlicher Herkunft beruhen, war von besonderer Bedeutung, weil sie den Weg für den Umgang mit einem neuen Beweisstück vorbereitete, das im darauffolgenden Jahrhundert von drei Forschern ausgebaut wurde: die Dublette.

Von einer Dublette spricht man, wenn dieselbe Geschichte zweimal erzählt wird. Selbst in der Übersetzung fällt es auf, daß manche Episoden der Bibel an zwei verschiedenden Stellen mit abweichenden Einzelheiten aufscheinen. Die Erschaffung der Welt; der Bund zwischen Gott und Abraham; die Namensgebung von Abrahams Sohn Isaak; die Episode, in der Abraham sein Weib Sarah einem fremden König gegenüber als seine Schwester ausgibt; die Reise von Isaaks Sohn Jakob nach Mesopotamien; die Geschichte von der Himmelsleiter; die Geschichte, wie Gott Jakob den Namen Israel gab und wie Mose aus dem Felsen Wasser schlug — für all dies und noch mehr gibt es zwei Versionen.

22

Die Verteidiger des überlieferten Glaubens an die Autorschaft Moses argumentieren, daß die Dubletten sich immer ergänzen und nicht wiederholen, und daß sie sich nicht widersprechen, sondern mit ihren ›scheinbaren‹ Widersprüchen uns eine Lehre sein sollten. Es wurde jedoch ein weiterer Anhaltspunkt entdeckt, der diese traditionelle Erwiderung aushöhlte. Die Forscher entdeckten, daß in den meisten Fällen in einer der beiden Versionen einer Erzählungsdublette die Gottheit mit dem heiligen Namen Jahwe (früher fälschlich mit Jehova wiedergegeben) bezeichnet wurde, während in der zweiten Version die Gottheit einfach Gott heißt. Die Dubletten ließen sich also in zwei Gruppen von parallelen Versionen scheiden. Jede Gruppe zeigte eine fast durchgängige Konsequenz in der Verwendung des Gottesnamens. Darüber hinaus stellten Forscher fest, daß man die Unterscheidung nicht nur nach der Verwendung der Gottesbezeichnung treffen konnte. Sie fanden verschiedene andere Ausdrücke und Merkmale, die in der einen oder der anderen Gruppe regelmäßig auftauchten. Das schien die Hypothese zu unterstützen, daß jemand zwei verschieden alte Quellendokumente genommen, sie zerlegt und in Form einer fortlaufenden Erzählung in den Fünf Büchern Mose miteinander verwoben hatte.

Es ging somit in der nächsten Forschungsphase darum, die einzelnen Stränge der beiden Quellendokumente zu entwirren. Im 18. Jahrhundert kamen drei Forscher in Verfolgung dieser Überlegungen unabhängig voneinander zu ähnlichen Schlußfolgerungen: ein deutscher Geistlicher (H. B. Witter), ein französischer Arzt (Jean Astruc) und ein deutscher Universitätslehrer (J. G.

Eichhorn). Anfangs nahm man an, daß eine der beiden Versionen der Geschichten im 1. Buch Mose ein alter Text gewesen sei, den Mose als Quelle benutzt hatte, und daß die andere Version der Geschichten von Mose selbst verfaßt war, der die Dinge mit eigenen Worten wiedergab. Später meinte man, beide Versionen der Geschichten seien alte Quellendokumente gewesen, die Mose bei seiner Arbeit benutzt habe. Schließlich kam man zu dem Schluß, daß beide Quellen von Verfassern stammen mußten, die nach Mose gelebt hatten. Mit jedem Schritt dieser Entwicklung wurde die Autorschaft Moses immer weiter eingeengt.

Anfang des 19. Jahrhunderts wurde die Hypothese von den zwei Quellen erweitert. Die Gelehrten entdeckten Beweise dafür, daß es letztlich nicht bloß zwei große Quellendokumente für den Pentateuch gab − es gab deren vier! Zwei Wissenschaftler wiesen nach, daß es in den ersten vier Büchern der Bibel nicht nur Dubletten, sondern sogar mehrere Tripletten gab. Das stimmte überein mit anderen Beweisen zu den inhaltlichen und sprachlichen Charakteristiken, und es festigte sich die Überzeugung, daß man eine weitere Quelle des Pentateuch erschlossen hatte. Und dann wies ein junger deutscher Gelehrter, W. M. L. De Wette, in seiner Doktorarbeit darauf hin, daß das letzte der Fünf Bücher Mose, das Deuteronomium, sich sprachlich in verblüffender Weise von den anderen vier Büchern unterschied. Von den drei alten Quellendokumenten schien sich keines in diesem Buch fortzusetzen. De Wette äußerte die Vermutung, das Deuteronomium sei eine separate vierte Quelle.

So ist es der teilweise mit großen persönlichen Opfern

verbundenen Arbeit vieler Menschen zu verdanken, daß das Geheimnis vom Ursprung der Bibel offen dargelegt und eine Arbeitshypothese geschaffen werden konnte. Das war ein bemerkenswerter Schritt in der Geschichte der Bibel. Wissenschaftler konnten nun das erste Buch Mose öffnen und auf ein und derselben Seite die Handschrift von zwei oder gar drei Autoren erkennen. Und ebenso die Hand des Redakteurs, desjenigen, der die Quellendokumente zerlegt und zu einer einzigen Erzählung verbunden hatte. Also waren es bis zu vier verschiedene Personen, die an einer einzigen Seite der Bibel mitgeschrieben hatten. Die Gelehrten konnten nun erkennen, daß es da ein Puzzle gab, und sie konnten die Eigenart dieses Puzzles ergründen. Aber sie wußten immer noch nicht, wer die Verfasser der vier alten Quellentexte waren, wann sie gelebt, warum sie geschrieben hatten. Und sie hatten keine Ahnung, wer der Redakteur war, der die einzelnen Texte zusammengefügt hatte, noch warum er es auf diese vertrackte Art getan hatte.

Die Hypothese

Das Puzzle sah, kurz gesagt, folgendermaßen aus:

Es gab Beweise dafür, daß die Fünf Bücher Mose aus vier verschiedenen Quellendokumenten zu einer fortlaufenden Geschichte zusammengestellt worden waren. Aus arbeitstechnischen Gründen versah man diese vier Dokumente mit alphabetischen Symbolen. Das Dokument, das mit dem heiligen Namen Jahwe/Jehova verbunden war, nannte man J. Das Dokument, das die Gottheit als Gott (hebräisch: Elohim) bezeichnete, erhielt die Bezeichnung E. Das dritte Dokument, das bei weitem längste, enthielt vor allem die Gesetzesteile und behandelte ferner weitgehend die Angelegenheiten, welche die Priester betrafen; also gab man ihm den Buchstaben P. Und die Quelle, die man nur im Buch Deuteronomium gefunden hatte, bezeichnete man als D. Die Frage war, wie man die Geschichte dieser vier Dokumente aufhellen konnte: wer die Texte geschrieben hatte; warum diese vier verschiedenen Versionen der Geschichte verfaßt worden waren; welche Beziehungen zwischen ihnen bestanden; ob die einzelnen Autoren von der Existenz der anderen Texte wußten; wie sie erhalten und zusammengefügt wurden, und eine Unmenge anderer Fragen mehr.

Als ersten Schritt versuchte man, die relative Reihenfolge zu bestimmten, in der die Texte entstanden waren. Man wollte feststellen, ob jede Version eine bestimmte Phase der religiösen Entwicklung im biblischen Israel widerspiegelte. Dieser Ansatzpunkt zeigt, wie sehr das Deutschland des 19. Jahrhunderts durch hegelianisches Gedankengut von einer fortschreitenden Entwicklung der Kultur in der Geschichte beeinflußt war. Zwei Gestalten ragen im 19. Jahrhundert hervor. Sie gingen das Problem auf völlig unterschiedliche Weise an, kamen aber zu einander ergänzenden Ergebnissen. Der eine, Karl Heinrich Graf, schloß aus Zusammenhängen und Bezügen auf die chronologische Reihenfolge der verschiedenen biblischen Texte. Wilhelm Vatke, der andere Forscher, vertiefte sich in die Entwicklungsgeschichte der alten jüdischen Religion; er fahndete nach Hinweisen, ob eine bestimmte Textstelle einer frühen oder späten Entwicklungsstufe der Religion entsprach.

Grafs Schlußfolgerung war die, daß die Dokumente J und E die ältesten Versionen der biblischen Erzählungen darstellten; denn sie ließen (wie auch andere frühe biblische Schriften) Dinge außer acht, die in den übrigen Dokumenten behandelt wurden. D war später einzuordnen als J und E, da es Hinweise auf Ergebnisse einer späteren Geschichtsepoche enthielt. Und P, die ›Priester‹-Version, war von allen die späteste, denn sie nahm auf verschiedene Dinge Bezug, die in allen früheren Teilen der Bibel, wie z. B. in den Büchern der Propheten, unbekannt waren. Vatke folgerte seinerseits, daß J und E auf eine sehr frühe Entwicklungsphase der jüdischen Religion hinwiesen, auf eine Zeit, als diese noch hauptsächlich eine Natur- und Fruchtbarkeitsreligion war. D repräsentierte laut Vatke ein mittleres Stadium der religiösen Entwicklung, die Wendung zum spirituell-ethischen Glauben hin – mit anderen Worten, das Zeitalter der großen Propheten Israels. Und er stufte P als das Dokument des jüngsten Stadiums der jüdischen Religion ein, der Priesterreligion, die, von einer Priesterklasse gelenkt, auf dem Opfer, dem Ritual und dem Gesetz beruhte.

Vatkes Ansatz, die Entwicklung der jüdischen Religion zu rekonstruieren, und Grafs Ansatz, die Entwicklung der Quellen des Pentateuch zu konstruieren, wiesen in dieselbe Richtung: Die Mehrzahl der Gesetze und ein Großteil der Erzählungen des Pentateuch stammten weder aus der Zeit Moses – und schon gar nicht von der Hand Moses selbst – noch aus der Zeit der Könige und Propheten Israels. Vielmehr waren sie von jemandem geschrieben worden, der gegen Ende des biblischen Zeitalters lebte.

Diese Ansicht stieß auf vielfältige Reaktionen. Kritik kam sowohl von konservativen als auch von liberalen Gelehrten. Selbst de Wette, der die Quelle D entdeckt hatte, konnte sich mit dem Gedanken nicht anfreunden, daß ein so großer Teil der Gesetze so spät zu datieren sei. Unter diesen Voraussetzungen gründe sich der Anfang der hebräischen Geschichte nicht auf die großen Schöpfungen Moses, sondern auf ein nicht zu fassendes Nichts, so meinte er. Und die konservativen Gelehrten erklärten, daß nach dieser Interpretation der Eindruck entstünde, als sei das biblische Israel in den ersten sechshundert Jahren seines Bestehens nicht durch das Gesetz regiert worden. Dennoch setzten sich Grafs und Vatkes Theorien ein volles Jahrhundert lang durch – vor allem aufgrund der Arbeit eines Mannes: Wellhausen.

In der Geschichte der Fahndung nach den Autoren der Bibel wie auch der Bibelwissenschaft allgemein war Julius Wellhausen (1844-1918) eine herausragende Persönlichkeit. Es fällt schwer, eine einzelne Person als ›Begründer‹, ›Vater‹ oder ›Ersten‹ in diesem Gebiet zu bezeichnen, denn viele haben einen Beitrag geleistet, der die Suche einen neuen Schritt vorwärtsbrachte. Auf dem Gebiet der Bibelwissenschaft wird dieser Ehrentitel abwechselnd an Hobbes, Spinoza, Simon, Astruc, Eichhorn, Graf oder Wellhausen verliehen. Wellhausen selbst nennt De Wette. Doch Wellhausen nimmt im Rahmen unserer Thematik einen besonderen Platz ein. Sein Beitrag zur Bibelgeschichte ist nicht so sehr Beginn als vielmehr ein Höhepunkt. Vieles von dem, was Wellhausen zu sagen hatte, stammte von seinen Vorgängern; Wellhausens Verdienst ist es, all diese Untersuchungen, zu denen noch ein beträchtlicher Anteil eigener Forschung und Beweisführung kam, in einer klaren, geordneten Synthese zu vereinen.

Wellhausen übernahm Vatkes Bild von der dreistufigen Entwicklung der jüdischen Religion, und er übernahm Grafs Ansicht, daß die Texte in drei verschiedenen Epochen entstanden seien. Dann verband er diese beiden Thesen einfach miteinander. Er untersuchte die biblischen Erzählungen und Gesetze, die in J und E vorkamen, und argumentierte, daß sie das Leben in der Natur- bzw. Fruchtbarkeitsstufe der Religion wiedergaben. Er war der Ansicht, daß die Erzählungen und Gesetze des Deuteronomiums (D) das Leben der spirituell-ethischen Stufe beschrieben, und daß P der Stufe der Priester und Gesetze entsprach. Peinlich genau spürte er die Charakteristika einer jeden Stufe und Epoche in den jeweiligen Textstellen auf. Er überprüfte, wie diese Textstellen verschiedene grundlegende Aspekte der Religion widerspiegelten: den Charakter der Geistlichkeit, die Formen der Opferung, die Stätten der Anbetung, die religiösen Festtage. Er stützte sich bei seinen Untersuchungen auf die Gesetzesstellen ebenso wie auf die erzählenden Partien in allen fünf Büchern des Pentateuch und in anderen historischen und prophetischen Büchern. Seine Darstellung war vernünftig, verständlich und von immensem Einfluß. Seine Arbeit war vor allem deshalb so überzeugend, weil sie über die einfache Einteilung der Quellen nach den üblichen Kriterien (Dubletten, Widersprüche usw.) hinausging. Sie band die Quellendokumente in die Geschichte ein. Sie bot einen glaubwürdigen Rahmen, innerhalb dessen sich die Entwicklung vollzogen haben konnte. Somit gab das Wellhausen-Modell eine erste Antwort auf die Frage, warum es verschiedene Quellen gab. Nun, da geschichtliche und literarische Analysen erstmals erfolgreich miteinander verknüpft worden waren, wurde dieser Forschungsbereich erstmals wirklich anerkannt. Dieses Modell der Kombination der Quellendokumente wurde als ›Urkundenhypothese‹ bekannt; es hat seither das Fachgebiet beherrscht. Auch heute ist es noch so: Ist man einer anderen Meinung, dann widerspricht man Wellhausen. Und will man ein neues Modell aufstellen, dann muß man es am Modell Wellhausens messen.

Der aktuelle Stand

Der religiöse Widerstand gegen die neuen Forschungen hielt das 19. Jahrhundert hindurch an. Daß die Urkundenhypothese in den englischsprachigen Ländern bekannt wurde, ist in großem Maße der Arbeit von William Robertson Smith zu verdanken, einem Professor für Altes Testament am College der Freien Kirche von Schottland in Aberdeen und Herausgeber der *Encyclopaedia Britannica*. Er schrieb Artikel in der *Encyclopaedia* und veröffentliche dort auch Artikel von Wellhausen. Er mußte sich vor einem kirchlichen Gericht verantworten, und obwohl er von der Anklage der Häresie freigesprochen wurde, verlor er seinen Lehrstuhl. Ebenfalls im 19. Jahrhundert publizierte in Südafrika der anglikanische Bischof John Colenso ähnliche Thesen, gegen die innerhalb von zwanzig Jahren dreihundert Entgegnungen erschienen. Man nannte Colenso ›den gottlosen Bischof‹.

Aber im 20. Jahrhundert begann sich die Situation zu

ändern. Jahrhundertelang gab es in der katholischen Kirche einen beachtlichen Widerstand gegen diese Forschung, doch die Enzyklika *Divino Afflante Spiritu* des Papstes Pius XII. von 1943 war ein wichtiger Wendepunkt. Man nannte sie die ›Magna Carta des biblischen Fortschritts‹. Der Papst ermutigte die Gelehrten, nach den Autoren der Bibel zu forschen, denn diese Autoren seien das ›lebendige und vernunftbegabte Werkzeug des Heiligen Geistes ...‹ gewesen. Und er schloß:

> So soll denn der Bibelexeget mit aller Sorgfalt und ohne das von der modernen Forschung kommende Licht zu übersehen, danach streben, den Charakter und die Lebensumstände des geheiligten Verfassers zu ermitteln, die Zeit, in der er lebte, die schriftlichen oder mündlichen Quellen, über die er verfügte, und die Ausdrucksformen, die er benutzte.

Im Kielwasser dieser päpstlichen Ermutigung begann im Jahre 1968 der katholische *Jerome Biblical Commentary* mit folgender Erklärung der Herausgeber:

> Es ist kein Geheimnis, daß es in den letzten zwanzig Jahren in der katholischen Bibelwissenschaft beinahe eine Revolution gegeben hat – eine Revolution, die von der Kirche ausdrücklich sanktioniert wurde, denn ihre Magna Carta war die Enzyklika *Divino Afflante Spiritu* von Papst Pius XII. Die Prinzipien der Literatur- und Geschichtswissenschaft, die so lange mit Mißtrauen betrachtet wurden, werden nun endlich anerkannt und von den katholischen Exegeten angewandt. Die Ergebnisse sind vielfältig: ein neues und grundlegendes Interesse an der Bibel in der gesamten Kirche; ein größerer Beitrag der Erforschung der Bibel zur modernen Theologie; ein gemeinschaftliches Bemühen und Verständnis unter katholischen und nicht-katholischen Gelehrten.

Auch unter den Protestanten hat sich der Widerstand gegen die kritische Untersuchung der Bibel verringert. Die Bibel wird heute in führenden protestantischen Institutionen in Europa, einschließlich Großbritannien, von kritischen Fachleuten studiert und vermittelt. Auch in den Vereinigten Staaten unterrichten kritische Gelehrte an großen protestantischen Einrichtungen wie der Harvard Divinity School, der Yale Divinity School, dem Princeton Theological Seminary, dem Union Theological Seminary und vielen, vielen anderen. Die kritische Analyse des Bibeltextes und seiner Autoren ist auch von führenden jüdischen Lehranstalten anerkannt worden, insbesondere vom Hebrew Union College, der reformierten rabbinischen Schule, und vom Jewish Theological Seminary, der konservativen rabbinischen Schule. Auch an den großen Universitäten der Welt wird sie gelehrt.

Noch vor einer Generation gab es in Gelehrtenkreisen orthodoxe Christen und Juden, die die Urkundenhypothese ablehnten. Gegenwärtig gibt es wohl kaum einen aktiven Bibelwissenschaftler auf der ganzen Welt, der behaupten würde, daß die Fünf Bücher Mose auch von Mose geschrieben worden seien – oder von irgendeiner anderen Einzelperson.[2] Die Gelehrten sind sich nicht einig, wieviele verschiedene Autoren an diesem oder jenem Buch der Bibel geschrieben haben mögen. Sie diskutieren darüber, wann die verschiedenen Dokumente verfaßt wurden und ob ein bestimmter Vers diesem oder jenem Dokument zuzuordnen ist. Sie bringen in verschiedener Intensität ihre Zufriedenheit oder auch Unzufriedenheit über die Brauchbarkeit der Hypothese für die literarische oder historische Forschung zum Ausdruck. Die Hypothese aber bleibt stets der Ausgangspunkt ihrer Arbeit; kein ernsthafter Bibelgelehrter kann es sich leisten, sie nicht zu studieren, und keine andere Interpretation des Beweismaterials hat sie in Frage stellen können.

Die kritische Analyse der Autorschaft ist auch über die Fünf Bücher Mose hinausgegangen und erstreckt sich nun auf jedes Buch der Bibel. Beispielsweise wurde das Buch Jesaja nach der Überlieferung dem Propheten Jesaja zugeschrieben, der im 8. Jahrhundert v. Chr. gelebt hat. Die erste Hälfte dieses Buches entspricht auch größtenteils dieser Überlieferung. Aber die Kapitel 40 bis 66 dieses Buches Jesaja scheinen von jemandem zu stammen, der etwa zweihundert Jahre später gelebt hat. Selbst das Buch Obadja, das nur eine Seite lang ist, gilt als eine Kompilation von Texten zweier Autoren.

In unseren Tagen ist mit neuen Behelfen und neuen Verfahren Erhebliches erreicht worden. Methoden der sprachwissenschaftlichen Analyse, die überwiegend in den letzten fünfzehn Jahren entwickelt worden sind, haben es ermöglicht, eine relative Chronologie der Bibelteile zu erstellen und die Merkmale des biblischen Hebräisch sprachgeschichtlich zu bewerten und zu beschreiben. In einfachen Worten: Mose war von der Sprache, wie sie im überwiegenden Teil der Fünf Bücher verwendet wurde, weiter entfernt als Shakespeare vom modernen Alltagsenglisch. Auch hat seit den Tagen Wellhausens eine archäologische Revolution stattgefunden, deren bedeutsame Erkenntnisse heute bei der Suche nach den Autoren der Bibel voll berücksichtigt werden müssen. Ich werde an späterer Stelle auf die wichtigsten archäologischen Entdeckungen näher eingehen.

Dennoch kommen wir nicht darum herum: Im großen und ganzen ist das Puzzle noch immer ungelöst. Und der Umstand, daß diese Lösung nicht greifbar scheint, hemmt wiederum unsere Arbeit an einer Vielzahl anderer Fragen über die Bibel. Meine eigene Erfahrung ist dafür ein Beispiel. Als ich während meiner Collegezeit mit diesem Bereich der Bibelwissenschaft in Berührung kam, maß ich ihm persönlich keine große Bedeutung bei, denn mein Interesse galt dem, was der Text aussagte und welche Bedeutung er heute hat – nicht aber der Frage, wer ihn geschrieben hatte. Als ich mich jedoch in den späteren Jahren meines Studiums mehr und mehr in den Text vertiefte, mußte ich feststellen, daß ich immer wieder auf eben diese Problematik stieß, ganz gleich mit welcher Frage ich mich befaßte.

Wenn ich mich mit einer literarischen Fragestellung beschäftigte, wollte ich wissen, warum der Text die Geschichte so und nicht anders wiedergibt. Nehmen wir zum Beispiel die Erzählung vom goldenen Kalb. Im 2. Buch Mose verkündet Gott aus dem Himmel über dem Berge Sinai den Israeliten die Zehn Gebote. Dann steigt Mose allein auf den Berg und nimmt die in Steintafeln gemeißelten Gebote in Empfang. Als sich Moses Rückkehr verzögert, macht sich das Volk ein goldenes Kalb und bringt ihm Opfer dar. Ihr Anführer, der Mann, der das goldene Kalb geschaffen hat, ist Moses Stellvertreter Aaron. Als Mose zurückkehrt und das Kalb sieht, wirft er in seiner Wut die Tafeln hin und zerbricht sie. Das goldene Kalb zerstört er. Und er fragt Aaron: »Was hat dir das Volk getan, daß du eine so große Sünde über sie gebracht hast?« Aaron antwortet, das Volk habe ihn aufgefordert, Götter zu machen, so daß er ihr Gold ins Feuer warf, »und daraus ist das Kalb geworden«.

Es stellte sich die Frage, was jemanden veranlaßt, eine solche Geschichte zu schreiben. Was ging in der Welt dieses Verfassers vor sich, das ihn[3] veranlaßte, eine Geschichte zu erzählen, in der sein eigenes Volk Götzenanbeterei begeht, bloß vierzig Tage nachdem es Gott aus dem Himmel hat sprechen hören? Warum fiel die Wahl auf ein goldenes Kalb und nicht auf ein bronzenes Schaf, eine silberne Schlange oder irgend etwas anderes? Warum wird Aaron, der Tradition nach der erste Hohepriester Israels, zum Anführer der Götzenanbeter? Hatte es sich einfach so zugetragen, und der Verfasser erzählte die Geschichte eben so, wie er sie kannte? Oder gab es in der Welt des Autors andere Vorkommnisse und Krisen, die ihn beeinflußten, als er die Geschichte niederschrieb?

Hatte ich mich mit einer ethischen Fragestellung auseinanderzusetzen, so wollte ich wissen, warum es im Text heißt: Verhalte dich so und nicht anders. Beispielsweise kommen im Deuteronomium Kriegsgesetze vor, die zu wichtigen moralischen Folgerungen führen. Ein Gesetz nimmt jeden von der Wehrpflicht aus, der Angst hat. Ein anderes Gesetz verbietet die Vergewaltigung einer gefangenen Frau. Den Frauen der Besiegten muß Zeit gegeben werden, gefallene Familienangehörige zu betrauern; anschließend kann man sie zur Frau nehmen, sonst aber müssen sie freigelassen werden. In diesem Fall schien es mir wichtig, den Grund für die Entstehung solcher Gesetze zu erfassen. Wie kam es, daß der biblische Verhaltenskodex derartige Handlungsweisen und Verbote enthielt? Was ging in der biblischen Welt vor, daß solche Gesetze ersonnen und vom Volk angenommen wurden?

Wenn es sich um eine theologische Fragestellung handelte, wollte ich wissen, warum der Text die Gottheit so und nicht anders beschrieb. Beispielsweise zeigt die Bibel Gott oft hin- und hergerissen zwischen göttlicher Gerechtigkeit und göttlicher Gnade. Durch die Bibel zieht sich eine Spannung zwischen den Kräften, die da sagen: »Strafe!« und den Kräften, die da sagen: »Vergib!« Welche Ereignisse und welche unterschiedlichen Auffassungen vom Wesen Gottes mochten zu verschiedenen Zeiten und an verschiedenen Orten der biblischen Welt auf das Zustandekommen dieses kraftvollen und verblüffenden Begriffs vom Verhältnis zwischen Gott und Mensch mitgewirkt haben?

Noch heikler waren die historischen Fragestellungen. Wenn man an der Geschichtlichkeit der biblischen Berichte interessiert ist, muß man in Erfahrung bringen, wann der Verfasser gelebt hat. War der Autor Zeuge der von ihm beschriebenen Ereignisse? Falls nicht, über welche Quellen verfügte er? War der Autor Priester oder Laie, Mann oder Frau, gehörte er zum Hof oder war er ein Gemeiner? Wer waren seine Freunde, wer seine Feinde? Woher stammte er? Und so weiter.

An der Harvard Universität war mein Lehrer Professor Frank Moore Cross. Ich befand mich in meinem zweiten Studienjahr, als sich Professor Cross in einem Seminar des Studienbereiches Sprachen und Kultur des Nahen Ostens gesprächsweise auf ein anderes Seminar bezog, an dem er selbst viele Jahre zuvor teilgenommen hatte. In diesem früheren Seminar hatten die Teilnehmer beschlossen, den Text des Pentateuch von Anfang an durchzuarbeiten, ohne von der Gültigkeit der Urkundenhypothese oder irgendeiner anderen Hypothese auszugehen, um durch ein unbefangenes und gründliches Studium des Textes selbst zu erkennen, zu welchen Ergebnissen die Beweise sie führen würden. Etwas später am selben Tag war ich mit Professor Cross zu einem Studiengespräch verabredet, bei dem ich ihn bat, unter seiner Anleitung eine Arbeit durchführen zu dürfen. Er schlug mir vor, genau das zu tun, was sein Seminar vor Jahren getan hatte, und so begann ich, mich mit dem allgegenwärtigen Problem der Entstehung des biblischen Textes auseinanderzusetzen. Wir fingen ganz von vorn an, arbeiteten uns durch den Text des Pentateuch, ohne uns auf die Richtigkeit der Urkundenhypothese festzulegen; wohl aber werteten wir das Beweismaterial Schritt für Schritt aus. Von da an hat mich die Problematik des Falls nicht mehr losgelassen.

Ich hoffe, daß ich mit meinen Beiträgen hier die Lösung vorantreiben kann. Im großen und ganzen verteidige ich das Modell, das sich in den letzten paar hundert Jahren als Forscherkonsens herausgebildet hat. Ich werde neue Beweise vorlegen, die, wie ich glaube, dieses Modell untermauern. Wo ich von früheren Gelehrten, manchmal auch einschließlich meiner Lehrer, abweiche, werde ich das klar sagen und mein Beweismaterial vorlegen. Neu ist in diesem Buch insbesondere folgendes:

— Ich glaube, Genaueres über die Verfasser der Bibel aussagen zu können: wann sie lebten, wo sie wohnten, zu welcher gesellschaftlichen Gruppe sie gehörten, welche Beziehungen sie zu den wesentlichen Persönlichkeiten und zu den Ereignissen ihrer Zeit hatten, wer ihre Freunde, wer ihre Feinde waren, und welche politischen und religiösen Zwecke sie mit ihrem Werk verfolgten.

— Ich glaube, die Beziehungen der verschiedenen Autoren untereinander näher beleuchten zu können. Kannte der eine oder andere von ihnen die Werke der anderen? Das war anscheinend der Fall. Und das wirkte sich auf unerwartete Art auf die endgültige Gestalt der Bibel aus.

— Ich glaube, die Abfolge von Ereignissen, die dazu führten, daß alle Dokumente in einem einzigen Werk vereinigt wurden, besser ausleuchten zu können. Das sollte auch verstehen helfen, auf welche Weise dieses Werk schließlich als die Bibel anerkannt werden konnte.

— In mindestens einem Fall glaube ich, die herrschende Meinung über einen der Autoren der Bibel widerlegen zu können, auch, wann er gelebt und warum er geschrieben hat.

— Was die biblischen Geschichten anbelangt, so glaube ich aufzeigen zu können, warum jede Geschichte eben in der Form geschrieben wurde, wie sie zu uns gekommen ist, und in welcher Beziehung sie zur Geschichte der Epoche steht, in der sie verfaßt wurde. Es ist natürlich unmöglich, in diesem einen Band sämtliche Bücher der Bibel zu behandeln. Ich werde auf diejenigen elf Bücher eingehen, in denen der Kern der Geschichte erzählt wird, aus dem heraus die übrige Bibel gewachsen ist, und auf viele der anderen Bücher lediglich Bezug nehmen; und die Auswirkungen dieser Erkenntnisse auf die Bibel als Ganzes werde ich erörtern.

An den Beginn möchte ich auf der Basis des archäologischen Beweismaterials und des sorgfältigsten Studiums der Bibel als Geschichtsquelle eine möglichst genaue Rekontruktion der biblischen Welt stellen und dabei festzustellen versuchen, welche Teile des biblischen Berichtes für die jeweilige Epoche historisch glaubwürdig sind. Der nächste Schritt bestünde dann darin, die biblischen Autoren in ihrer jeweiligen Epoche zu lokalisieren und zu prüfen, inwieweit die Personen und Ereignisse zu jenem historischen Zeitpunkt die endgültige Gestalt der Bibel beeinflußten. Zum Schluß können wir dann wieder auf das zurückkommen, woran mir von allem Anfang an soviel gelegen ist: die Auswirkungen, die diese Erkenntnisse auf die Art und Weise haben, wie die Menschen heute die Bibel verstehen, bewerten und benutzen.

KAPITEL 1

Die Welt, in der die Bibel entstand: 1200-722 v. Chr.

Der Schauplatz

Das Land, in dem die Bibel entstanden ist, hatte etwa die Flächengröße von Hessen. Es lag an der Ostküste des Mittelmeers, einem natürlichen Schnittpunkt zwischen Asien, Afrika und Europa. Im Klima, in Flora und Fauna wie in der Bodenbeschaffenheit bot es eine ungeheure Vielfalt. Im Nordosten lag ein wunderschöner Süßwassersee, der See Genezareth, dessen südlicher Abfluß der Jordan war. Der Jordan floß in gerader Linie südwärts und mündete in das Tote Meer, das sich vom See Genezareth so sehr unterschied, wie es bei zwei Gewässern nur möglich sein kann: Es war voller Salz und rundum von heißer Wüste umgeben. Der Überlieferung nach war das Gebiet des Toten Meeres einst ein angenehmer, fruchtbarer Ort; aber die Menschen, die dort lebten, waren so verdorben, daß Gott Feuer und Schwefel auf diesen Ort herab regnen ließ, bis er unbewohnbar wurde.

Der nördliche Teil des Landes war fruchtbar, mit Ebenen, Tälern und niedrigen Hügeln. Im mittleren Landesteil gab es im Westen entlang der Mittelmeerküste

Strände und Niederungen, im Osten Berg- und Hügelland. Der südliche Teil des Landes bestand größtenteils aus Wüste. Entlang der Küste war es besonders im Sommer heiß und feucht. In den Bergen war es trockener, am trockensten war es in der Wüste. Im Winter war es immerhin so kalt, daß es in den Bergen hin und wieder schneite. Es war ein schönes Land. Nur ein paar Meilen voneinander entfernt konnten die Menschen die Schönheit des Meeres, die Schönheit eines Sees, von Blumen und Feldern und die Schönheit der Wüste erleben.

Ebenso eindrucksvoll wie die Vielfalt des Landes selbst war auch die Vielfalt seiner Bewohner. Die Bibel erwähnt Menschen unterschiedlichster Herkunft, die sich hier vermischt haben: Kanaaniter, Hethiter, Amoriter, Pereziter, Heviter, Girgashiter, Jebusiter. Dann gab es noch die Philister, die anscheinend von den griechischen Inseln über das Mittelmeer gekommen waren und ganz anders waren als alle übrigen. Auch an den Grenzen des Landes lebten unterschiedliche Völker. Im Norden saßen die Phönizier, denen in der Regel die Einführung der Schrift in dieser Region zugeschrieben wird. Entlang der östlichen Grenze lag im Norden Syrien, dann kamen Ammon und Moab und im Süden Edom. Dann gab es natürlich die Israeliten, vom 12. Jahrhundert v. Chr. an das größte Volk innerhalb der Grenzen des Landes, das Volk auch, von dem die meisten biblischen Erzählungen handeln. Das Land lag am Verbindungsweg zwischen Afrika und Asien, und so waren in der Region auch die Einflüsse – und die Interessen – Ägyptens und Mesopotamiens spürbar.

Die Bevölkerung war über Stadt und Land verteilt – in welchem Verhältnis, ist nur schwer zu sagen. Sicherlich war der Anteil der Stadtbewohner recht groß. Es gab Zeiten des wirtschaftlichen Aufschwunges, aber auch harte Zeiten. Es gab Zeiten von großer politischer Stärke und bedeutendem Einfluß, und es gab Zeiten, in denen fremde Mächte dominierten. Und natürlich gab es Frieden, und es gab Krieg.

Die vorherrschende Religion im alten Nahen Osten waren heidnische Kulte. ›Heidentum‹ ist freilich nicht gleichbedeutend mit Götzenverehrung, wie man früher annahm. Die archäologische Revolution der letzten hundert Jahre hat uns diese Welt erschlossen und uns, abgesehen von anderen Erkenntnissen, ein neues Verständnis und eine Bewertung ›heidnischer‹ Weltanschauung ermöglicht. Allein in Ninive, der größten archäologischen Fundstelle aller Zeiten, stieß man auf fünfzigtausend Tontafeln — die Bibliothek des Königs Hammurabi von Assyrien. In der kanaanitischen Stadt Ugarit fand man weitere dreitausend Tontafeln. Wir können die Lieder, Gebete und Mythen der Heiden lesen, wir können ihre Kultstätten betrachten, und wir können sehen, wie sie ihre Götter in der Kunst darstellten.

Der Glaube der Heiden war eine Naturreligion. Die Menschen verehrten die stärksten Mächte des Universums: den Himmel, den Sturmwind, die Sonne, das Meer, die Fruchtbarkeit, den Tod. Die Statuen, die sie errichteten, waren den Ikonen in einer Kirche gleich. Sie stellten den Gott oder die Göttin dar, erinnerten den Anbeter an die Gegenwart der Gottheit, zeigten die Achtung der Menschen vor ihren Göttern und halfen vielleicht den Gläubigen, sich ihren Göttern näher zu fühlen. Wie aber aus einem babylonischen Text hervorgeht, war die Statue selbst nicht der Gott.

Der höchste heidnische Gott in der Region, die später Israel werden sollte, war El. El war männlich, patriarchalisch und ein Herrscher. Im Unterschied zu dem anderen Hauptgott der Region, Haddu (der Sturmwind[1]) wurde El nicht mit einer bestimmten Naturgewalt identifiziert. Er war der Oberste im Rat der Götter und verkündete die Beschlüsse des Rates.

Der Gott Israels war Jahwe.[2] Er war ebenfalls männlich, patriarchalisch und ein Herrscher; und auch er wurde nicht mit einer Naturgewalt identifiziert. Statt ihn mit der Natur oder mit Mythen in Verbindung zu bringen, empfand das Volk Israel − wie wir noch sehen werden − Jahwe als eine aktiv in die Geschichte eingreifende Macht.

Das Volk Israel sprach hebräisch. Andere Sprachen in diesem Gebiet ähnelten dem Hebräischen: das Phönizische, das Kanaanitische (Ugaritische), das Aramäische und das Moabitische gehören sämtlich zur semitischen Sprachfamilie. Alle diese Sprachen besaßen ein Alphabet. Man schrieb Dokumente auf Papyrus und versiegelte sie, indem man Stempel in feuchten Ton preßte. Man schrieb auch auf Leder und auf Tontafeln, bisweilen wurden Inschriften auch in Stein oder Gips gemeißelt. Für kürzere Notizen verwendete man Tonscherben.

Die Menschen wohnten in ein- oder zweistöckigen Häusern, meist aus Stein. In den Städten standen die Häuser dicht gedrängt. Einige Städte besaßen eindrucksvolle Wasserversorgungssysteme mit langen unterirdischen Röhren und riesigen Zisternen. Einige Häuser verfügten sogar über eine eigene Wasserleitung. Die Städte waren von Mauern umgeben. Die Menschen ernährten sich vom Fleisch der Rinder und Schafe, von Geflügel, Brot, Gemüse, Obst und Milchprodukten. Sie kannten Wein und Bier. Aus Ton stellten sie Töpfe und Krüge aller Größen her. Als Metalle wurden Bronze, Eisen, Silber und Gold verwendet. Sie hatten Blas-, Streich- und Schlaginstrumente. Im Gegensatz zu allen Bibelfilmen, die je gedreht wurden, trugen die Israeliten keine *kaffijas* (arabische Kopftücher).

Es gibt Überlieferungen über die Vorgeschichte der Israeliten: die Zeit der Patriarchen, die Zeit als Sklaven in Ägypten, die Wanderung durch die Wüste Sinai. Leider besitzen wir über diese Periode wenig historisches Beweismaterial, sei es aus der Archäologie oder aus anderen alten Quellen. Die früheste Epoche, die auch tatsächlich ausreichend belegt ist, um ein Bild vom Leben der biblischen Gesellschaft zu entwerfen, ist das 12. Jahrhundert v. Chr., die Zeit, in der die Israeliten sich in dieser Region niederließen.

In der Frühzeit war das politische Leben der Israeliten stammesorientiert. Nach der biblischen Überlieferung gab es dreizehn Stämme, die nach Größe und Bevölkerungszahl höchst unterschiedlich waren. Zwölf Stämme hatten ein fest umrissenes geographisches Territorium. Der dreizehnte, der Stamm Levi, war eine priesterliche Gruppe. Seine Mitglieder lebten in Städten im Territorium der anderen Stämme. Jeder Stamm hatte seine eigenen gewählten Führer (siehe Karte S. 9).

In den einzelnen Stämmen oder Stammesgruppen gab es Persönlichkeiten, die dank ihrer gesellschaftlichen Stellung oder ihrer herausragenden Eigenschaften über besondere Autorität verfügten: die Richter und Priester. Das Richteramt beschränkte sich nicht nur auf die

Untersuchung von Rechtsfällen. Es schloß auch die militärische Führung ein. Daher konnte ein Richter in Zeiten militärischer Bedrohung eines oder mehrerer Stämme zu beachtlicher Macht und Autorität gelangen. Richter konnte ein Mann oder eine Frau sein. Priester konnten nur Männer sein. In der Regel kamen die Priester aus dem Stamme Levi. Ihr Amt war erblich. Sie leisteten ihren Dienst an den religiösen Stätten, sie leiteten die religiösen Zeremonien, die in erster Linie Opferzeremonien waren. Als Gegenleistung für ihre Dienste erhielten sie einen Teil des geopferten Tieres oder der geopferten Gabe.

Ein weiterer Menschentyp spielte bei der Führung der Gemeinschaft eine besondere Rolle: die Propheten. Prophet zu sein war kein Amt oder Beruf wie Richter oder Priester. Zum Propheten konnte ein Mensch jeglichen Berufes werden. Der Prophet Hesekiel war Priester; der Prophet Amos war Hirte. Das hebräische Wort für Prophet lautet *nabi'*, das bedeutet soviel wie ›berufen‹. Die Propheten Israels waren Männer oder Frauen, die als von der Gottheit ausersehen oder berufen galten, eine besondere Aufgabe für die Allgemeinheit zu erfüllen. Diese Aufgabe konnte in Ermutigung oder in Kritik bestehen. Sie konnte im Bereich der Politik, der Ethik oder des Rituals liegen. Der Prophet überbrachte seine Botschaft im allgemeinen in dichterischer Form oder in einer Mischung aus Poesie und Prosa.

Der Aufstieg der Monarchie

Die Epoche, in der die Richter die Führung des Gemein-
wesens innehatten, fand ihren Höhepunkt in Samuel,
einem Mann, der alles in sich vereinte: er war Richter,
Priester und Prophet. Er war der letzte der Richter und
besaß eine große politische und religiöse Autorität. Er
lebte in Silo, einer Stadt im Norden des Landes, die zu
jener Zeit ein bedeutendes religiöses Zentrum war. Im
dortigen Tempel war nach einem biblischen Bericht die
Bundeslade mit den Tafeln der Zehn Gebote aufbewahrt;
und es wirkte dort eine vornehme Priesterfamilie, eine
Familie, die von einigen Gelehrten als Nachkommen
Moses angesehen wird.

Als die Vorherrschaft der Philister in der Region so
stark wurde, daß ein oder zwei Stämme ihnen nicht
mehr gewachsen waren, suchte das Volk nach einem
Führer, der sämtliche Stämme vereinigen und anführen
konnte. Oder anders gesagt, sie wollten einen König. Es
war Samuel, der – wenn auch etwas zögernd – den
ersten König von Israel, König Saul, salbte. Das war das
Ende der Zeit der Richter und der Anfang der Zeit der
Monarchie. Obwohl es keine Richter mehr geben sollte,
gab es doch immer noch die Priester und die Propheten.
Und so entwickelte sich in Israel eine politische Struktur, in der der König keinesfalls ein absoluter Herrscher
war. Ganz im Gegenteil: Die Stammesführer, die Obersten Priester und vor allem die Propheten übten ein
Gegengewicht zur Macht des Königtums aus.

Das hatte auf das politische wie auf das religiöse
Leben in Israel weitreichende Auswirkungen. Um
König zu werden und eine stabile Herrschaft aufrecht-

zuerhalten, mußte ein Mann von den Stammesführern anerkannt sein, und er mußte von einem Propheten berufen werden. Die Unterstützung der Priesterschaft benötigte er ebenfalls. Das war einerseits darauf zurückzuführen, daß Priester, Propheten und Stammesführer in der Anfangsphase der Monarchie bereits festgefügte Positionen innehatten, andererseits auf handfeste politische Gegebenheiten. Der König brauchte die Stämme; denn die Truppenaufgebote der Stämme bildeten die Armee des Königs, ohne die er im Grunde genommen machtlos war. Der König brauchte die Berufung durch den Propheten und die Unterstützung durch die Priester; denn in jener Welt war die Religion nicht nur nicht vom Staat getrennt, sie war von überhaupt nichts zu trennen. Wie in Einführungen zu Bibelausgaben oft zu lesen ist, gab es in der hebräischen Sprache jener Zeit überhaupt kein Wort für ›Religion‹. die Religion war keine separate, unterscheidbare Kategorie des Glaubens und Handelns. Es war ein unabtrennbarer, überall präsenter Bestandteil allen Lebens. Ohne religiöse Legitimität konnte ein König auch keine politische Legitimität besitzen. Ein König, der die Unterstützung seiner Propheten und Priester verlor, saß in der Klemme. Und genau das passierte Saul.

Saul hatte sich mit dem Priester-Propheten Samuel überworfen, der ihn zum König berufen hatte. Im 1. Buch Samuel findet man zwei verschiedene Berichte (von zwei verschiedenen Autoren?) über die Ereignisse, die dem Buch vorausgingen, doch beide Texte schildern, wie Saul die Grenze seiner Macht überschritt und in die Vorrechte der Priesterschaft eingriff. Anscheinend war Samuels Reaktion darauf die Berufung eines anderen Königs: David.

Der Aufstieg Davids

David war ein berühmter Held aus dem Stamme Juda. Eine Zeitlang gehörte er zum Gefolge Sauls, und er heiratete eine von Sauls Töchtern. Dann begann Saul David als eine Bedrohung für seinen Thron zu empfinden — was ja auch stimmte —, und sie wurden Rivalen. Als die Priester von Silo David unterstützten[3], ließ Saul sie alle umbringen — *bis auf einen, der entkam.*

Saul regierte bis zu seinem Tode in einer Stadt gegen die Philister. Nach seinem Tod wurde das Königreich zwischen seinem Sohn Is-Boseth und David aufgeteilt. Is-Boseth herrschte im Norden des Landes; David herrschte in seinem eigenen Stamm Juda, dem größten der Stämme, der den Süden des Landes umfaßte und fast so groß war wie alle anderen Stämme zusammengenommen. Is-Boseth wurde ermordet, und David wurde König über das ganze Land, Norden und Süden.

Bereits in dieser frühen Phase der Geschichte Israels lassen sich Konflikte zwischen König und Priesterschaft und zwischen den Königen selbst erkennen — eine politische Konstellation, die bei der Zusammenstellung der Bibel eine entscheidende Rolle spielen sollte.

David ist eine Zentralfigur in der hebräischen Bibel, der einzige, der in seiner Wirkung an Mose herankommt. Dafür gibt es mehrere Gründe. Erstens haben wir in der Bibel einfach mehr Quellenmaterial über ihn als über andere Gestalten. Wir haben den langen Text, den man als die Hofgeschichte Davids bezeichnet (im 2. Buch Samuel), ein hervorragend geschriebenes Stück Prosa und gleichzeitig ein bemerkenswertes Exempel der Geschichtsschreibung; bemerkenswert deshalb, weil es seine Helden offen kritisiert, eine Praxis, die bei den alten Königen des Nahen Ostens so gut wie unbekannt war.

Zweitens nimmt David eine besondere Stellung ein, weil er – wenn nur die Hälfte von dem wahr ist, was die Bibel über ihn erzählt – ein außergewöhnliches Leben geführt hat, wobei ich sowohl sein privates als auch sein politisches Leben meine. (Beide sind ohnedies kaum voneinander zu trennen.)

Der dritte Grund für den einzigartigen Rang, den David unter den biblischen Gestalten einnimmt, ist der, daß David eine Dynastie begründet hat, aus der eine lange Reihe von Königen hervorging. Tatsächlich war die Dynastie Davids eine der am längsten regierenden Herrschaftsfamilien überhaupt. Daher auch der mächtige und nie erlahmende Glaube an den Messias in Judentum und Christentum – das Vertrauen, daß in der Stunde der Not immer ein Abkömmling Davids zur Stelle sein werde.

Das Reich Davids

Ein Moment, das zur Wahl Sauls zum ersten König von Israel beigetragen haben mag, ist der Umstand, daß er aus dem Stamme Benjamin kam, einem Stamm mit kleinem Territorium. Daher war die Gefahr gering, daß Saul und sein Stamm sich aufgrund der neuen Stellung über die anderen Stämme erheben würden. David dagegen, der aus Juda, dem größten Stamm, kam, verkörperte geradezu diese Gefahr. Ungeachtet dessen erwies sich David als ein kluger und tüchtiger Politiker, und er traf eine Reihe von Maßnahmen, die die Einheit des Königreiches festigten.

Zuerst verlegte er die Hauptstadt von Hebron, der wichtigsten Stadt Judas, nach Jerusalem. Jerusalem war eine jebusitische Stadt, doch David eroberte sie, möglicherweise durch eine Kriegslist, indem einige seiner Männer den nahezu senkrechten Schacht einer unter der Stadt verlaufenden Wasserröhre emporkletterten. Die Röhre, die heute als Warren-Schacht bekannt ist, wurde bei den Davidsstadt-Ausgrabungen des biblischen Jerusalem freigelegt und 1985 der Öffentlichkeit zugänglich gemacht. Seit der Besetzung Jerusalems durch die Jebusiter bis zu seiner Eroberung durch David gehörte die Stadt zu keinem der Stämme Israels. Daher erregte Davids Wahl, Jerusalem zu seiner Hauptstadt zu machen, bei keinem der Stämme Anstoß, und es konnte schwerlich der Eindruck entstehen, daß er Juda bevorzugen wollte – ähnlich wie Washington D. C. als Hauptstadt der Vereinigten Staaten attraktiv war, weil sie als eigenes Territorium zu keinem der verschiedenen Bundesstaaten gehörte. Außerdem war Jerusalem ziemlich zentral zwischen dem Norden und dem Süden des Landes gelegen.

Davids zweiter Schachzug, durch den sowohl der Norden als auch der Süden in seinem neuen, vereinten Königreich repräsentiert waren, war die Einsetzung von zwei obersten Priestern in Jerusalem: einen aus dem Norden und einen aus dem Süden. Ähnlich wie bei der Existenz zweier oberster Rabbiner im modernen Israel – einer aus den Reihen des Sephardim und einer aus der Gruppe der Aschkenarsim – dienten die beiden obersten Priester der Strategie Davids, zwei zuvor getrennte

und nun vereinigte Bevölkerungsgruppen gleicherma-
ßen zufriedenzustellen. Der Priester aus dem Norden
war Abjathar, der einzige, der dem Massaker an den
Priestern von Silo entronnen war. Der Priester aus dem
Süden war Zadok, der aus der Stadt Hebron stammte,
Davids früherer Hauptstadt Judäa. Zadok und die Prie-
ster aus Hebron galten anscheinend als Nachkommen
Aarons, des ersten Hohepriesters Israels. Aus diesem
Grunde ist es durchaus möglich, daß Davids doppelte
Besetzung des obersten Priesteramtes nicht nur ein
Kompromiß zwischen zwei alten, vornehmen und poli-
tisch einflußreichen Priesterfamilien gewesen sein muß:
der Familie Moses und der Familie Aarons.

Kein anderes Bindemittel, um das Königreich zusam-
menzuschweißen, war so fest wie Davids Eheschließungen. Er heiratete Frauen, die aus diversen politisch wichtigen Regionen kamen, was die Bindung zwischen
diesen Regionen und der königlichen Familie festigte.

Den größten praktischen Wert unter den Initiativen
König Davids hatte die Schaffung eines stehenden Hee-
res. Diese Berufsarmee, in der auch Fremde (Hararite,
Pelonniter, Hethiter) dienten, unterstand einzig und
allein David und dem vom König persönlich ernannten
General. So war David in Krisenzeiten nicht mehr davon
abhängig, daß die einzelnen Stämme ihre Männer zum
Militärdienst abstellten. Somit hatte er sich weitgehend
aus der Abhängigkeit von den einzelnen Stämmen
befreit.

In einer Kette militärischer Erfolge brachte David
Edom, Moab, Ammon, Syrien und möglicherweise
auch Phönizien unter seine Herrschaft. Er baute ein
Reich auf, das sich vom ägyptischen Fluß (dem Wadi

el-Arish, nicht dem Nil) bis zum Euphrat in Mesopotamien erstreckte. Er machte Jerusalem zum religiösen und politischen Zentrum seines Reiches, indem er den heiligsten Gegenstand, die Bundeslade, dorthin brachte und dort auch seine beiden obersten Priester ansiedelte. Damit war in der damaligen Welt ein politisch bedeutendes Reich entstanden.

Die königliche Familie

Um einen Begriff davon zu bekommen, wie das Leben, die Ereignisse und die einzelnen Persönlichkeiten jener Welt die Bibel hervorbrachten, muß man sich auch mit der Geschichte der königlichen Familie befassen. Ihre Beziehungen, Konflikte und politischen Ausrichtungen beeinflußten den Lauf der Geschichte und damit auch die Eigenart der Bibel.

David hatte viele Frauen und auch sehr viele Kinder, die zueinander Halbgeschwister waren. Davids ältester Sohn und Erbe *in spe* war Amnon. Dem Hofbericht Davids zufolge, einer der klassischen männlich-sexistischen Beschreibungen überhaupt, vergewaltigte Amnon seine Halbschwester Thamar, die Tochter Davids mit einer gessuritischen Prinzessin, und verstieß sie anschließend. Aus Rache wurde Amnon von Thamars Bruder Absalom getötet. Der Tod Amnons bedeutete für Absalom aber mehr als nur Vergeltung für die Schändung seiner Schwester — er wurde damit auch zum Mitbewerber um den Thron. Das ist der Lauf der Dinge in der monarchischen Politik: familiäre und politische Beziehungen lassen sich nicht voneinander trennen. Später rebellierte Absalom gegen seinen Vater. Die Truppenaufgebote der Stämme unterstützten Absalom, das Berufsheer stand auf Davids Seite. Die Profis siegten. Absalom wurde getötet.

Als David alt war, bewarben sich zwei weitere seiner Söhne um die Thronfolge: Adonia, einer seiner ältesten Söhne, und Salomo, der Sohn von Davids Lieblingsfrau Bath-Seba. Beide hatten im Palast ihre Gefolgsleute. Adonia genoß anscheinend die Unterstützung der übrigen Prinzen. Er hatte auf seiner Seite auch den Heerführer der Stammesaufgebote. Salomo wurde von dem Propheten Nathan und von seiner Mutter Bath-Seba unterstützt, die beide einen immensen Einfluß bei David hatten. Außerdem wußte Salomo auch den General der Berufsarmee hinter sich.

Zwei weitere Männer ergriffen Partei in diesen Palastgruppierungen, und ihre Parteinahme hatte letztendlich entscheidende Auswirkungen auf die Geschichte Israels und der Bibel: Das waren die beiden Hohepriester. Abjarthar, der Priester aus dem Norden, aus der alten Priesterstadt von Silo und möglicherweise ein Nachkomme Moses, unterstützte Adonia. Zadok, der Priester aus dem Süden, aus Hebron im Stamme Juda und möglicherweise ein Nachkomme Aarons, unterstützte Salomo.

David entschloß sich für Salomo. Mit der Berufsarmee hinter sich siegte Salomo faktisch kampflos.

Nach Davids Tod ließ Salomo seinen Halbbruder Adonia und dessen General Joab hinrichten. Den Priester Abjarthar vermochte er allerdings nicht auf so bequeme Art auszuschalten. Einen Hohepriester konnte der König nicht ohne weiteres exekutieren.

Andererseits konnte er aber auch nicht jemanden weiterhin im Amte dulden, der seine Thronfolge bekämpft
hatte. Also schloß Salomo Abjarthar aus der Jerusalemer Priesterschaft aus und vertrieb ihn aus Jerusalem.
Er verbannte ihn auf ein Gut in Anathoth, einem kleinen
Dorf ein paar Meilen vor der Hauptstadt.

Das Reich König Salomos

König Salomo ist berühmt ob seiner Weisheit. Die Bibel
sagt von ihm, daß er über ein starkes und blühendes
Reich herrschte; und dies verdankte er nicht so sehr den
Siegen auf dem Schlachtfeld wie sein Vater David, sondern seinem diplomatischen und wirtschaftlichen
Geschick. Was die Heiratsdiplomatie anlangte, so über-
traf er seinen Vater sogar noch. Biblische Berichte
behaupten, daß er siebenhundert Königstöchter als Ehefrauen (und dreihundert Konkubinen) hatte. Mag das
auch eine Übertreibung sein, so zeigt es doch, daß politische Eheschließungen einen Hauptbestandteil seiner
Politik darstellten. Er trieb Handel mit Afrika und
Asien, häufte riesige Mengen von Gold und Silber an. In
Jerusalem baute er einen Tempel, in dem er die Bundeslade aufbewahrte. Das stärkte insbesondere den Ruf
Jerusalems als religiöses Zentrum und als Hauptstadt
der Nation.

Von der Größe her war der Tempel nicht beeindruk-
kend. Er war lediglich sechzig Ellen lang und zwanzig
Ellen breit. Eine Elle ist die Länge eines Männerarmes
vom Ellenbogen bis zum zweiten Fingergelenk der
Hand, ungefähr 45 cm. Die Maße des Tempels betrugen

also etwa 27 m x 9 m. Im Grunde war die Größe jedoch unerheblich; die Zeremonien und Opfer wurden im Hof am Eingang zum Tempel durchgeführt. Das Beeindrukkende am Tempel waren vielmehr seine physikalischen Besonderheiten und das, was er enthielt. Seine Wände waren mit Zedernholz getäfelt. Das Innere war in zwei Räume unterteilt, in einen äußeren Raum, den man als das Heiligtum bezeichnete, und einen inneren Bezirk, das Allerheiligste.

Das Allerheiligste war ein vollkommener Würfel, je zwanzig Ellen lang, breit und hoch. Darin befanden sich zwei gewaltige Statuen, die Cherubim. Ein Cherub war ein Sphinx, meist mit dem Körper eines vierbeinigen Tieres, dem Kopf eines Menschen und den Flügeln eines Vogels. Die Cherubim des Tempels waren aus Olivenholz geschnitzt und vergoldet. Sie waren keine Götzen. Sie bildeten vielmehr den Sockel für den Thron Jahwe, der unsichtbar auf ihnen thronte. Unter ihren Flügeln, in der Mitte des Raumes, befand sich Israels heiligster Gegenstand, die Bundeslade, der goldene Kasten mit den Tafeln der Zehn Gebote.

Außer dem Tempel betrieb Salomo noch viele andere Bauprojekte. Für sich selbst baute er einen gewaltigen Palast, viel größer als der Tempel. Auch ließ er im ganzen Land militärische Befestigungen errichten.

So zeigt also die Bibel König Salomo als einen der großen Herrscher des alten Nahen Ostens. Um in diese Welt gedanklich einzudringen und besonders auch die politischen Aspekte des damaligen Lebens nachzuempfinden, muß man zuallererst eine genaue Kenntnis der Geographie des Landes besitzen. Sodann bedarf es des richtigen Gespürs für die damals waltenden politischen und ökonomischen Kräfte. Und schließlich muß man sorgfältig das studieren, was für die meisten Leser zu den langweiligsten Passagen der Bibel zählt: die Aufzählung von Ländern und Bauprojekten, die Aufzeichnungen über politische Entwicklungen in den Nachbarländern. Die beste Analyse all dieser Fakten stammt meiner Meinung nach von dem amerikanischen Bibelexperten Baruch Halpern. Einige meiner Forschungsergebnisse in Bezug auf die Autorschaft der Bibel habe ich seinen Einblicken in die politische Geschichte zu verdanken, die ich auf die Bibel angewandt habe. Was an Halperns Analyse von König Salomos politischer Welt beeindruckt, ist auch, daß er sie 1972 bereits als Harvard-Student im Alter von nur zwanzig Jahren geschrieben hat. Er wies nach, daß Salomos Innen- und Außenpolitik eine Bedrohung für die Einheit des Landes bedeutete.

Aus einem Land werden zwei

Wir müssen stets daran denken, daß es in diesem Land früher zwei separate Königreiche gab, eines im Süden und eines im Norden, und daß das nördliche Königreich sich wiederum aus einzelnen Stammesterritorien zusammensetzte. Die alte Stammesteilung bestand unter David und Salomo weiter, und auch die Erinnerung an einen früher unabhängigen Norden war noch wach. Vieles von dem, was Salomo tat, trug dazu bei, ihm die Bewohner des Nordens zu entfremden, anstatt sie ihm näherzubringen.

Zum einen hatte er den vom nördlichen Bevölkerungsteil gestellten Hohepriester Abjarthar abgesetzt.

Ferner forderte er natürlich Steuern, die jedermann – im Norden und im Süden – zu zahlen hatte. Wie aber Halpern nachwies, zeigt eine Aufstellung von Salomos Bauprojekten, daß er die Steuereinnahmen überproportional für militärische Verteidigungsanlagen im Süden aufwandte. Er schützte seinen eigenen Stamm, Juda, vor der militärischen Bedrohung durch die Ägypter. In dieser Zeit war aber Syrien von seinem Reich abgefallen; dennoch gewährte Salomo den nördlichen Stämmen nicht den gleichen Schutz vor der außerordentlich realen Bedrohung, der sie dort durch Syrien ausgesetzt waren. Die Leute im Norden zahlten für die Sicherheit des Südens.

Als ein weiteres Beispiel für Salomos Politik gegenüber dem nördlichen Israel sei angeführt, daß Salomo beim Bau des Tempels und des Palastes Hilfe von Hiram von Thyrus empfing, dem König der Phönizier, der sein Schwiegervater war. (Tatsächlich muß so ziemlich jeder König im Nahen Osten Salomos Schwiegervater gewesen sein.) Hiram lieferte die Zedern des Libanons und 120 Talente Gold. Als Gegenleistung trat Salomo einen Teil des nordisraelitischen Territoriums mit zwanzig Städten an den phönizischen König ab. Auch mit dieser Handlungsweise baute Salomo seine Hauptstadt einzig und allein auf Kosten des Nordens aus.

Eine Maßnahme Salomos aber bedeutete einen besonderen Bruch mit der Grundstruktur des Stammessystems. Salomo schuf zwölf Verwaltungsbezirke, von denen einer jeweils einen Monat lang den Hof in Jerusalem mit Lebensmitteln zu versorgen hatte. Die Grenzen dieser zwölf neuen Bezirke entsprachen nicht den bestehenden Grenzen der zwölf Stämme. Die Führer dieser

Verwaltungsbezirke ernannte Salomo persönlich. Das ist wie eine auf die Spitze getriebene Wahlschiebung. Es wäre dasselbe, als wenn der Präsident der Vereinigten Staaten fünfzig Steuerbezirke einrichten würde, die nicht den bestehenden fünfzig Staaten entsprächen, und von denen jeder statt seines gewählten Gouverneurs und seiner Gesetzgeber einen politisch ernannten Administrator bekäme. Und um dem ganzen die Krone aufzusetzen, nahm Salomo die Neueinteilung der Bezirke nur im Norden vor. Judäa gehörte nicht zu den zwölf neuen Bezirken.

Wenn all dies dem Volk noch nicht klargemacht hatte, daß sein König von Jerusalem aus eine starke zentrale Kontrolle ausüben wollte, konnte ihm kein Zweifel mehr bleiben, als Salomo eine weitere wirtschaftliche Maßnahme durchführte. Er führte das *missim* ein, die Fronarbeit. Die Bürger mußten der Regierung jedes Jahr einen Monat Fronarbeit leisten. Für ein Volk wie Israel, das in der Überlieferung lebte, einst Sklave in Ägypten gewesen und nun frei zu sein, war ein Fronarbeitsgesetz zweifellos eine bittere Pille.

Wie bitter das war, läßt sich an zweierlei beweisen. Erstens dadurch, daß einer der Verfasser des 2. Buches Mose später die *ägyptischen* Aufseher der israelitischen Sklaven nicht mit dem üblichen Ausdruck als ›Zuchtmeister‹, sondern als ›*missim*-Beamte‹ bezeichnet. Ich werde den Mann, der diese Worte schrieb, im nächsten Kapitel nennen. Er war kein Freund der königlichen Familie.

Der zweite Beweis ist ein Vorfall, der sich kurz nach Salomos Tod ereignete. Bei aller Unzufriedenheit der nördlichen Stämme war Salomo doch stark genug gewesen, die Nation zusammenzuhalten, und die nördlichen Stämme fielen während seiner Herrschaft nicht von ihm ab. Seinem Sohn und Nachfolger aber, dem König Rehabeam, mangelte es so ziemlich an allem, was nötig gewesen wäre, das vereinigte Königreich zu bewahren. Rehabeam zog nach Sichem, einer großen Stadt im Norden, um sich krönen zu lassen. Dort fragten ihn die nördlichen Stammesführer, ob er die Absicht habe, die Politik seines Vaters fortzusetzen. Rehabeam bestätigte das. Daraufhin fielen die nördlichen Stämme von ihm ab. Ein Anzeichen für die Ursache ihres Unmuts war der erste Akt der Rebellion: Sie steinigten einen von Rehabeams Beamten. Der Mann, der gesteinigt wurde, war der Verantwortliche für das *missim*.

Und so herrschte Rehabeam nur über Judäa (und den Stamm Benjamin, der von Juda dominiert wurde). Das restliche Israel wählte einen Mann namens Jerobeam zum König. Aus dem Reich Davids wurden nunmehr zwei Länder: Israel im Norden und Juda im Süden. Wir müssen nun das Leben und insbesondere das religiöse Leben in den beiden Königreichen betrachten; dann sind wir in der Lage, zwei der Verfasser der Bibel identifizieren zu können.

Israel und Juda

Die Ähnlichkeit der Namen der beiden Könige, Rehabeam und Jerobeam, ist kein Zufall. Beide Namen können im Hebräischen bedeuten, daß das Volk ›sich vermehren‹ oder ›ausbreiten‹ soll. Anscheinend wählten beide Könige einen Amtsnamen, der das Interesse an der

Ausdehnung der jeweiligen Teile der vormals vereinten Nation zum Ausdruck bringen sollte. Rehabeam regierte von Jerusalem aus, der Stadt Davids, Jerobeam machte Sichem zur Hauptstadt des neuen nördlichen Königreiches.

Die politische Zweiteilung des Landes hatte erhebliche Auswirkungen auf die Religion. Die Religion war vom Staat nicht zu trennen. Jerusalem war bis dahin sowohl politische Hauptstadt als auch religiöses Zentrum des Landes gewesen. Jerobeam, König von Israel, befand sich daher in einer außerordentlich schwierigen Lage. Israel und Juda waren vielleicht zu zwei separaten Ländern geworden, aber sie hatten immer noch eine gemeinsame Religion. Beide verehrten den Gott Jahwe. Beide hielten die Überlieferungen über die Patriarchen, die Versklavung und den Auszug aus Ägypten und die Ereignisse am Berge Sinai hoch. Der Tempel, die Bundeslade und der oberste Priester dieser Religion befanden sich allesamt in Jerusalem. Das bedeutete, daß Jerobeams Untertanen zumindest an Feiertagen, aber auch zu anderen Gelegenheiten, massenweise die Grenze nach Juda überschreiten mußten, wobei sie einen beträchtlichen Teil des Viehs und der Produkte des Landes als Opfergaben mit sich führen würden. Sie würden in die Stadt *Davids* gehen, im Tempel *Salomos* beten und opfern, und im Mittelpunkt der Handlungen würden sie König Rehabeam sehen. Diese Szenerie dürfte in Jerobeam wohl kaum ein Gefühl politischer Stabilität wachgerufen haben.

Jerobeam konnte nun nicht einfach eine neue Religion erfinden, um die Leute davon abzuhalten, nach Jerusalem zu ziehen. Er konnte aber für sein Königreich seine eigene *Version* der gemeinsamen Religion einführen.

Und so verehrte das Königreich Israel, wie auch das Königreich Juda, weiterhin Jahwe, aber Jerobeam schuf neue religiöse Zentren, führte neue Feiertage ein, setzte neue Priester ein und schuf neue religiöse Symbole. Die neuen Glaubenszentren, die als Ersatz für Jerusalem dienen sollten, waren die Städte Dan und Beth-El. Dan war die nördlichste Stadt in Israel, Beth-El war eine der südlichsten, nur eine kurze Strecke nördlich von Jerusalem an der Grenze zwischen Israel und Juda gelegen. Es stand zu erwarten, daß die Israeliten, die zur Anbetung nach Jerusalem zu ziehen beabsichtigten, eher in Beth-El anhalten würden, als die zusätzliche Reise – bergauf – nach Jerusalem auf sich zu nehmen.

Jerobeams neuer religiöser Nationalfeiertag wurde im Herbst gefeiert, einen Monat nach dem großen Herbst-Festtag im Staate Judas. Die neuen religiösen Symbole waren statt der beiden goldenen Cherubim in Jerusalem zwei aus Gold gegossene Kälber. Übrigens ist das Wort ›Kälber‹, das in den meisten Übersetzungen auftaucht, irreführend. Das Wort im hebräischen Original bezeichnet einen jungen Stier, ein Symbol der Kraft, während das Wort ›Kalb‹ normalerweise mit schwächeren Assoziationen verbunden ist. Das Kalb oder der junge Stier wurde oft mit dem Gott El, dem Hauptgott der Kanaaniter, assoziiert, der tatsächlich als ›Stier El‹ angesprochen wurde. Wir haben daher einige Ursache anzunehmen, daß Jerobeams Version der Religion Jahwe irgendwie mit El gleichsetzte. Die Vorstellung, daß Jahwe und El eins seien, hätte den zusätzlichen Vorteil, die israelitische Bevölkerung dem noch immer großen kanaanitischen Bevölkerungsteil in Jerobeams Königreich näherzubringen.

Jerobeam stellte eines der goldenen Kälber in Beth-El auf und eines in Dan. Das verfehlte seinen Eindruck nicht; denn wie die Cherubim auch, waren die Kälber keine Götterstatuen, sondern lediglich der Sockel für den unsichtbaren Gott Jahwe. In Israel dürfte man sich Gott als über dem ganzen Königreich von der Nordgrenze bis zur Südgrenze thronend vorgestellt haben, statt wie in Juda lediglich im Tempel thronend.

Die Priester König Jerobeams

Jerobeams Wahl der Priester für das neue Königreich war von entscheidender Bedeutung. Die Leviten des Nordens hatten unter Salomos Regiment sehr gelitten. Viele hatten in den zwanzig Städten gewohnt, die Salomo dem phönizischen König Hiram abgetreten hatte. Am schlimmsten war es den Leviten aus Silo ergangen. Zur Zeit der Richter war Silo der Ort gewesen, an dem sich Tempel und Bundeslade, das zentrale Heiligtum des Volkes, befanden. Samuel, der Priester, Prophet und Richter von Silo, hatte die beiden ersten Könige, Saul und David, berufen und gesalbt. Abjarthar aus der Priesterschaft von Silo war einer der beiden Hohepriester unter David gewesen. Dann wurde Abjarthar von Salomo gestürzt, weil er den anderen Thronprätendenten unterstützt hatte, und die Priester von Silo hatten ihre Macht in Jerusalem verloren. Diese Mitglieder der alten und etablierten Priesterschaft Israels hatten – vielleicht mehr als alle anderen – einen Grund, sich vom Königshaus in Jerusalem verraten und ausgeschlossen zu fühlen. Daher ist es kaum verwunderlich, daß der Prophet, der die Spaltung auslöste und Jerobeam zum König berief, ein Mann namens Ahia von Silo war.

Die Priester von Silo fühlten sich bald erneut verraten und ausgeschlossen. Jerobeam setzte sie weder in Dan noch in Beth-El ein. In Dan gab es eine alte etablierte Priesterschaft, die dem Buch der Richter zufolge von dem Enkel Moses begründet worden war; wahrscheinlich hatte sie dort auch weitergewirkt. In Beth-El ernannte Jerobeam neue Priester – darunter auch manche, die keine Leviten waren –, um am Altar des goldenen Kalbes ihren Dienst zu verrichten. Nach Aussage eines biblischen Textes war das neue Kriterium der Priesterwürde unter Jerobeam nicht die Zugehörigkeit zum Stamme Levi, sondern ob jemand ›seine Hand‹ mit einem junge Stier und sieben Widdern ›füllte‹.«

In Jerobeams neuem religiösen System hatten die Priester von Silo keinen Platz. Sie verdammten die goldenen Kälber, die Symbole seiner Religion, als Ketzerei. Ahia von Silo, derselbe Prophet, dem die Berufung Jerobeams zum König zugeschrieben wird, soll später den Untergang von Herobeams Familie aufgrund dieser Ketzerei prophezeit haben. Da der Stamm Levi nicht wie die anderen Stämme ein eigenes Territorium besaß, hatten die Leviten von Silo und anderswo in Israel lediglich die Wahl zwischen zwei Möglichkeiten: Sie konnten nach Juda ziehen und versuchen, in der dortigen priesterlichen Hierarchie Fuß zu fassen, oder sie konnten in Israel bleiben und ihr Dasein fristen, so gut es eben ging, möglicherweise durch die Ausübung gewisser religiöser Handlungen außerhalb der beiden Hauptzentren des Glaubens, oder vielleicht auch im Vertrauen auf die Großzügigkeit Dritter. Wenn die Priester von Silo tatsächlich Nachkommen von Mose waren, mußte sie ihr gegenwärtiger Status – oder Statusverlust – in beiden Königreichen bitter treffen. Von der Führung der Nation waren sie, verarmt, landlos, zur Abhängigkeit herabgesunken.

Der Niedergang Israels

Das Volk selbst bestand nunmehr aus zwei Völkern, verwandt, aber geteilt. Sie besaßen eine gemeinsame Sprache, einen gemeinsamen Schatz an Überlieferungen und ähnliche, wenn auch nicht identische religiöse Ausdrucksformen. Die Gesamtfläche der beiden Königreiche war noch immer ziemlich klein. Die von ihnen beherrschten Gebiete schrumpften beträchtlich. Syrien und Phönizien waren noch zu Salomos Zeiten vom Reich abgefallen. Nach der Teilung des Königreiches herrschte Juda noch etwa ein Jahrhundert lang über das im Osten des Landes gelegene Edom; dann rebellierte Edom und fiel ab. Etwa ebenso lange herrschte Israel über Moab; dann rebellierte auch Moab und wurde unabhängig. Israel und Juda waren zu zwei kleinen Königreichen herabgesunken, verwundbar gegenüber starken Völkern wie Ägypten oder Assyrien (siehe Karte S. 10).

In Israel war die Monarchie alles andere als stabil. Keine Königsfamilie konnte den Thron länger als ein paar Generationen halten. Das Königreich bestand zweihundert Jahre. 722 v. Chr. wurde es von den Assyrern erobert; als selbständiges Volk existierte Israel nicht mehr. Die Bevölkerung wurde zerstreut. Viele Israeliten wurden von den Assyrern in verschiedene Teile des assyrischen Großreiches verschleppt – die sogenannten zehn verlorenen Stämme Israels. Eine große Zahl von Flüchtigen dürfte vor den anrückenden assyrischen Truppen in den Süden, nach Juda, geflohen sein.

In Juda war die Monarchie außerordentlich stabil, eine der am längsten regierenden Dynastien in der Geschichte. Juda überlebte die Zerstörung Israels um mehr als hundert Jahre.

In den zweihundert Jahren, in denen diese beiden Königreiche nebeneinander bestanden, lebten zwei der Autoren, nach denen wir suchen. Jeder von ihnen verfaßte seine Version der Geschichte ihres Volkes. Beide Versionen flossen in die Bibel ein. Nach dieser vorlaufenden Präsentation der Frühzeit der biblischen Welt sind wir nunmehr in der Lage, diese beiden Verfasser der Bibel zu identifizieren.

KAPITEL 2

J und E

Zwei Hinweise ergänzen einander

Zweieinhalbtausend Jahre nach den im vorigen Kapitel beschriebenen Ereignissen machten drei Männer, die nach dem Autor der Bibel forschten, dieselbe Entdeckung. Einer von ihnen war Geistlicher, einer war Arzt, und einer war Lehrer. Ihre gemeinsame Entdeckung war letztlich die Kombination zweier Beweisstücke: der Dubletten und der Namen Gottes. Die drei bemerkten, daß es von vielen biblischen Erzählungen anscheinend zwei Versionen gab: zwei Schöpfungsberichte, zwei Versionen mehrerer Kapitel über die Patriarchen Abraham und Jakob usw. Und sie stellten fest, daß Gott in der einen Version oft einen bestimmten Namen führte, während er in der zweiten Version einen anderen Namen trug.

Nehmen wir zum Beispiel die Schöpfungsgeschichte. Die Version der Erschaffung der Welt, wie sie im ersten Kapitel der Bibel gegeben wird, weicht ab von der Darstellung der Geschehnisse zu Beginn des 2. Kapitels.[1]

In vielen Punkten entsprechen die beiden Versionen einander, in einigen Punkten widersprechen sie sich. So beschreiben sie dieselben Ereignisse in unterschiedlicher Reihenfolge. In der ersten Version erschafft Gott zuerst die Pflanzen, dann die Tiere, dann Mann und Frau. In der zweiten Version erschafft Gott zuerst den Mann. Dann erschafft er die Pflanzen. Danach, auf daß der Mann nicht allein sei, erschafft Gott die Tiere. Und zuletzt, nachdem der Mann unter den Tieren keinen passenden Gefährten gefunden hat, erschafft Gott die Frau. In symbolischer Darstellung:

Genesis 1	Genesis 2
Pflanzen	Mann
Tiere	Pflanzen
Mann und Frau	Tiere
	Frau

Die beiden Geschichten geben zwei unterschiedliche Darstellungen der Geschehnisse. Die Forscher stellten sodann fest, daß die erste Version der Schöpfungsgeschichte den Schöpfer immer mit Gott bezeichnet – fünfunddreißigmal. Die zweite Version bezeichnet ihn immer – elfmal – mit seinem Namen, *Gott Jahwe* (in der Luther-Übersetzung: ›Gott der Herr‹ – Anm. d. Übers.). In der ersten Version heißt er niemals Jahwe, in der zweiten niemals Gott.

An späterer Stelle kann auch die Geschichte von der Sintflut und der Arche Noah in zwei vollständige Versionen zerlegt werden, die sich teilweise wiederholen und einander teilweise widersprechen.[2] Und wiederum bezeichnet die eine Version Gott immer als Gott, und die andere nennt ihn Jahwe. Es gibt auch zwei Versionen des Bundes zwischen Gott und Abraham.[3] Und wieder stellt sich Gott in der einen als Jahwe, in der anderen als Gott vor. Und so geht das weiter. Die Forscher sehen, daß sie es nicht einfach mit einem Buch zu tun hatten, das viele Wiederholungen enthält, und daß sie es auch nicht mit einer losen Sammlung mehr oder weniger ähnlicher Geschichten zu tun hatten. Sie hatten zwei unterschiedliche Werke entdeckt, die *irgend jemand* überarbeitet und zu einem Stück verschmolzen hatte.

Die Entdeckung der Quellen

Von den drei Männern, denen wir diese Entdeckung verdanken, machte ein deutscher Geistlicher, Henning Bernhard Witter, im Jahre 1711 den Anfang. Sein Buch erregte wenig Aufsehen und war praktisch vergessen, bis es zweihundert Jahre später, im Jahre 1924, wiederentdeckt wurde.

Der zweite war Jean Astruc, ein französischer Mediziner und Hofarzt bei Ludwig XV. Er veröffentlichte seine Ergebnisse 1753 im Alter von 70 Jahren anonym in Brüssel und heimlich in Paris. Auch sein Buch hinterließ keinen besonderen Eindruck. Einige Kritiker bagatellisierten es, vielleicht auch deswegen, weil es einen Arzt und nicht einen Gelehrten zum Verfasser hatte.

Als aber ein Dritter, ein Gelehrter, dieselbe Entdeckung machte und 1780 veröffentlichte, konnte die Welt sie nicht mehr ignorieren. Dieser Dritte war Johann Gottfried Eichhorn, ein bekannter und geachteter Gelehrter in Deutschland, Sohn eines Pfarrers. Er bezeichnete die Gruppe biblischer Geschichten, in denen von Gott als Gott gesprochen wird, ›E‹, da das hebräische Wort für Gott El oder *Elohim* lautet. Die Gruppe der Erzählungen, die von Gott als *Jahwe* sprechen, nannte er ›J‹.

Die These, daß die frühen Kapitel der Bibel eine Kombination von zwei ursprünglich separaten Werken zweier verschiedener Autoren war, hielt sich nur achtzehn Jahre. Praktisch noch bevor irgend jemand die Möglichkeit hatte, die Konsequenzen dieser These für die Bibel und die Religion zu überdenken, erwies sich, daß die ersten fünf Bücher der Bibel nicht von *zwei*, sondern sogar von *vier* Autoren herrührten.

Man stellte fest, daß E nicht auf einer, sondern auf zwei Quellen beruhte. Die beiden Quellen hatten wie eine gewirkt, weil in beiden die Gottheit *Elohim* und nicht *Jahwe* hieß. Nun aber bemerkten die Forscher, daß es innerhalb der Gruppe von Geschichten, die Gott mit Elohim bezeichneten, noch immer Dubletten gab. Außerdem gab es Unterschiede im Stil und in der Sprache, ebenso wie Verschiedenheiten in den Interessenslagen. Kurz gesagt, dieselbe Beweisführung, die zur Entdeckung von J und E geführt hatte, führte nun zur Entdeckung einer dritten Quelle, die in E versteckt gewesen war. Die Verschiedenheiten der Interessenslagen waren verblüffend. Diese dritte Gruppe von Geschichten schien ein besonderes Interesse an *Priestern* zu haben. Sie enthielt Berichte über Priester, Gesetze für Priester, sie setzte sich mit dem Ritual auseinander, mit der Opferung, mit dem Verbrennen von Weihrauch und der Frage der Reinheit, und sie beschäftigte sich mit Daten, Zahlen und Maßen. Deshalb wurde diese Quelle als die priesterliche Quelle − kurz P − bekannt.

Die Quellen J, E und P zogen sich durch die ersten

vier der fünf Bücher Mose: Genesis, Exodus, Levitikus und Numeri. Im fünften Buch, dem Deuteronomium, fand sich jedoch bis auf wenige Zeilen in den letzten Kapiteln von ihnen kaum eine Spur. Das fünfte Buch Mose ist in einem völlig anderen Stil geschrieben als die vier anderen Bücher. Selbst in der Übersetzung sind die Unterschiede offensichtlich. Das Vokabular ist ein anderes. Es verwendet andere stehende Begriffe und Redewendungen. Es gibt Dubletten ganzer Teile der ersten vier Bücher. In Einzelheiten existieren eklatante Widersprüche zu den anderen Büchern. Sogar der Wortlaut der Zehn Gebote ist teilweise unterschiedlich. Das fünfte Buch Mose schien unabhängig zu sein, eine vierte Quelle. Man bezeichnet sie als D.

Die Erkenntnis, daß Moses Thora eigentlich aus vier ursprünglich separaten Werken bestand, mußte an sich nicht unbedingt eine Krise auslösen. Schließlich begann ja auch das Neue Testament mit vier Evangelisten – Matthäus, Markus, Lukas und Johannes –, von denen ein jedes die nämliche Geschichte auf seine Weise erzählte. Warum aber stieß der Gedanke, daß das Alte Testament (bzw. die hebräische Bibel) ebenfalls mit vier ›Evangelisten‹ anfangen könnte, bei Christen wie bei Juden auf eine so feindselige Reaktion? Weil die vier Quellen der hebräischen Bibel auf so verschlungene Weise ineinander verwoben waren und weil man an die zweitausend Jahre lang von der Verfasserschaft Moses überzeugt gewesen war. Die neuen Erkenntnisse standen im Widerspruch zu einer altehrwürdigen, geheiligten Überlieferung. Die Bibelwissenschaftler trennten ein fein gesponnenes Gewebe auf, und niemand wußte, wo dies alles noch hinführen sollte.

Zweimal die Geschichte Noahs

Die ersten Bücher der Bibel waren auf so ungewöhnliche Art zusammengestellt worden wie kein anderes Buch auf der Welt. Stellen Sie sich vor, vier Personen erhalten den Auftrag, ein Buch über dasselbe Thema zu schreiben; dann nimmt man ihre verschiedenen Versionen, kürzt sie, macht daraus eine lange, fortlaufende Geschichte und behauptet daraufhin, daß sie nur von einer einzigen Person verfaßt worden sei. Stellen Sie sich weiter vor: Das Buch wird Detektiven übergeben, die herausfinden sollen, (1) daß das Buch *nicht* von einer Person stammt, (2) daß es vier Verfasser hat, (3) wer die vier waren und (4) wer die vier Beiträge zu einem Ganzen zusammengefügt hat.

Für jene Leser, die genauer wissen wollen, wie so etwas aussieht, habe ich eine biblische Geschichte von der Arche Noah übersetzt, wie sie im Ersten Buch Mose steht, wobei die beiden Quellen in unterschiedlicher Schrift gedruckt sind. Die Geschichte von der Sintflut ist eine Kombination der Quellen J und P. J ist hier in Normalschrift wiedergegeben, P in halbfetten Kapitälchen. Wenn Sie eine der beiden Quellen von Anfang bis Ende lesen und dann mit der anderen von vorn anfangen, dann können Sie mit Ihren eigenen Augen zwei vollständige fortlaufende Berichte erkennen, von denen jeder sein eigenes Vokabular und eigene Schwerpunkte besitzt:

Die Sintflut — 1. Mose 6,5 — 8,22

(Text P Kapitälchen, Text J Normalschrift)

1. Mose 6:

5 Als aber Jahwe sah, daß der Menschen Bosheit groß war auf Erden und alles Dichten und Trachten ihres Herzens nur böse war immerdar,

6 da reute es Jahwe, daß er die Menschen gemacht hatte auf Erden, und es bekümmerte ihn in seinem Herzen.

7 Und Jahwe sprach: Ich will die Menschen, die ich geschaffen habe, vertilgen von der Erde, vom Menschen an bis hin zum Vieh und bis zum Gewürm und bis zu den Vögeln unter dem Himmel, denn es reut mich, daß ich sie gemacht habe.

8 Aber Noah fand Gnade vor den Augen Jahwes.

9 Das ist die Geschichte von Noahs Geschlecht: Noah war ein frommer Mann und ohne Tadel zu seinen Zeiten. Er wandelte mit Gott.

10 Und er zeugte drei Söhne: Sem, Ham und Japhet.

11 Aber die Erde war verderbt in Gottes Augen und voller Frevel.

12 Da sah Gott auf die Erde, und siehe, sie war verderbt; denn alles Fleisch hatte seinen Weg verderbt auf Erden.

13 Da sprach Gott zu Noah: Das Ende alles Fleisches ist bei mir beschlossen, denn die Erde ist voller Frevel von ihnen; und siehe, ich will sie verderben mit der Erde.

14 MACHE DIR EINEN KASTEN VON TANNENHOLZ UND
   MACHE KAMMERN DARIN UND VERPICHE IHN MIT
   PECH INNEN UND AUSSEN.

15 UND MACHE IHN SO: DREIHUNDERT ELLEN SEI DIE
   LÄNGE, FÜNFZIG ELLEN DIE BREITE UND DREISSIG
   ELLEN DIE HÖHE.

16 EIN FENSTER SOLLST DU DARAN MACHEN OBENAN,
   EINE ELLE GROSS. DIE TÜR SOLLST DU MITTEN IN
   SEINE SEITE SETZEN. UND ER SOLL DREI STOCKWERKE
   HABEN, EINES UNTEN, DAS ZWEITE IN DER MITTE,
   DAS DRITTE OBEN.

17 DENN SIEHE, ICH WILL EINE SINTFLUT KOMMEN
   LASSEN AUF ERDEN, ZU VERDERBEN ALLES FLEISCH,
   DARIN ODEM DES LEBENS IST, UNTER DEM HIMMEL.
   ALLES, WAS AUF ERDEN IST, SOLL UNTERGEHEN.

18 ABER MIT DIR WILL ICH MEINEN BUND AUFRICHTEN,
   UND DU SOLLST IN DIE ARCHE GEHEN MIT DEINEN
   SÖHNEN, MIT DEINER FRAU UND DEN FRAUEN
   DEINER SÖHNE.

19 UND DU SOLLST IN DIE ARCHE BRINGEN VON ALLEN
   TIEREN, VON ALLEM FLEISCH, JE EIN PAAR,
   MÄNNCHEN UND WEIBCHEN, DASS SIE LEBEN
   BLEIBEN MIT DIR.

20 VON DEN VÖGELN NACH IHRER ART, VON DEM VIEH
   NACH SEINER ART UND VON ALLEM GEWÜRM AUF
   ERDEN NACH SEINER ART: VON DEN ALLEN SOLL JE
   EIN PAAR ZU DIR HINEINGEHEN, DASS SIE LEBEN
   BLEIBEN.

21 UND DU SOLLST DIR VON JEDER SPEISE NEHMEN, DIE
   GEGESSEN WIRD, UND DU SOLLST SIE BEI DIR SAM-
   MELN, DASS SIE DIR UND IHNEN ZUR NAHRUNG DIENEN.

22 UND NOAH TAT ALLES, WAS IHM GOTT GEBOT.

1. Mose 7:

1 Und Jahwe sprach zu Noah: Geh in die Arche, du und dein ganzes Haus; denn ich habe dich gerecht erfunden vor mir zu dieser Zeit.

2 Von allen reinen Tieren nimm zu dir je sieben, das Männchen und sein Weibchen, von den unreinen Tieren aber je ein Paar, das Männchen und das Weibchen.

3 Desgleichen von den Vögeln unter dem Himmel je sieben, das Männchen und das Weibchen, um das Leben zu erhalten auf dem ganzen Erdboden.

4 Denn von heute an in sieben Tagen will ich regnen lassen auf Erden vierzig Tage und vierzig Nächte und vertilgen von dem Erdboden alles Lebendige, das ich gemacht habe.

5 Und Noah tat alles, was ihm Jahwe gebot.

6 ER WAR ABER SECHSHUNDERT JAHRE ALT, ALS DIE SINTFLUT AUF ERDEN KAM.

7 Und er ging in die Arche mit seinen Söhnen, seiner Frau und den Frauen seiner Söhne vor den Wassern der Sintflut.

8 VON DEN REINEN TIEREN UND VON DEN UNREINEN, VON DEN VÖGELN UND VON ALLEM GEWÜRM AUF ERDEN.

9 GINGEN SIE ZU IHM IN DIE ARCHE PAARWEISE, JE EIN MÄNNCHEN UND WEIBCHEN, WIE IHM GOTT GEBOTEN HATTE.

10 Und als die sieben Tage vergangen waren, kamen die Wasser der Sintflut auf Erden.

11 IN DEM SECHSHUNDERTSTEN LEBENSJAHR NOAHS AM SIEBZEHNTEN TAG DES ZWEITEN MONATS, AN DIESEM TAG BRACHEN ALLE BRUNNEN DER GROSSEN

TIEFE AUF UND TATEN SICH DIE FENSTER DES
HIMMELS AUF.

12 und ein Regen kam auf Erden vierzig Tage und
vierzig Nächte.

13 AN EBEN DIESEM TAG GING NOAH IN DIE ARCHE MIT
SEM, HAM UND JAPHET, SEINEN SÖHNEN, UND MIT
SEINER FRAU UND DEN DREI FRAUEN SEINER SÖHNE.

14 DAZU ALLES WILDE GETIER NACH SEINER ART, ALLES
GEWÜRM, DAS AUF ERDEN KRIECHT, NACH SEINER
ART, UND ALLE VÖGEL NACH IHRER ART, ALLES WAS
FLIEGEN KONNTE, ALLES WAS FITTICHE HATTE;

15 DAS GING ALLES ZU NOAH IN DIE ARCHE
PAARWEISE, VON ALLEM FLEISCH, DARIN ODEM DES
LEBENS WAR.

16 DAS WAREN MÄNNCHEN UND WEIBCHEN VON ALLEM
FLEISCH, UND SIE GINGEN HINEIN, WIE DENN GOTT
IHM GEBOTEN HATTE. Und Jahwe schloß hinter ihm
zu.

17 Und die Sintflut war vierzig Tage auf Erden, und die
Wasser wuchsen und hoben die Arche auf und
trugen sie empor über die Erde.

18 Und die Wasser nahmen überhand und wuchsen
sehr auf Erden, und die Arche fuhr auf den Wassern.

19 Und die Wasser nahmen überhand und wuchsen so
sehr auf Erden, daß alle hohen Berge unter dem
ganzen Himmel bedeckt wurden.

20 Fünfzehn Ellen hoch gingen die Wasser über die
Berge, so daß sie ganz bedeckt waren.

21 DA GING ALLES FLEISCH UNTER, DAS SICH AUF
ERDEN REGTE, AN VÖGELN, AN VIEH, AN WILDEM
GETIER UND AN ALLEM, WAS DA WIMMELTE AUF
ERDEN, UND ALLE MENSCHEN.

22 Alles, was Odem des Lebens hatte auf dem Trockenen, das starb.

23 So wurde vertilgt alles, was auf dem Erdboden war, vom Menschen an bis hin zum Vieh und zum Gewürm und zu den Vögeln unter dem Himmel; das wurde alles von der Erde vertilgt. Allein Noah blieb übrig und was mit ihm in der Arche war.

24 UND DIE WASSER WUCHSEN GEWALTIG AUF ERDEN HUNDERTFÜNFZIG TAGE.

1. Mose 8:

1 DA GEDACHTE GOTT AN NOAH UND AN ALLES WILDE GETIER UND AN ALLES VIEH, DAS MIT IHM IN DER ARCHE WAR, UND LIESS WIND AUF ERDEN KOMMEN, UND DIE WASSER FIELEN.

2 UND DIE BRUNNEN DER TIEFE WURDEN VERSTOPFT SAMT DEN FENSTERN DES HIMMELS, und dem Regen vom Himmel wurde gewehrt.

3 Da verliefen sich die Wasser von der Erde UND NAHMEN AB NACH HUNDERTFÜNFZIG TAGEN.

4 AM SIEBZEHNTEN TAG DES SIEBENTEN MONATS LIESS SICH DIE ARCHE NIEDER AUF DAS GEBIRGE ARARAT.

5 ES NAHMEN ABER DIE WASSER IMMER MEHR AB BIS AUF DEN ZEHNTEN MONAT. AM ERSTEN TAGE DES ZEHNTEN MONATS SAHEN DIE SPITZEN DER BERGE HERVOR.

6 Nach vierzig Tagen tat Noah an der Arche das Fenster auf, das er gemacht hatte,

7 UND LIESS EINEN RABEN AUSFLIEGEN, DER FLOG HIN UND HER, BIS DIE WASSER VERTROCKNETEN AUF ERDEN.

8 Danach ließ er eine Taube ausfliegen, um zu erfahren, ob die Wasser sich verlaufen hätten auf Erden.

9 Da aber die Taube nichts fand, wo ihr Fuß ruhen konnte, kam sie wieder zu ihm in die Arche; denn noch war Wasser auf dem ganzen Erdboden. Da tat er die Hand heraus und nahm sie zu sich in die Arche.

10 Da harrte er noch weitere sieben Tage und ließ abermals eine Taube fliegen aus der Arche.

11 Die kam zu ihm um die Abendzeit, und siehe, ein Ölblatt hatte sie abgebrochen und trug's im Schnabel. Da merkte Noah, daß die Wasser sich verlaufen hätten auf Erden.

12 Aber er harrte noch weitere sieben Tage und ließ eine Taube ausfliegen; die kam nicht wieder zu ihm.

13 Im sechshundertsten Lebensjahr Noahs am ersten Tage des ersten Monats waren die Wasser vertrocknet auf Erden. Da tat Noah das Dach von der Arche und sah, daß der Erdboden trocken war.

14 Und am siebenundzwanzigsten Tage des zweiten Monats war die Erde ganz trocken.

15 Da redete Gott mit Noah und sprach:

16 Geh aus der Arche, du und deine Frau, deine Söhne und die Frauen deiner Söhne mit dir.

17 Alles Getier, das bei dir ist, von allem Fleisch, an Vögeln, an Vieh, und allem Gewürm, das auf Erden kriecht, das gehe hinaus mit dir, dass sie sich regen auf Erden und fruchtbar seien und sich mehren auf Erden.

18 So ging Noah heraus mit seinen Söhnen und mit seiner Frau und den Frauen seiner Söhne.

19 DAZU ALLE WILDEN TIERE, ALLES VIEH, ALLE VÖGEL
    UND ALLES GEWÜRM, DAS AUF ERDEN KRIECHT; DAS
    GING AUS DER ARCHE, EIN JEDES MIT SEINESGLEI-
    CHEN.

20 Noah aber baute Jahwe einen Altar und nahm von
    allem reinen Vieh und von allen reinen Vögeln und
    opferte Brandopfer auf dem Altar.

21 Und Jahwe roch den lieblichen Geruch und sprach
    in seinem Herzen: Ich will hinfort nicht mehr die
    Erde verfluchen um der Menschen willen; denn das
    Dichten und Trachten des menschlichen Herzens ist
    böse von Jugend auf. Und ich will hinfort nicht
    mehr schlagen alles, was da lebt, wie ich getan habe.

22 Solange die Erde steht, soll nicht aufhören Saat und
    Ernte, Frost und Hitze, Sommer und Winter, Tag
    und Nacht.

Jeder mit eigenen Worten

Allein der Umstand, daß es möglich ist, zwei fortlaufende Erzählungen wie diese beiden hier herauszuarbei-
ten, ist bemerkenswert und bildet eine gewichtige Stütze
der Hypothese. Man muß bloß einmal das Gleiche mit
irgendeinem anderen Buch versuchen, um festzustellen,
wie beeindruckend dieses Faktum ist.

Es geht aber nicht allein um die Tatsache, daß es möglich ist, zwei Erzählungen herauszufiltern. Die (in Kapitälchen gedruckte) Version P spricht von der Gottheit
durchgängig als Gott. Die Version J verwendet immer
den Namen Jahwe. P bezeichnet das Geschlecht der
Tiere mit den Worten ›männlich und weiblich‹ (1. Mose

6,19;7,9/16). J benutzt die Bezeichnung ›Männchen und sein Weibchen‹ (7,2) ebenso wie ›männlich und weiblich‹. [Luther trifft in seiner Übersetzung diese Unterscheidung nicht. — Anm. d. Übers.] P sagt, daß alles ›unterging‹ (6,17;7,21). J sagt, daß alles ›starb‹ (7,22).

Die beiden Versionen unterscheiden sich aber nicht nur in der Terminologie. Sie unterscheiden sich auch in inhaltlichen Details. P spricht bei jeder Tierart von einem Paar. J erwähnt sieben Paare von den reinen Tieren und ein Paar von den unreinen Tieren. (›Rein‹ bedeutet: zur Opferung geeignet. Schafe sind rein, Löwen sind unrein.) P gibt an, daß die Flut ein Jahr (370 Tage) lang andauerte. Laut J waren es vierzig Tage und vierzig Nächte. P läßt Noah einen Raben aussenden. Bei J ist es eine Taube. P hat offenbar Interesse an Altersangaben, an Daten und Maßen in Ellen. Bei J ist das nicht der Fall.

Der bemerkenswerteste Unterschied zwischen den beiden Versionen liegt wohl in der unterschiedlichen Art der Darstellung Gottes. Nicht nur, daß sie die Gottheit mit verschiedenen Namen bezeichnen. J beschreibt einen Gott, der die Dinge, die er getan hat, bedauern kann (6,6;7). Das wirft interessante theologische Fragen auf, wie zum Beispiel die, ob ein allmächtiges und allwissendes Wesen je vergangene Taten bedauern würde. J präsentiert eine Gottheit, die ›in ihrem Herzen bekümmert‹ sein kann (6,6), die persönlich die Arche verschließt (7,16) und den Geruch von Noahs Opfer wahrnimmt (8,21). Diese menschenähnlichen Züge vermißt man bei P völlig. Dort wird Gott eher als ein transzendenter Herrscher über das Universum gesehen.

Die beiden Geschichten von der Sintflut sind voneinander trennbar und in sich vollständig. Jede Geschichte besitzt ihre eigene Sprache, ihre besonderen Details und sogar ein eigenes Gottesbild. Und das ist noch nicht alles. Sprache, Details und Gottesbild in der Sintflut-Geschichte der Version J stimmen mit Sprache, Details und Gottesbild in anderen Geschichten von J überein. Die Sintflut-Geschichte der Version P geht dann konform mit den anderen Geschichten von P. Und so weiter. Die Forscher konnten feststellen, daß jede der Quellen eine in sich geschlossene Sammlung von Geschichten, Gedichten und Gesetzen ist.

Die Schwelle

Die Entdeckung, daß es vier separate, in sich einheitliche Dokumente gab, wurde als Urkundenhypothese bekannt. Der Vorgang wurde auch als ›Höhere Kritik‹ bezeichnet. Die Überlegungen, die von drei Männern des 18. Jahrhunderts ausgegangen waren, nahmen gegen Ende des 19. Jahrhunderts in der Bibelwissenschaft eine dominierende Stellung ein.

Jahrhundertelang hatte man Beweisstücke gesammelt, bis diese Stufe erreicht war, die man – je nachdem, welchen Standpunkt man selbst bezog – als einigermaßen bahnbrechend oder auch als recht gering einstufen konnte. Einerseits war es jahrhundertelang nicht möglich gewesen, gegen die allgemein akzeptierte Überlieferung anzutreten, laut der Mose der Verfasser der Fünf Bücher war, und nun konnten anerkannt fromme Menschen offen sagen und schreiben, daß er es nicht gewesen war. Sie waren imstande, in den ersten fünf Büchern der Bibel mindestens vier Handschriften zu unterscheiden.

Dazu kam noch die Handschrift eines außerordentlich geschickten Sammlers oder Redakteurs, dem es gelungen war, die einzelnen Dokumente zu einem einzigen Werk zu verbinden, das so einheitlich war, daß man es wie eine fortlaufende Erzählung lesen konnte.

Andererseits befanden sich diese Ermittler der biblischen Ursprünge erst an der Schwelle der Erkenntnisse. Sie merkten, daß es da ein Puzzle gab, und sie begannen zu ahnen, wie verzwickt dieses Puzzle sein würde. Gewiß, man war auf vier Quellendokumente und einen Redaktor gestoßen; wer aber hatte diese Dokumente verfaßt? Wann hatten die Verfasser gelebt? Welche Absichten hatten sie verfolgt? Haben sie das Werk des jeweils anderen gekannt? Waren sie sich bewußt, daß sie an der *Bibel* schrieben, einem Werk, das als heilig und maßgeblich gelten würde? Und der geheimnisvolle Redaktor: Handelte es sich da um eine Person oder gab es ihrer mehrere? Wer waren sie gewesen? Warum hatten sie die Dokumente auf so eine komplizierte Art zusammengestellt?

Die Antworten zu all diesen Fragen lagen in den Seiten der Bibel und in der Erde Palästinas verborgen. Man grub in beiden nach; und so ergründeten meine Vorgänger und ich, wie die Geschichten auf jenen Seiten mit den Ereignissen jener Welt verbunden waren.

Zwei Länder, zwei Verfasser

Die beiden ersten Quellen, J und E, wurden von zwei Personen geschrieben, die in der Epoche lebten, die im letzten Kapitel beschrieben wurde. Sie nahmen Anteil an dem Leben dieser Zeit, an ihren wichtigen Ereignissen, an der Politik, der Religion und auch an den Katastrophen. Im folgenden möchte ich das belegen und die Verfasser der Texte namhaft machen.

Zunächst einmal:

Der Verfasser von J stammte aus Juda, der Verfasser von E aus Israel. Dieser Ansicht sind bereits viele Bibelwissenschaftler vor mir gewesen; neu ist dagegen, daß die von mir vorgelegten Beweisstücke eine größere Aussagekraft haben als alles, was bisher veröffentlich worden ist; ich glaube, genauer sagen zu können, wer die beiden Autoren sind, und ich werde genauer zeigen, in welcher Beziehung die biblischen Geschichten zu diesen beiden Männern und zu den Ereignissen in ihrer Welt stehen.

Die bloße Tatsache, daß der Gottheit in den verschiedenen Geschichten der ersten Bücher der Bibel unterschiedliche Namen gegeben werden, beweist für mich allein natürlich noch gar nichts. Jemand könnte über die Königin von England schreiben und sie einmal ›die Königin‹ und einmal ›Elisabeth II.‹ nennen. Aber, wie bereits erwähnt, an der Art, wie die verschiedenen Namen Gottes in den ersten Büchern der Bibel verwendet wurden, war etwas anderes noch verdächtiger: Anscheinend traten in den beiden Dubletten-Versionen der gleichen Geschichte die Namen Jahwe und Elohim durchgehend in gleicher Form auf. Wenn wir die Elohim-Geschichten (E) von den Jahwe-Geschichten (J) trennen, erhalten wir eine zusammenhängende Reihe von Hinweisen, daß die E-Erzählungen von jemandem geschrieben wurden, der mit Israel zu tun hat, und die J-Erzählungen von jemandem, der mit Juda zusammenhängt.[5]

82

J aus Juda, E aus Israel

Zum einen ist da der Schauplatz der Erzählungen zu erwähnen. In den Erzählungen der Genesis, in denen der Name Gottes *Jahwe* ist, lebt der Patriarch Abraham von Hebron.[6] Hebron war die wichtigste Stadt in Juda, die Haupstadt von Juda unter König Juda, die Stadt, aus der Zadok stammte, den David zum Hohepriester bestimmte.

In dem Bund, den *Jahwe* mit Abraham schließt, verspricht er, daß Abrahams Nachkommen das Land ›von dem Wasser Ägyptens an bis an das ... Wasser Euphrats‹[7] besitzen sollen. Das entspricht den Grenzen des Landes unter König David, dem Begründer der Königsfamilie Judas.

In einer Geschichte aber, die Gott als *Elohim* bezeichnet, hat Abrahams Enkel Jakob einen Kampf mit jemanden auszufechten, von dem sich herausstellt, daß er Gott ist (oder vielleicht ein Engel), und Jakob nennt den Ort, an dem das geschah, Peniel (Peni-El bedeutet ›Angesicht Gottes‹). Peniel war eine Stadt, die König Jerobeam in Israel errichtet hatte.[8]

Beide Quellen, J und E, enthalten Erzählungen über die Stadt Beth-El, und beide Königreiche, Juda wie Israel, machten politische *Ansprüche* auf das an der Grenze zwischen beiden gelegene Beth-El geltend.[9]

Beide Quellen, J und E, berichten von der Stadt Sichem, die Jerobeam erbaut und zur Hauptstadt Israels erhoben hatte. Die beiden Erzählungen weichen aber stark voneinander ab. Der J-Erzählung zufolge liebt ein Mann namens Sichem, eigentlich der Fürst dieser Stadt, Jakobs Tochter Dina und schläft mit ihr. Danach hält er um ihre Hand an. Jakobs Söhne entgegnen, daß sie weder dieser noch einer anderen Mischehe mit dem Volk von Sichem zustimmen könnten, da die Sichemiten, anders als die Söhne Jakobs, nicht beschnitten sind. Daher überreden der Fürst von Sichem und sein Vater Hemor alle Männer von Sichem, sich beschneiden zu lassen. Während die Männer sich nach der schmerzhaften Operation nicht rühren können, dringen zwei Söhne Jakobs, Simeon und Levi, in die Stadt ein, töten alle Männer und holen ihre Schwester Dina zurück. Ihr Vater Jakob tadelt sie deswegen, sie antworten aber: »Sollten sie denn mit unserer Schwester als mit einer Hure handeln?« Ende der Erzählung.[10] Dieser J-Bericht über die Ereignisse, wie Israel zu seiner Hauptstadt kam, ist nicht gerade erfreulich. Die E-Geschichte erzählt das folgendermaßen:

> Und [Jakob] kaufte ein Stück Ackers von den Kindern Hemors, des Vaters Sichems, um hundert Groschen; daselbst richtete er seine Hütte auf.[11]

Wie kam Israel zu Sichem? Durch Kauf, berichtet der E-Autor; durch ein Blutbad, so der J-Autor.

Der Ursprung der Stämme

Bei den Geschichten über die Geburt von Jakobs Söhnen und Enkelsöhnen − von denen jeder der Ahnherr eines Stammes wurde − wird bei der Namensgebung des Kindes in der Regel Gott erwähnt. Zu den Texten, in denen *Elohim* angeführt wird, gehören die Geschichten von:

84

Dan
Naphthali
Gad
Asser
Isascha
Sebulon
Ephraim
Manasse
Benjamin[12]

Kurzum, die *Elohim*-Gruppe enthält die Namen sämtlicher Stämme Israels.[13] Zu den Texten, in denen *Jahwe* angeführt wird, gehören die Geschlechter von

Ruben
Simeon
Levi
Juda

Die ersten drei der vier Namen in dieser Liste betreffen Stämme, die ihr Territorium verloren haben und in den anderen Stämmen aufgegangen sind. Der einzige Name eines Stammes im Besitz eines Territoriums in der Erzählung ist Juda.[14]

Der J-Text geht bei der Begründung des Übergewichts Judas sogar noch weiter. Ihm zufolge ist Ruben der erstgeborene Sohn, Simeon der zweite, Levi der dritte und Juda der viertgeborene. Im Nahen Osten des Altertums war die Reihenfolge der Geburt außerordentlich wichtig, da der älteste Sohn das Erstgeburtsrecht besaß, das Recht auf den Hauptteil des väterlichen Erbes (im allgemeinen das Doppelte der Erbteile der anderen Brüder).

Daher sollte man annehmen, daß Ruben als der Älteste das Erstgeburtsrecht besitzt. Es existiert aber eine Geschichte, die berichtet, daß Ruben mit einer der Konkubinen des Vaters schläft, und sein Vater kommt dahinter. Die beiden nächsten Anwärter auf das Erstgeburtsrecht wären nun Simeon und Levi. Aber in der Sichem-Erzählung von J sind sie es, die in der Stadt das Blutbad anrichten und deswegen von ihrem Vater zurechtgewiesen werden. Und so kommt bei J das Erstgeburtsrecht an den vierten Sohn: Juda! In dem poetischen Segen, den Jakob seinen Söhnen auf dem Sterbebett spendet, sagt er über Ruben:

Ruben, mein erster Sohn bist du,
meine Kraft und der Erstling meiner Stärke,
der Oberste in der Würde und der Oberste in der Macht.
Er fuhr leichtfertig dahin wie Wasser. Du sollst nicht der Oberste sein;
denn du bist auf deines Vaters Lager gestiegen.[15]

Und folgendes sagt er über Simeon und Levi:

Die Brüder Simeon und Levi,
ihre Schwerter sind mörderische Waffen.
... in ihrem Zorn haben sie den Mann erwürget,
und in ihrem Mutwillen haben sie den Ochsen verlähmet.
Verflucht sei ihr Zorn, daß er so heftig ist,
und ihr Grimm, daß er so störrig ist.
Ich will sie zerteilen in Jakob,
und zerstreuen in Israel.[16]

Über Juda sagt er dagegen:

Juda, du bist's; dich werden deine Brüder loben ...
vor dir werden deines Vaters Kinder sich neigen.[17]

Laut J erhält also Juda das Erstgeburtsrecht.

Und wie steht es bei E? In der E-Version der Szene mit dem sterbenden Jakob hinterläßt Jakob den doppelten Anteil Joseph, wobei der ankündigt, daß jeder von Jakobs beiden Söhnen, Ephraim und Manasse, ein volles Erbteil erhalten wird, ebenso wie Ruben, Simeon und die übrigen. Warum bevorzugte der Verfasser von E Joseph und dessen Söhne? Die Antwort findet sich in einem anderen Teil des E-Textes: Als Jakob auf seinem Sterbebett Joseph und dessen Söhnen den Segen spendet, läßt Joseph seine Kinder so vor Jakob hintreten, daß Jakob seine rechte Hand auf den Kopf Manasses des Älteren legen müßte. Die rechte Hand ist das Zeichen des Vorranges. Aber Jakob kreuzt seine Arme, und so kommt seine rechte Hand auf Ephraims Kopf zu liegen. Joseph erhebt Einspruch dagegen, doch Jakob bleibt fest: Ephraim wird größer werden.[18] Was ist das Besondere an Ephraim? Warum lenkt der Autor von E die Entwicklung der Hierarchie so, daß sie nicht in einem von Jakobs Söhnen gipfelt, sondern in einem seiner Enkelsöhne, noch dazu nicht einmal dem Erstgeborenen? Kam dem Stamm Ephraim zur Zeit des Autors eine besondere Bedeutung zu? Antwort: Ephraim war der Stamm von König *Jerobeam*, dessen Hauptstadt Sichem in den Hügeln von Ephraim lag.[19] Und tatsächlich wurde Ephraim auch als Name für das Königreich Israel verwendet.[20]

Belege aus den Geschichten

Die J-Erzählungen passen zu den Städten und dem Territorium von Juda. Die E-Erzählungen passen zu den Städten und dem Territorium von Israel. Ich habe festgestellt, daß auch andere Einzelheiten der Geschichten durchgängig in dieses Bild passen:

Sowohl bei J als auch bei E findet man eine Version der Geschichte von Joseph. In beiden Versionen sind Josephs Brüder auf ihn eifersüchtig und wollen ihn umbringen, aber einer der Brüder rettet ihn. In E ist es Ruben, der Älteste, der ihn rettet.[21] In J ist der Retter aber *Juda*.[22]

Der E-Text von Jakobs Vermächtnis auf dem Sterbebett enthält im Hebräischen ein Wortspiel. Als er die Erbteile für Ephraim und Manasse einsetzt, sagt Jakob zu Joseph: »Ich habe dir ein Stück Landes gegeben außer deinen Brüdern.«[23] Das hebräische Wort, das hier als ›Stück Landes‹ übersetzt wird, heißt *sekem* oder, wie wir es im Deutschen aussprechen, Sichem. Wenn dem Vater von Ephraim gesagt wird, daß er ein zusätzliches *Sichem* erhält, dann ist das etwa so, als bekäme der Ministerpräsident von Nordrhein-Westfalen zu hören: »Ich habe den anderen Ländern ein paar Dörfer geschenkt, dir aber habe ich Düsseldorf gegeben.«

Die J-Texte scheinen mit dem Namen des ersten Königs von Juda Wortspiele zu treiben. Rehabeam: Die hebräische Wurzel des Namens (*r-h-b*) taucht sechsmal in J auf und deutet meist, wie auch der Königsname, auf die Expansion des Landes hin.[24] In E kommt sie überhaupt nicht vor.

Einem E-Text zufolge äußert Joseph auf seinem Sterbebett in Ägypten die Bitte, eines Tages mögen seine Gebeine in die Heimat zurückgebracht und dort begraben werden.[25] Am Ende des E-Textes vom Auszug aus Ägypten führen die Israeliten Josephs Gebeine auch tatsächlich mit sich.[26] Diese Anteilnahme an Josephs Bestattung findet sich nur in E. Und wo befand sich der Überlieferung nach Josephs Ruhestätte? In Sichem, der Hauptstadt von Israel.[27]

Sowohl J als auch E enthalten Berichte über die Knechtschaft des Volkes von Ägypten. Die Quelle J bezeichnet die Ägypter, die Sklaven beaufsichtigten, gewöhnlich als ›Zuchtmeister‹, in einer Passage jedoch, die anscheinend zu E zu rechnen ist, werden sie als ›*missim*-Beamte‹ [bei Luther: Fronvögte – Anm. d. Übers.] bezeichnet.[28] Wir erinnern uns: der Ausdruck *missim* stand für die von König Salomo eingeführte Zwangsarbeit, die einer der definitiven Gründe für das Abfallen der nördlichen Stämme Israels war. Die Wortwahl in E scheint auf eine Beschimpfung von Juda und seiner Königsfamilie zu zielen.

Die Beschimpfung wiegt womöglich doppelt schwer, weil die prominenteste von Salomos Ehefrauen die Tochter des damaligen Pharao war. Das 1. Buch der Könige nennt sie unter seinen Frauen an erster Stelle.[29] Diese Ehe muß etwas Besonderes gewesen sein; die Könige von Ägypten hielten es für unter ihrer Würde, ihre Töchter mit Ausländern zu verheiraten. Im Nahen Osten des Altertums ist kein anderer Fall der Ehe einer ägyptischen Prinzessin mit einem ausländischen Herrscher bekannt.

In E ist Josua der treue Helfer von Mose. Josua führt das Volk in die Schlacht gegen die Amalekiter; er dient als Wächter in der Stiftshütte, wenn Mose dort nicht mit Gott zusammentrifft; er ist der einzige Israelit, der mit den Vorfällen um das Goldene Kalb nichts zu tun hat; und er versucht, den Mißbrauch der Prophetie zu verhindern.[30] In J hingegen spielt Josua keine Rolle. Warum die besondere Hervorhebung Josuas in E, nicht aber in J? Josua war ein Held des *Nordens.* Es wurde bereits festgestellt, daß er vom Stamme Ephraim war, *Jerobeams* Stamm; Josuas Ruhestätte befindet sich auf dem Gebiet von Ephraim, und dem letzen Kapitel des Buches Josua zufolge gipfelt Josuas Wirken in einer Bündniszeremonie in *Sichem.*[31]

Nach einer Geschichte aus J sendet Mose eine Gruppe von Kundschaftern aus der Wüste in das verheißene Land. Mit einer Ausnahme berichten alle Kundschafter, das Land sei uneinnehmbar, da seine Bewohner außerordentlich riesig und wild seien. Der einzige, der diesem Bericht widerspricht und dem Volk zuredet, Glauben zu haben, ist *Kaleb.* In der Geschichte ziehen die Kundschafter durch den Negev, die südliche Wüste des Landes [bei Luther: Zin – Anm. d. Übers.], und das Bergland bis nach Hebron und weiter zum Bach Eskol. All diese Orte gehören zum Territorium von Juda. *Bei J sehen die Kundschafter nur Juda.*[32] Was Kaleb, den Helden der Erzählung angeht, so gilt er als Stammvater der Kalebiten. Die Kalebiten hatten ihr Gebiet im Bergland von Juda. Im Gebiet der Kalebiten lag auch Hebron, die Hauptstadt von Juda.[33]

Aus all diesen Beweisen läßt sich, wie ich meine, folgerichtig schließen: (1) die alten Forscher hatten recht, was die Existenz zweier Quellen, J und E, angeht; (2) die Person, die J geschrieben hat, beschäftigte sich besonders mit dem Königreich Juda, und die Person, die E geschrieben hat, hatte ein besonderes Interesse am Königreich Israel.

Wie ich bereits im Vorwort geschrieben habe, interessieren wir uns für mehr als die Immobilien-Präferenzen der Autoren. Es erhebt sich die Frage, warum sie diese Erzählungen geschrieben haben. Was ist in ihrer Welt geschehen, das sie veranlaßt hat, all dies niederzuschreiben?

Die Zwillinge

Nehmen wir zum Beispiel die biblischen Geschichten über die Zwillinge Jakob und Esau: Sie erzählen von der Heirat Isaaks, Abrahams Sohn, mit Rebekka. Rebekka bringt Zwillingssöhne zur Welt. Der erste, der das Licht der Welt erblickt, ist Esau. Der Zweitgeborene ist Jakob. Während die Zwillinge noch im Mutterleib sind, spricht *Jahwe* zu Rebekka:

> *Zwei Völker sind in deinem Leibe,*
> *und zweierlei Leute werden sich scheiden aus deinem Leibe,*
> *und ein Volk wird dem andern überlegen sein,*
> *und der Ältere wird dem Jüngeren dienen.*[34]

Die Jungen wachsen heran. Eines Tages kommt Esau hungrig vom Felde zurück. Sein Bruder Jakob kocht ein rotes Linsengericht. Davon werde er ihm nur dann etwas abgeben, sagt Jakob zu Esau, wenn dieser schwöre, ihm sein Erstgeburtsrecht abzutreten. Esau kapituliert.[35]

Die Zeit vergeht. Isaak, der Vater, will Esau am Sterbebett seinen Segen spenden. Rebekka aber überredet

Jakob, die Stelle seines älteren Bruders einzunehmen und so den halbblinden Vater dazu zu bringen, an Esaus Stelle ihn zu segnen. Jakob tut es. Er legt die Kleider seines Bruders an, und er wickelt Ziegenfelle um seine Arme, denn sein Bruder ist ›ein behaarter Mann‹ [bei Luther: ist rauh – Anm. d. Übers.]. Isaak spendet Jakob den Segen, *der die Herrschaft über den Bruder mit einschließt*. Als Esau kommt, sagt ihm Isaak, daß der Segen bereits an Jakob ergangen sei. Esau bittet ebenfalls um einen Segen. Sein Vater gibt ihm diesen:

> *Deines Schwerts wirst du dich nähren,*
> *und deinem Bruder dienen.*
> *Und es wird geschehen, daß du auch ein Herr*
> *und sein Joch von deinem Halse reißen wirst.*[36]

Warum hat jemand diese Erzählungen mit diesen Details niedergeschrieben? Die Antwort liegt in der Lebenswelt des Verfassers begründet.

Warum ein rotes Linsengericht? Weil berichtet wird, daß Esau später ›der Rote‹ genannt wurde. Das hebräische Wort für ›rot‹ ist *Edom*. Das bedeutet, der Überlieferung zufolge wird Esau als Vater der Edomiten gesehen.

Warum Zwillingsbrüder? Weil das Volk von Israel-Juda die Edomiten als Verwandtschaft betrachtet, ethnisch und/oder linguistisch mit ihnen verbunden (im Gegensatz beispielsweise zu den Ägyptern oder Philistern, die als ›Außenstehende‹ betrachtet wurden).

Warum die Offenbarung an Rebekka, daß die Nachkommen ihres jüngeren Sohnes diejenigen ihres älteren Sohnes beherrschen würden? Weil das junge Königreich Israel-Juda unter König David das ältere Königreich

Edom besiegt und zweihundert Jahre lang beherrscht hat.

Warum erlangt Jakob das Erstgeburtsrecht (ein doppeltes Erbteil) und den Segen (Wohlstand und Herrschaft)? Weil Israel-Juda größer und wohlhabender wurde als Edom und über Edom herrschte.

Warum erhielt Esau/Edom einen Segen, der besagte, daß ›du sein Joch von deinem Halse reißen wirst‹? Weil Edom sich unter der Regierung des judäischen Königs Joram (848-842 v. Chr.) schließlich befreien und seine Unabhängigkeit erlangen konnte.[37]

All diese Erzählungen bezeichnen Gott als Jahwe oder zeigen aufgrund anderer Beweisstücke, daß sie zu J gehören. Warum tauchen Erzählungen über die Beziehungen zu Esau/Edom in J und nicht in E auf? Weil J aus Juda kommt, und Juda grenzte an Edom, Israel nicht.

Die Einzelheiten der Geschichten stimmen in jedem Punkt mit den geschichtlichen Fakten überein. Der Autor von J stellte die Erzählungen über die Vorfahren seines Volkes unter dem Gesichtspunkt zusammen, die Situation der Welt, in der er lebte, zu erklären und zu rechtfertigen.

Die Sonntagsschul-Versionen dieser Geschichten versuchen oftmals, Jakob zu verteidigen. Mit leichten Änderungen oder Neuinterpretationen machen sie aus Jakob den guten und aus Esau den schlechten Sohn. Aber der Autor von J war raffinierter als seine späteren Interpretationen. Er erzählte eine Geschichte, in der Jakob zwar mutig und geschickt, aber auch unehrlich war. Er glorifizierte seine Helden nicht (nicht mehr, als die Hofberichterstattung König Davids David glorifizierte). Er hielt es vielmehr für seine Aufgabe, eine

Geschichte zu schreiben, die die politischen und sozialen Realitäten der Welt, die er kannte, widerspiegelte und erklärte. Jeder, der die Erzählungen von Jakob und Esau liest, kann feststellen, wie gut ihm das gelungen ist.

KAPITEL 3

Zwei Königreiche,
zwei Autoren

Die Geschichten der Bibel haben sich als eine Kette von Hinweisen auf die Identität ihrer Verfasser erwiesen und zugleich Einblicke in diese alte geschichtliche Welt ermöglicht. Die J-Erzählungen spiegeln die zeitlichen und örtlichen Verhältnisse wieder, in denen ihr Verfasser lebte, und sie lassen erkennen, wo einige seiner Interessen lagen.

Die E-Erzählungen enthüllen mehr über die Identität ihres Verfassers als die J-Erzählungen.

Das Goldene Kalb

Den größten Einblick bietet die E-Erzählung vom Goldenen Kalb, die ich im Vorwort bereits kurz wiedergegeben habe. Während Mose auf dem Berg Gottes die Zehn Gebote erhält, stellt Aaron für das Volk ein goldenes Kalb her. Die Leute sprachen: »Das sind deine Götter, Israel, die dich aus Ägyptenlande entführt haben.« Und Aaron sagte: »Morgen ist Jahwes Fest!«[1] Das Volk opfert und feiert ausgelassen. Inzwischen teilt Gott Mose mit, was dort unten vor sich geht, und Gott kündigt an, daß er das Volk vernichten und aus Moses Nachkommen ein neues Volk machen will. Mose fleht Gott inständig an, gnädig zu sein, und Gott läßt sich erweichen. Mose steigt zusammen mit seinem Helfer Josua vom Berg herab. Als er das Kalb und den Zustand des Volkes sieht, zerbricht er zornerfüllt die Gesetzestafeln. Anschließend sammelt sich der Stamm Levi um Mose und führt unter dem Volk eine blutige Säuberungsaktion durch. Mose fleht zu Gott, dem Volk seine Tat zu vergeben und es nicht zu vernichten.[2]

Diese Geschichte wirft eine Frage nach der anderen auf. Warum stellt ihr Verfasser sein Volk genau zum Zeitpunkt seiner Befreiung und der Schließung des Bundes als so aufrührerisch dar? Warum beschreibt er *Aaron* als den Anführer der Ketzerei? Warum wird Aaron am Ende überhaupt nicht bestraft? Warum spricht der Autor von einem *goldenen Kalb*? Warum sagen die Leute: »*Das* sind deine *Götter*, Israel ...«, wenngleich es doch nur *ein* Kalb gab? und warum sagten sie »... *die dich aus Ägyptenlande geführet haben*«, obwohl das Kalb doch offenbar erst gemacht worden war, als sie Ägypten bereits verlassen hatten? Warum sagt Aaron »Morgen ist *Jahwes* Fest«, wenn er das Kalb als einen Rivalen Jahwes vorstellt? Warum wird in dieser Erzählung das Kalb als ein Gott behandelt, obwohl im Nahen Osten während des Altertums das Kalb *kein* Gott war? Warum schreibt der Autor, wie Mose die Tafeln mit den Zehn Geboten zerbricht? Warum beschreibt er die Leviten als blutige Eiferer? Warum wurde Josua in der Erzählung erwähnt? Warum wird Josua als von dem Vorfall mit dem goldenen Kalb losgelöst beschrieben?

Aus dem, was wir über die Welt erfahren haben, in der

die Bibel entstand, haben wir bereits genügend Informationen, um all diese Fragen zu beantworten. Wir haben bereits beachtliches Beweismaterial dafür kennengelernt, daß der Autor von J aus Juda und der Autor aus E aus Israel stammt. Wir haben auch Beweismaterial kennengelernt, das die Schlußfolgerung erlaubt, daß der Autor von E ein besonderers Interesse an den Dingen hat, die mit König Jerobeam und dessen Politik zusammenhängen.

E bezieht sich auf Städte, die von Jerobeam wieder aufgebaut wurden: Sichem, Peniel, Beth-El. E rechtfertigt die Überlegenheit seines Heimatstammes Ephraim. E verachtet die judäische *missim*-Politik. Er widmet der Bestattung von Joseph, dessen Grabstätte sich nach der Überlieferung in Jerobeams Hauptstadt Sichem befand, besondere Aufmerksamkeit. Des weiteren ist E eine Quelle, die als ihren Helden besonders Mose herausstreicht, viel stärker als J. In dieser Erzählung bewahrt Moses Fürbitte bei Gott das Volk vor der Vernichtung. E betont ganz besonders auch die Rolle, die bei der Befreiung aus der Knechtschaft Mose persönlich gespielt hat — und dazu in einer ganz anderen Weise als J. E bringt weniger über die Patriarchen als über Mose, J mehr über die Patriarchen.

Ziehen wir einmal die Möglichkeit in Betracht, daß die Person, die E geschrieben hat, ein levitischer Priester, wahrscheinlich aus Silo, war und daher möglicherweise von Mose abstammte. Dann mußte er ein Interesse daran haben, die bedrückende judäische Wirtschaftspolitik, die Errichtung eines unabhängigen Königreiches unter Jerobeam und den überlegenen Status von Mose zu betonen. Wenn es zutrifft, daß der Autor von E ein möglicherweise von Mose abstammender Levit aus Silo war, so ist damit jede einzelne Frage zur Erzählung vom Goldenen Kalb beantwortet.

Erinnern wir uns, daß die Priester von Silo unter König Salomo ihre Stellung in der priesterlichen Hierarchie verloren haben. Ihr Hohepriester, Abjarthar, wurde aus Jerusalem verbannt. Der andere Hohepriester, Zadok, der als ein Nachkomme Aarons galt, blieb dagegen im Amt. Landstriche der nördlichen Leviten wurden an die Phönizier abgetreten. Der Prophet Ahia aus Silo stiftete die nördlichen Stämme zum Abfall an, und er berief Jerobeam zum König des Nordens. Die Hoffnungen, die die Priester von Silo auf ein neues Königreich gesetzt hatten, wurden jedoch zunichte gemacht, als Jerobeam die religiösen Zentren mit dem *goldenen Kalb* in Dan und Beth-El errichtete und dort nicht sie als Priester einsetzte. Was eigentlich eine Zeit der Befreiung hätte werden sollen, war für diese alte Priesterfamilie zu einer Zeit des religiösen Verrats geworden. Das Symbol ihres Ausgeschlossenseins in Israel waren die *goldenen Kälber*. Symbol für ihr Ausgeschlossensein in Juda war *Aaron*. Ein Mitglied dieser Familie, der Autor von E, schrieb eine Erzählung des Inhalts, daß die Israeliten unmittelbar nach ihrer Befreiung aus der Knechtschaft Häresie begingen. Worin bestand diese Häresie? Sie beteten ein *goldenes Kalb* an! Wer hatte das goldene Kalb gemacht? *Aaron!*

Die Einzelheiten der Erzählung passen wunderbar zusammen. Warum wird Aaron in der Erzählung nicht bestraft? Weil unabhängig davon, wie groß die Antipathie des Autors gegenüber Aarons Nachkommen auch gewesen sein mag, dieser Verfasser nicht die gesamte geschichtliche Überlieferung seines Volkes verändern konnte. Die Überlieferung des Volkes besagte, daß Aaron ein Hohepriester war. Ein Hohepriester konnte nicht einfach als ein Mann präsentiert werden, den Gott geschlagen hatte; *in einem solchen Fall könnte er nicht weiterhin als Hohepriester gedient haben.* Jeder Makel als Hohepriester hätte ihn für sein Amt disqualifiziert. Der Verfasser konnte einfach keine Geschichte auftischen, laut der der Hohepriester bereits zu einem so frühen Zeitpunkt für sein Amt disqualifiziert worden wäre.

Warum sagt Aaron ›Morgen ist *Jahwes* Fest‹, obwohl er doch das Kalb als einen Rivalen Jahwes aufstellt? Weil das Kalb nicht wirklich ein konkurrierender Gott ist. Das Kalb, oder der Jungstier, ist nur der Thronsockel oder das Symbol der Gottheit, ist nicht selbst ein Gott. Aber warum wird das Kalb in der Erzählung als Gott *behandelt*? Wahrscheinlich aus Gründen der Polemik. Der Autor will die goldenen Kälber des Königreiches Israel in ein so schlechtes Licht setzen wie nur eben möglich. Tatsächlich werden wir noch andere Fälle kennenlernen, in denen die biblischen Autoren das Wort ›Götter‹ oder ›Götzen‹ verwenden, so daß darin die goldenen Kälber und die goldenen Cherubim einbezogen sind, und auch in solchen Fällen ist der Text polemisch.

Warum sagt das Volk ›*Diese* sind deine Götter, Israel ...‹ [bei Luther heißt es: ›*Das* sind deine Götter ...‹ – Anm. d. Übers.], obwohl es doch nur ein Kalb gibt? Warum sagt das Volk ›... die dich aus Ägyptenlande geführet haben‹, obwohl das Kalb doch erst gemacht wurde, nachdem die Israeliten Ägypten schon verlassen hatten? Die Antwort scheint sich aus dem Bericht über König Jerobeam im 1. Buch der Könige zu ergeben. Dort steht, daß Jerobeam, nachdem er seine beiden goldenen Kälber gefertigt hat, seinem Volk verkündete: »Siehe, da sind deine Götter, Israel, die dich aus Ägyptenlande geführet haben.«[3] Die Worte des Volkes im 2. Buch Mose sind mit Jerobeams Worten im 1. Buch der Könige identisch. Es wäre schwierig, wollten wir jetzt die Entstehungsgeschichte dieser beiden Textstellen zurückverfolgen; wir können aber soviel feststellen, daß der Autor der Geschichte vom goldenen Kalb im 1. Buch Mose anscheinend die Worte, die der Überlieferung nach Jerobeam zugeschrieben wurden, dem Volk in den Mund gelegt hat. So wurde die Verbindung zwischen seiner Erzählung vom goldenen Kalb und den goldenen Kälbern des Königreiches Israel für seine Leser auf Anhieb sichtbar.

Warum stellt der Verfasser von E die Leviten als blutige Eiferer dar? Er war selbst ein Levit. Er schrieb, daß Aaron aufrührerisch handelte, während sich die übrigen Leviten als einzige loyal verhielten. Mose teilt den Leviten mit, sie hätten sich durch ihr Verhalten Segen verdient. Die Erzählung verunglimpft damit die Vorfahren der Jerusalemer Priester, während sie gleichzeitig alle übrigen Leviten rühmt.

Was hat Josua in der Erzählung zu suchen, und warum wird er als einziger von der Häresie ausgenommen? Weil Josua, wie wir wissen, ein Held des Nordens war. Sein Heimatstamm war derselbe wie der von König Jerobeam: Ephraim. Sein Grab befand sich, wie das von Joseph, in Ephraim. Ihm wird die Durchführung einer Bundeszeremonie des Volkes in Sichem zugeschrieben, der Stadt, die später Jerobeams Hauptstadt wurde. Der Verfasser von E brachte daher in die Erzählung vom gol-

100

denen Kalb ein Ruhmelement für einen Helden des Nordens ein, der in der Überlieferung eng mit der Hauptstadt und dem vorrangigen Stamm verbunden war. Das Ausnehmen Josuas von der Häresie mit dem goldenen Kalb erklärt zugleich, warum Josua später Moses Nachfolger wird.

Warum läßt der Autor Mose die Tafeln mit den Zehn Geboten zerschmettern? Möglicherweise, weil damit Zweifel an *Judas* zentralem religiösen Heiligtum geweckt wurden. Der Tempel in Juda beherbergte die Bundeslade, in der sich die beiden Tafeln mit den Zehn Geboten befinden sollten. Nach der E-Erzählung vom goldenen Kalb *zerschmettert Mose die Tafeln.* Das heißt, daß der Quelle E zufolge die Bundeslade dort unten im Süden, im Tempel von Jerusalem, entweder nicht die authentischen oder überhaupt keine Tafeln enthält.[4]

Mit der Geschichte vom goldenen Kalb griff der Autor von E sowohl das israelitische als auch das judäische religiöse Establishment an. Beide hatten seine Gruppe ausgeschlossen. Man könnte die Frage stellen, warum dann dieser Autor in anderen Erzählungen Jerobeams Königreich in so günstigem Licht darstellte. Warum begünstigte er die Städte Sichem, Peniel und ganz besonders Beth-El? Warum bevorzugte er den Stamm Ephraim? Erstens, weil *Silo* in Ephraim lag und weil dessen großer Priester Samuel aus Ephraim stammte.[5] Und zweitens, weil das Königreich Israel politisch wahrscheinlich die letzte Hoffnung des Autors darstellte. Er konnte auf den Tag hoffen, an dem die unrechtmäßigen, nicht-levitischen Priester in Beth-El verworfen und die Seinen, die Leviten, wieder installiert würden. Juda und Jerusalem boten zu jener Zeit keine solche Hoffnung. Die Priester aus Aarons Familie waren dort seit Salomos Zeiten fest etabliert. Sie waren Leviten und damit nicht weniger legitim als die Priester von Silo. Durch Politik und Heirat waren sie der königlichen Familie eng verbunden.[6] Die einzige realistische Hoffnung lag für die Priester von Silo im nördlichen Königreich. Die Quelle E begünstigte daher die *politische* Struktur dieses Königreiches, während sie gleichzeitig sein *religiöses* Establishment angriff.

Symbole des Glaubens

Die Geschichte vom goldenen Kalb ist nicht der einzige Fall, in dem der Autor von E das religiöse Establishment sowohl des Nordens als auch des Südens angreift.

In der Version J der Gebote, die Mose auf dem Berge Sinai von Gott empfängt, findet sich ein Gebot der Herstellung von Statuen (Götzen). Das Gebot hat bei J folgenden Wortlaut:

Du sollst dir keine gegoßnen Götter machen.[7]

In der Version J bezieht sich das Verbot nur auf *gegoßne* Statuen. Die goldenen Kälber von Jerobeam im Norden waren gegossen. Salomos goldene Cherubim im Süden waren nicht gegossen; sie bestanden aus vergoldetem Olivenholz. Der J-Text entspricht somit der Ikonographik von Juda. Er mag implizieren, daß die goldenen Kälber des nördlichen Israel unschicklich sind, obwohl sie eigentlich keine Götterstatuen sind; ihm konnte jedoch nicht der Gegenvorwurf gemacht werden, daß er

102

Judas goldene Cherubim ebenfalls als unschicklich bezeichnet hätte.

In der Quelle E dagegen liest sich die Formulierung dieses Verbots folgendermaßen:

> Darum sollt ihr nichts neben mir machen;
> silberne und güldene Götter sollt ihr nicht machen.[8]

Möglicherweise bezieht sich dieses Verbot lediglich auf Götterstatuen im engeren Sinne; wenn es aber auch die Thronsockel-Statuen in Zweifel ziehen sollte, dann *beide*, die gegossenen goldenen Kälber wie die vergoldeten Cherubim.

Die Beziehung zwischen den Quellen in J und E und den religiösen Symbolden von Juda bzw. Israel wird auch an anderen Stellen erkennbar. In einem J-Text am Anfang des 4. Buches Mose beginnt das Volk von Sinai/Horeb aus die Reise in das gelobte Land.[9] Der Schilderung ihres Aufbruchs zufolge wird die Bundeslade bei der Wanderung vor dem Volke hergetragen. Ein anderer J-Text erwähnt ebenfalls die Bedeutung der Bundeslade für die erfolgreiche Durchquerung der Wüste. Er deutet sogar an, daß ohne sie ein militärischer Erfolg unmöglich sei.[10] Wie wir wissen, wurde die Bundeslade als der zentrale Gegenstand von Salomos Tempel in Jerusalem angesehen. Daher überrascht es nicht, daß sie in J einen so hohen Stellenwert einnimmt, *in E wird sie aber überhaupt nicht erwähnt*.

E mißt dagegen der Stiftshütte als Symbol der Gegenwart Gottes unter seinem Volk große Bedeutung bei.[11] Die Stiftshütte war den Büchern Samuel, Könige und Chronik zufolge die wichtigste Anbetungsstätte des Volkes, bis Salomo das Altarzelt durch den Tempel ersetzte. Zum anderen war die Stiftshütte ursprünglich mit der Stadt *Silo* verbunden. Berücksichtigt man die anderen Beweise für eine Verbindung zwischen dem Autor von E und Priesterschaft von Silo, kann es also kaum überraschen, daß die Stiftshütte bei E eine so große Bedeutung besitzt, bei J aber überhaupt nicht erwähnt wird.

Die Bundeslade taucht in E nicht auf, die Stiftshütte kommt bei J nicht vor. Das ist kein Zufall. Die Geschichten der Quellen befassen sich mit den religiösen Symbolen der Gesellschaft, aus der sie jeweils stammten.

Nun können wir uns auch wieder dem 1. Buch Mose zuwenden und verstehen, warum am Ende der Geschichte von Adam und Eva im Garten Eden, die J zuzuordnen ist, Jahwe als Wächter an den Weg zum Baum des Lebens Cherubim aufstellt.[12] Da im Allerheiligsten des Tempels zu Jerusalem Cherubim standen, ist es nur natürlich, daß ein Vertreter der religiösen Überlieferungen Judas Cherubim als Wächter über etwas Wertvolles und Heiliges einsetzt.

Die Geschichte vom Goldenen Kalb sagt wahrscheinlich mehr über ihren Verfasser aus als jede andere Geschichte in J oder E. Darüber hinaus vermittelt sie uns Einblicke in die Lebensumstände des Autors und in sein erzählerisches Geschick. Wir können aus ihr das Ausmaß seines Zorns auf diejenigen ersehen, die in Juda und in Israel seine eigene Gruppe verdrängt hatten. Nach seiner Schilderung war Aaron, der Vorfahre der Jerusalemer Priesterschaft, des Götzendienstes und unredlicher Handlungen schuldig. Der Autor stellt die nationalen Symbole der israelitischen Religion als Abgötterei hin. Er schreibt, daß das Volk, das diese

Symbole anerkannte, eine blutige Säuberung verdient habe. Und wenn er beschreibt, wie Mose mit dem Goldenen Kalb umging, so hätte er selbst wohl gern das Gleiche mit den Kälbern von Dan und Beth-El getan: sie im Feuer schmelzen, sie zu Pulver zermalmen.

Schneeweiße Mirjam

Die Version enthält noch eine weitere Erzählung, die das Ausmaß des Gegensatzes zwischen den Priestern aufzeigt, die sich mit Mose als ihrem Begründer oder ihrem Vorfahren identifizierten, und denen, die sich zu Aaron bekannten. In dieser Erzählung nehmen Aaron und seine Schwester Mirjam Moses Frau zum Anlaß, um gegen Mose zu sprechen, und dafür werden sie von Gott persönlich gemaßregelt. Es lohnt sich, diese kurze und ungewöhnliche Geschichte im 4. Buch Mose zu lesen. In Kindergottesdiensten wird sie meist weggelassen:

Schneeweiße Mirjam – 4. Mose 12
E-Text *kursiv*

1 *Und Mirjam und Aaron redeten wider Mose um seines Weibes willen, der Chusitin, die er genommen hatte, darum, daß er eine Chusitin genommen hatte,*

2 *und sprachen: Redet denn Jahwe allein durch Mose? Redet er nicht auch durch uns? Und Jahwe hörte es.*

3 *Aber Mose war ein sehr geplagter Mensch über alle Menschen auf Erden.*

4 *Und plötzlich sprach Jahwe[13] zu Mose und zu Aaron und zu Mirjam: Gehet heraus, ihr drei, zu der Hütte des Stifts. Und sie gingen alle drei hinaus.*

5 *Da kam Jahwe hernieder in der Wolkensäule, und trat in der Hütte Thür, und rief Aaron und Mirjam; und die gingen beide hinaus.*

6 *Und er sprach: Höret meine Worte: Ist jemand unter euch ein Prophet Jahwes, dem will ich mich kund machen in einem Gesicht, oder will mit ihm reden in einem Traum.*

7 *Aber nicht also mein Knecht Mose, der in meinem ganzen Hause treu ist.*

8 *Mündlich rede ich mit ihm, und er siehet Jahwe in seiner Gestalt, nicht durch dunkle Worte oder Gleichnisse. Warum habt ihr euch denn nicht gefürchtet, wider meinen Knecht Mose zu reden?*

9 *Und der Zorn Jahwes entbrannte über sie, und er wandte sich weg.*

10 *Dazu die Wolke wich auch von der Hütte. Und siehe, da war Mirjam aussätzig wie der Schnee. Und Aaron wandte sich zu Mirjam, und wird gewahr, daß sie aussätzig ist,*

11 *Und sprach zu Mose: Ach, mein Herr, laß die Sünde nicht auf uns bleiben, damit wir thörlich gethan, und uns versündiget haben,*

12 *Daß diese nicht sei wie ein Totes, das von seiner Mutter Leibe kommt, und ist schon die Hälfte seines Fleisches gefressen.*

13 *Mose aber schrie zu Jahwe, und sprach: Ach Gott [El], heile sie!*

14 *Jahwe sprach zu Mose: Wenn ihr Vater ihr ins Angesicht gespieen hätte, sollte sie nicht sieben Tage sich schämen? Laß sie verschließen sieben Tage außer dem Lager; darnach laß sie wieder aufnehmen.*

15 *Also ward Mirjam sieben Tage verschlossen außer dem Lager. Und das Volk zog nicht fürder, bis Mirjam aufgenommen ward.*

Aaron und Mirjam sprechen gegen Moses Frau. Was haben sie gegen Moses Frau? Der Text sagt darüber nichts aus. Er meldet lediglich, daß sie eine Chusitin ist. Da unter Chus in der Bibel Äthiopien zu verstehen ist, geht es vielleicht darum, daß Moses Frau schwarz ist. Da gibt es allerdings eine Schwierigkeit, daß nämlich die Bibel auch einen Ort namens Chusan kennt, eine Region in Midian; und Moses Frau Zippora ist nachgewiesenermaßen eine Midianiterin. Es ist daher nicht sicher, ob sich der Text hier auf Zippora oder auf eine zweite Ehefrau bezieht. In beiden Fällen wird der Text wahrscheinlich am besten so verstanden, daß Mirjams und Aarons Widerstand gegen Moses Frau darauf beruhte, daß sie anders war, ob dieses Anderssein nun rassisch oder ethnisch bedingt war. Vom psychologischen Standpunkt ist auch interessant, daß sich die Beschwerde eigentlich nie gegen die Frau richtet. Das heißt, Aaron und Mirjam sprechen das, was sie eigentlich beschäftigt, nicht laut aus. Statt dessen richten sie ihre Kritik gegen Mose selbst. Sie stellen die Frage, ob Mose hinsichtlich der Offenbarungen eine höhere Stellung einnimmt als sie selbst. (›Redet denn Jahwe allein durch Mose? Redet er nicht auch durch uns?‹)

Das erweist sich als ein Fehler. Jahwe teilt ihnen mit, daß Mose nach dem Grad seiner Vertrautheit mit Gott tatsächlich über allen anderen Propheten steht. Die anderen Propheten haben nur Visionen, Mose aber sieht Gott von Angesicht zu Angesicht. Die Gottheit ist erzürnt über Aaron und Mirjam, und Mirjam wird mit einer Art Aussatz geschlagen, der die Pigmentierung der Haut ausschaltet, so daß sie ›aussätzig wie Schnee‹ wird. Sollte der Ausgangspunkt darin bestanden haben, daß Moses Frau schwarz war, so ist in diesem Fall die Strafe für das Vergehen außerordentlich stimmig.

Wie in der Geschichte vom Goldenen Kalb wird Aaron selbst auch hier nicht bestraft. Aaron war in der Überlieferung als Priester bekannt, und ein vom Aussatz Befallener galt für das priesterliche Amt als disqualifiziert. Also konnte der Autor Aaron nicht dieselbe Strafe zukommen lassen wie seiner Schwester. Es kommt in der Erzählung jedoch klar zum Ausdruck, daß Aaron gesündigt hat, daß Gott über Aaron erzürnt ist (Vers 9), und daß Moses Gotteserfahrung über der von Aaron steht. Das entspricht ebenfalls dem Interesse

von E, die aaronitische Priesterschaft in Juda herabzusetzen. Sowohl hier als auch in der Erzählung vom Goldenen Kalb nennt Aaron Mose respektvoll ›mein Herr‹
und erkennt damit Moses Überlegenheit an.

Eine Geschichte über eine Rebellion eignet sich ganz
besonders zur Klärung von Standpunkten. Der Autor
legt dar, wie die rechtmäßige Obrigkeit von einer Person
oder Personengruppe angegriffen oder offen mißachtet
wird – und dann demonstriert er die Bestrafung dieser
Person oder Personengruppe. Die E-Erzählungen vom
Goldenen Kalb und von der schneeweißen Mirjam sind
dafür typische Beispiele.

Ehrfurcht vor Mose

Bei unserer Fahndung nach zwei der Bibelautoren haben
wir bereits weite Bereiche abgesteckt. In einer
Geschichte nach der anderen haben wir Hinweise entdeckt, die die Erzählung, den Autor und die Welt des
Autors miteinander verbanden. Daß ich so viele
Geschichten herangezogen und alle Hinweise angeführt
habe, hat einen Grund. Zum einen sollten die Leser einfach mit den beiden Erzählfolgen J und E vertraut werden. Zum anderen war es wichtig, die Kraft der kumula-
tiven Beweisführung zu demonstrieren. So interessant
und diskutierenswert jedes einzelne Beispiel auch sein
mag, hat es für sich allein genommen nicht unbedingt
überzeugende Beweiskraft. Das Ausmaß, in dem so
viele Aspekte so vieler Erzählungen sich ergänzen und in
eine gemeinsame Richtung deuten, stellt jedoch eine
zwingende Stütze dar für die Hypothese einer mehr-

fachen Autorenschaft im allgemeinen und für die Identifizierung der Autoren von J und E im besonderen. Je öfter man diese Erzählungen liest, um so stärker wird ein Gespür für ihre verschiedenen Verfasser in ihrer jeweiligen Umgebung, und um so mehr beginnt man zu begreifen.

Wenn wir den Autor von E als einen Priester aus Silo identifizieren, der Mose vielleicht als seinen eigenen Vorfahren betrachtet hat, so geht es uns nicht einfach um seine Abstammung. Wir versuchen zu verstehen, warum er das, was er geschrieben hat, genau so geschrieben hat und nicht anders. Es hilft uns zu verstehen, warum Moses Persönlichkeit in den E-Geschichten ausführlicher geschildert wird als in J – und nicht nur ausführlicher, sondern auch *sympathischer.* Bei J gibt es nichts, das Moses Gespräch mit Gott vergleichbar wäre, wie es in 4. Mose 11 in einem E-Bericht berichtet wird. Dort beklagt sich das Volk, daß es in der Wüste kein Fleisch zu essen habe, und alle sprechen sehnsüchtig von dem guten Essen, das sie in Ägypten genossen. Dabei vergessen sie vorübergehend die Tatsache, daß sie um dieses Essens willen als Sklaven arbeiten mußten. An dieser Stelle hat Mose offenbar den Punkt erreicht, daß er die Last nicht länger zu tragen vermag, die Gott ihm auferlegt hat, nämlich diese ganze Gemeinschaft allein zu führen. Sein Flehen zu Jahwe ist in seiner Qual und seiner Vertrautheit mit Gott außergewöhnlich. Er sagt:

Warum bekümmerst du deinen Knecht? Und warum finde ich nicht Gnade vor deinen Augen, daß du die Last dieses ganzen Volks auf mich legest? Hab ich nun all das Volk empfangen oder geboren, daß du zu mir sagen magst: Trag es in deinen Armen, wie eine Amme ein Kind trägt, in das Land, das du ihren Vätern geschworen hast? Woher soll ich Fleisch nehmen, daß ich alle diesem Volk gebe? Sie weinen vor mir und sprechen: Gib uns Fleisch, daß wir essen. Ich vermag alles das Volk nicht allein zu tragen, denn es ist mir zu schwer. Und willst du also mit mir thun, so erwürge mich lieber, habe ich anders Gnade vor deinen Augen gefunden, daß ich nicht mehr Unglück so sehen müsse.[14]

E ist hier mehr als nur eine Quelle. Es ist eine beeindruk-kende literarische Schöpfung, die in besonderer Weise Interesse, Sympathie und Zuneigung für Mose zum Ausdruck bringt. Der Verfasser von E betont den *mosai-schen* Bund von Horeb und erwähnt nirgends den Bund Abrahams. Die E-Erzählung vom Auszug aus Ägypten hebt Moses persönlichen Anteil an der Befreiung des Volkes hervor, während die J-Version den Blick darauf konzentriert, daß *Gott* die Befreiung herbeiführt. Bei J sagt Jahwe:

Und bin ich herniedergefahren, daß ich sie errette von der Ägypter Hand, und sie ausführe ...[15]

Bei E sagt er:

So gehe nun hin, ich will *dich* zu Pharao senden, *daß du mein Volk, die Kinder Israel, aus Ägypten führest.*[16]

Die beiden Versionen akzentuieren unterschiedlich. Der Verfasser von E richtet sein Augenmerk auf den ent-scheidenen persönlichen Beitrag Moses. Das entspricht der Einstellung dieses Autors zu Mose, die sein ganzes Werk durchgängig prägt. Für ihn ist das Auftreten von Mose der große historische Augenblick, die Zeit des Bundes, die Geburtsstunde des Volkes, die Zeit, da die Leviten ihrem Gott die ersten treuen Dienste leisten.

Und es ist die Zeit, in der die Welt die erste Bekanntschaft mit dem Namen Gottes macht.

Der Name Gottes

Ich habe zwei Stellen innerhalb der E-Geschichten
erwähnt, an denen der Name Jahwe vorkommt. Bisher
hatte ich immer betont, die Nennung Gottes sei ein
wesentliches Moment zur Unterscheidung zwischen J
und E. Ich möchte das nun präzisieren. In J wird Gott
von Anfang bis Ende Jahwe genannt. Der Verfasser von
J nennt ihn in keiner einzigen Erzählung Elohim.[17] In E
wird Gott mit Elohim bezeichnet, und zwar *bis zum
Auftreten von Mose*. In der berühmten E-Geschichte von
dem Tag, als Mose Gott begegnet — der Erzählung vom
brennenden Busch — kennt Mose den Namen Gottes
nicht, und so fragt er ihn.

> Mose sprach zu Gott [Elohim]: Siehe, wenn ich zu den Kin-
> dern Israel komme, und spreche zu ihnen: Der Gott eurer
> Väter hat mich zu euch gesandt, und sie mir sagen werden:
> Wie heißt sein Name? Was soll ich ihnen sagen?[18]

Gott gibt darauf zuerst die bekannte Antwort: »Ich
werde sein, der ich sein werde.« (Die hebräische Wurzel
dieser Worte ist dieselbe wie die Wurzel des Namens
Jahwe.) Und dann antwortet er:

> Also sollst du zu den Kindern Israel sagen: *Jahwe*, eurer
> Väter Gott, der Gott Abrahams, der Gott Isaaks, hat mich
> zu euch gesandt. *Das ist mein Name ewiglich*, dabei soll man
> mein gedenken für und für.[19]

In E nennt Jahwe seinen Namen erstmals Mose gegenüber. Vor dieser Szene im 2. Buch wird er El oder Elohim genannt.

Warum hat der Verfasser das getan? Auf diese Frage
gibt es kontroverse Antworten. Einige Gelehrte meinen, daß diese Erzählung das religiöse System im nördlichen Königreich Israel widerspiegelt. Indem König
Jerobeam die goldenen Kälber (Jungstiere) als Thronsockel wählte, könnte er Jahwe mit dem kanaanitischen
Hauptgott El gleichgesetzt haben. El wurde mit Stieren
assoziiert und der Stier El genannt. Damit gab Jerobeam
zu verstehen, daß Jahwe und El verschiedene Namen für
denselben Gott sind. Die E-Geschichte würde also dazu
dienen, die beiden Gottheiten zu verschmelzen. Sie
würde erklären, warum Gott die beiden verschiedenen
Namen hatte: er wurde zuerst El genannt und teilte
dann Mose seinen persönlichen Namen Jahwe mit.
Diese Erklärung für den Namenswechsel in E ist von
einigem Reiz, weil sie eine weitere logische Verbindung
zwischen E und dem Königreich Israel aufzeigt. Sie paßt
zu allen übrigen Hinweisen, denen wir begegnet sind
und denen zufolge E aus Israel herrührt.

Es gibt bei diesem Erklärungsversuch aber ein Problem. In Juda verwendete König Salomo als Thronsok-
kel goldene Cherubim. Und der Gott El wurde nicht
nur mit Sklaven, sondern auch mit Cherubim in Verbindung gebracht. Daher können die Statuen, die jedes
Königreich verwendete, nicht eindeutig als Beweis zur
Klärung der Frage dienen, warum in E der Name Gottes
Mose offenbart wird. Außerdem weist alles sonstige
Beweismaterial, das wir kennengelernt haben, darauf
hin, daß der Autor von E *gegen* das religiöse System ein-

gestellt war, das Jerobeam in Israel eingeführt hatte. Der Autor von E berichtet, wie Mose das Goldene Kalb *zerstört*. Daher fällt es schwer zu argumentieren, daß sich dieser Autor der Theologie dieses religiösen Systems über die Identität Gottes anschloß.

Einige Forscher, die sich mit der frühen israelitischen Geschichte beschäftigten, kamen zu dem Schluß, daß aus historischer Sicht lediglich ein kleiner Teil der alten Israeliten tatsächlich in Ägypten versklavt gewesen war. Möglicherweise waren es nur die Leviten. Schließlich sind es ja die Leviten, unter denen wir Leute mit ägyptischen Namen finden. Die levitischen Namen Mose, Hophni und Phineas sind ägyptisch, nicht hebräisch. Und die Leviten verfügten im Unterschied zu den übrigen Stämmen über kein eigenes Territorium. Besagte Forscher meinen, daß die Gruppe, die in Ägypten und danach in Sinai weilte, den Gott Jahwe anbetete. Als sie in Israel eintraf, stieß sie auf israelitische Stämme, die den Gott El verehrten. Statt es nun anzufechten, wessen Gott der richtige Gott sei, akzeptierten beide Volksgruppen den Glauben, daß Jahwe und El ein und derselbe Gott seien. Die Leviten wurden, sei es durch Gewalt oder durch Einfluß, die offiziellen Priester der vereinigten Religion. Oder vielleicht auch zum Ausgleich dafür, daß sie kein eigenes Land besaßen. Anstelle von Land bekamen sie, als Priester, zehn Prozent der geopferten Tiere und Erzeugnisse.

Diese Hypothese paßt ebenfalls zu der Vorstellung, daß der Verfasser von E ein israelitischer Levit gewesen ist. Seine Erzählung von der Offenbarung des Namens Jahwe an Mose würde folgenden Hintergrund widerspiegeln: Die Stämme im Lande verehrten den Gott El.

Sie besaßen Überlieferungen über den Gott El und ihre Vorfahren Abraham, Isaak und Jakob. Dann trafen die Leviten ein mit ihren Überlieferungen von Mose, dem Auszug aus Ägypten und dem Gott Jahwe. Die Behandlung des Gottesnamens in E zeigt, warum der Name Jahwe kein Teil der frühesten Überlieferungen des Volkes ist.

Das gehört in das Reich der Hypothesen, und wir müssen hier sehr umsichtig vorgehen. Für unseren jetzigen Zweck ist nur eins wichtig, daß nämlich Mose für E von weitaus größerer Bedeutung ist als für J. Bei E ist Mose ein Wendepunkt der Geschichte. E bringt viel weniger als J über die Welt vor Mose. E bringt keine Schöpfungsgeschichte, keine Sintflut-Erzählung und relativ wenig über die Patriarchen. Aber E enthält mehr als J über Mose.

Vom Standpunkt eines levitischen Priesters aus ist das durchaus verständlich. Zum priesterlichen Ursprung von E paßt auch die Tatsache, daß E drei Kapitel mit Gesetzen enthält.[20] Das ist bei J nicht der Fall. Gesetzesstoffe an anderen Stellen der Bibel stammen immer von Priestern – *wie wir noch sehen werden*.

Die E-Erzählungen bilden eine in sich geschlossene Gruppe, geben eine bestimmte Perspektive und Interessenslage wieder und sind eng an die Welt des Verfassers gebunden – das ist der Gesamteindruck, den sie vermitteln.

Auch beim Verfasser von J können wir, je öfter wir seine Erzählungen lesen, ihre Einheitlichkeit und ihre Bindungen an sein Umfeld um so deutlicher erkennen. Wir können beispielsweise verstehen, warum er die Untersuchung zwischen den Namen Gottes vor und nach Mose nicht weiter ausgebaut hat. Für ihn hatte sich vor Mose etwas unheimlich Wichtiges ereignet. Dieser Autor beschäftigte sich mit der regierenden Familie Judas, mit Davids Familie. Aus diesem Grunde betonte er die Bedeutung von Gottes Bund mit den Patriarchen. Dieser Bund war mit der Stadt Hebron, Davids erster Hauptstadt, verknüpft: Gott versprach den Israeliten den Besitz des Landes von Fluß zu Fluß. Anders gesagt, er versprach das, was unter David Wirklichkeit wurde. So betrachtet, war die Offenbarung an Abraham ein Wendepunkt in der Geschichte. Sie durfte gegenüber der Offenbarung an Mose oder an das Volk am Sinai nicht an Bedeutung verlieren. Die Sinai-Offenbarung als ersten Bund darzustellen, der mit dem Namen Gottes besiegelt worden sei, hätte den Bund zwischen Gott und den Patriarchen abgewertet. Deshalb benutzt J den Namen Jahwe von Anfang an.

Die Ähnlichkeit von J und E

Bleibt die Frage, warum es zwischen J und E so viele Ähnlichkeiten gibt. Sie erzählen oft ähnliche Geschichten. Sie berichten überwiegend von denselben Menschen. Sie verwenden weitgehend dieselbe Terminologie. Stilistisch sind sie so verwandt, daß es nie möglich gewesen wäre, sie allein aufgrund von Stilmerkmalen zu trennen.

Das ließe sich möglicherweise damit erklären, daß einer der beiden Texte auf dem anderen aufbaut. Die Version J könnte beispielsweise der judäische Hofbericht über die heiligen Überlieferungen des Volkes gewesen sein, und die nördlichen Leviten meinten daher, ihren eigenen ›nationalen‹ Bericht verfassen zu müssen, da ein rechtmäßiges Königreich über ein eigenes Schriftstück dieser Art verfügen sollte. Andererseits kann auch das Dokument E zuerst existiert haben, und der judäische Hof hat es für notwendig befunden, eine eigene Version zu schreiben, weil beispielsweise die Behandlung Aarons in E unbefriedigend war. Worauf ich hinaus will, ist das: Die E-Geschichten konnten aus mehreren Gründen in Juda wohl kaum willkommen sein; und die J-Geschichten, die so offensichtlich Juda bevorzugten, konnten wiederum Israel kaum gefallen. Wenn in einem der beiden Königreiche die jeweils entsprechende Version existiert hätte, wäre aller Wahrscheinlichkeit nach im anderen Königreich eine alternative Version nachgekommen.

Trotzdem, die beiden Versionen wären dann eben bloß Versionen eines Textes und keinesfalls voneinander unabhängige Werke. Sie würden auf einem gemeinsamen Satz von Geschichte und Überlieferung aufbauen; denn Israel und Juda waren ja einmal ein Volk gewesen und waren es in gewissem Sinne ja noch immer. Beiden gemeinsam war die Überlieferung einer göttlichen Verheißung an ihre Vorfahren Abraham, Isaak und Jakob, von der Knechtschaft in Ägypten, von einem Auszug aus Ägypten unter der Führungs eines Mannes namens Mose, von einer ungewöhnlichen Offenbarung auf einem Berg in der Wüste und von einer jahrelangen Wanderung, bevor man sich im verheißenen Land niederließ. Keiner der Autoren war bereit oder auch nur daran interessiert, eine völlig neue Darstellung der Geschichte zu erfinden.

Das gilt auch für den Stil. War eine Version erst einmal als ein Dokument geheiligter ›nationaler‹ Überlieferung anerkannt, dann könnte der Autor der zweiten, alternativen Version bewußt (oder auch unbewußt) versucht haben, ihren Stil nachzuahmen. War der Stil der ersten Version als die angemessene, offizielle, vertraute Form der Wiedergabe der geheiligten Überlieferungen in jener Zeit praktiziert worden, so hätte es im Interesse der zweiten Version gelegen, diese Ausdrucksweise beizubehalten. In diesem Sinn werden Wortwahl und Stil der Verfassung der Vereinigten Staaten oftmals in den Verfassungen der US-Bundesstaaten imitiert, weil diese Sprache als die anerkannte und angemessene Form gilt, in der ein solches Dokument abzufassen ist.

Eine weitere mögliche Erklärung für die stilistische Ähnlichkeit von E und J besteht in der Annahme, daß J nicht die Grundlage von E oder E die Grundlage von J bildet, sondern daß *beide* auf der Grundlage einer gemeinsamen Quelle verfaßt wurden, die bereits vor ihnen existierte. Das heißt, es könnte einen alten, überlieferten Erzählungszyklus über die Patriarchen, den Auszug aus Ägypten usw. gegeben haben, den die beiden Autoren von J und E als Grundlage für ihre Werke benutzten. Ein solcher Originalzyklus könnte in schriftlicher oder mündlicher Form überliefert gewesen sein. In beiden Fällen müssen die Autoren von E und J nach der Gründung der beiden Königreiche Israel und Juda die Sammlung ihren jeweiligen Interessen und Zielen angepaßt haben.

Wieviele Autoren?

Wir können noch präzisere Angaben über diese beiden Personen machen und wann sie gelebt haben. Als erstes stellt sich die Frage, ob es sich wirklich nur um zwei Personen gehandelt hat. Ich habe von nur einem Verfasser von E und einem Verfasser von J gesprochen. Einige Forscher nehmen an, daß sowohl J als auch E von Gruppen, und nicht von Einzelpersonen geschrieben wurden. Sie sprechen von J^1, J^2, J^3 usw., oder sie sprechen von einer J- und einer E-Schule. Ich vermag nicht zu erkennen, wie das vorliegende Beweismaterial eine solche Aufsplitterung begründen könnte. Ganz im Gegenteil, sowohl J als auch E machen, wie wir eben gesehen haben, einen einheitlichen und folgerichtigen Eindruck. Natürlich mag hier und da ein Redakteur ein Wort oder einen Ausdruck eingefügt und der J- oder der E-Autor auch mal einen bereits vorhandenen Text eingearbeitet haben. Beispielsweise ist es möglich, daß der Autor von J das Gedicht vom Segen Jakobs auf dem Sterbebett in 1. Mose 49 nicht geschrieben hat. Dieser Autor hat es vielleicht einfach nur gehört, als für seinen Zweck geeignet empfunden und in das Werk J eingearbeitet. Die Gesamtheit der Erzählstränge J und E scheint mir jedoch keine Aufsplitterung in noch kleinere Einheiten zu erfordern.

Das Geschlecht der Autoren

Der Verfasser von E war mit ziemlicher Sicherheit ein Mann. Wir haben gesehen, wie eng seine Verbindung zu den levitischen Priestern von Silo war. Unter Umständen könnten die Frau oder die Töchter eines Leviten dieselben Interessen gehabt und dementsprechend geschrieben haben; der ständig spürbare männliche Blickwinkel und die Konzentration auf männliche Figuren legt jedoch eine männliche Autorenschaft nahe. Berücksichtigt man außerdem, daß die Gesellschaft patriarchalisch und die Priesterschaft männlich war, so darf wohl bezweifelt werden, ob ein Dokument, das einen offiziellen, geheiligten Status haben sollte, einer weiblichen Person in Auftrag gegeben oder als von einer Frau stammend akzeptiert worden wäre.

Bei J ist die Frage viel schwieriger zu beurteilen. Vom judäischen Hof stammend – oder zumindest dessen Interessen widerspiegelnd –, kam es aus einem Bereich, in dem sowohl Männer als auch Frauen einen bestimmten gesellschaftlichen Rang besaßen. Das heißt, daß selbst in einer von Männern geleiteten Gesellschaft Frauen der Adelsschicht größere Macht, Privilegien und Bildung besitzen konnten als Männer einer niedrigeren Schicht.[21] Die Möglichkeit, daß J von einer Frau geschrieben wurde, ist daher erheblich größer als bei E. Noch bedeutsamer ist die Tatsache, daß sich die J-Erzählungen insgesamt mehr mit Frauen beschäftigen und Frauen gegenüber feinfühliger sind als die E-Erzählungen. Es gibt in E absolut nichts, was mit der J-Erzählung von Tamar in 1. Mose 38 verglichen werden könnte. Nicht nur, daß die Frau Tamar in der Erzählung eine bedeutende Rolle spielt. Vielmehr wird voller Teilnahme von einem Unrecht berichtet, das einer Frau widerfahren ist; im Mittelpunkt der Geschichte steht der Plan der Frau, gegen dieses Unrecht anzukämpfen, und sie schließt damit, daß der Mann in der Erzählung (Juda) ihre Recht anerkennt und seinen eigenen Fehler eingesteht.

Damit ist der Autor noch keine Frau. Es bedeutet aber, daß wir nicht unbedingt davon ausgehen können, daß der Autor ein Mann gewesen ist. Noch deutet fast alles darauf hin, daß das Schreiben im alten Israel eine männliche Kunst war; es schließt jedoch nicht die Möglichkeit aus, daß eine Frau ein Werk geschaffen haben könnte, das in diesem Lande geliebt und hoch geschätzt wurde.

Wann haben sie gelebt?

Wann haben diese beiden Menschen gelebt und geschrieben? Da J die Verstreuung von Simeon und Levi, nicht aber die Verstreuung der übrigen Stämme erwähnt, ist es mit ziemlicher Sicherheit vor der Zerstörung Israels und der Vertreibung seiner Bewohner durch die Assyrer im Jahre 722 v. Chr. entstanden. Es ist denkbar, daß es bereits unter der Herrschaft Davids oder Salomos geschrieben wurde, doch der Nachdruck, mit dem die Bedeutung der Bundeslade und das Gebot gegen gegossene Götter hervorgehoben werden, klingt nach einer Polemik gegen das Königreich Israel. Das spricht für eine Entstehung nach der Teilung der Königreiche. Außerdem spiegelt sich in den J-Erzählungen von Jakob und Esau die Unabhängigkeit Edoms von Juda (›und sein Joch von deinem Halse reißen wirst‹). Sie erfolgte unter der Herrschaft des judäischen Königs Joram, 848-842 v. Chr.[22] Das würde den Autor von J in der Zeit zwischen 848 und 722 v. Chr. ansiedeln. Der Autor von E schrieb in Israel, das von 922 v. Chr. bis 722 v. Chr. bestand. Es ist schwierig, innerhalb dieser Periode eine noch engere Eingrenzung vorzunehmen.[23]

Der entscheidende Punkt ist der, daß sowohl J als auch E geschrieben wurden, bevor die Assyrer Israel zerstörten und daraufhin die israelitische Bevölkerung deportierten. Außerdem flüchteten natürlich viele Israeliten in den Süden nach Juda. Die archäologischen Ausgrabungen der Stadt Davids in Jerusalem haben bestätigt, daß die Bevölkerung von Jerusalem in dieser Zeit beträchtlich zugenommen hat. Die wahrscheinliche geschichtliche Konstellation ist die, daß der E-Text mit dieser Welle von Menschen und Ereignissen nach Juda gekommen ist. Die vor den Assyrern flüchtenden Leviten hätten wohl kaum ihre wertvollen Dokumente zurückgelassen.

Die Assimilierung der geflohenen Israeliten in die judäische Bevölkerung nach 722 v. Chr. dürfte keine unüberwindlichen Schwierigkeiten bereitet haben. Die Israeliten und die Judäer waren miteinander verwandt. Sie sprachen dieselbe Sprache: Hebräisch. Sie verehrten denselben Gott: Jahwe. Sie hatten gemeinsame, althergebrachte Überlieferungen von den Patriarchen und historische Überlieferungen vom Auszug und von der Wüste. Was aber sollten sie mit zwei Dokumenten anfangen, die beide die heiligen Überlieferungen des Volkes zu erzählen vorgaben, aber den Akzent auf unterschiedliche Personen und Ereignisse legten — und einander manchmal auch widersprechen? Die Lösung des Problems bestand anscheinend darin, sie miteinander zu vereinen.

Die Verbindung von J und E

Man mag sich fragen, warum die Person oder die Personen, die für diese Verknüpfung verantwortlich waren, nicht die eine oder die andere Version einfach unter den Tisch fallen ließen. Warum hat man nicht E, oder noch wahrscheinlicher J, zum anerkannten Text erklärt und die andere Version verworfen oder ignoriert? Darauf gibt es häufig die Antwort: Die biblische Gesellschaft habe eine zu hohe Ehrfurcht vor dem geschriebenen Wort gehabt, als daß sie ein überliefertes Dokument, das den Stempel hohen Alters trug, einfach außer acht gelassen hätte. Diese Auffassung ist jedoch insofern problematisch, als weder J noch E im uns vorliegenden Text vollständig sind. Der Redaktor oder die Redakteure empfanden keine Hemmung, mit Schere und Kleister an die ihnen vorliegenden Texte heranzugehen. Man kann also kaum behaupten, daß sie Texte, die sie nicht wollten, aus Ehrfurcht vor überlieferten Dokumenten beibehielten.

Ein wahrscheinlicherer Grund für die Beibehaltung von J wie von E ist darin zu sehen, daß beide Texte so bekannt gewesen sein dürften, daß ein Weglassen des einen oder des anderen einfach nicht akzeptiert worden wäre. Man konnte die Geschichte der Ereignisse am Berg Sinai beispielsweise nicht erzählen, ohne den Vorfall mit dem goldenen Kalb zu erwähnen, weil jemand von den Zuhörern (insbesondere ein ehemaliger Nordländer) sich an die Geschichte erinnern und Einspruch einlegen würde. Man konnte nicht die Geschichte Abrahams erzählen, ohne die Ereignisse von Hebron zu erwähnen, weil ein anderer der Zuhörer (insbesondere einer aus Hebron) Einspruch erheben würde. In dem Maße, als die Erzählungen von J und E zu jener Zeit bekannt gewesen sind, mußten beide auch erhalten werden.

Nun kann man fragen: Warum eigentlich überhaupt beide verbinden? Warum nicht sowohl J als auch E separat erhalten? Warum wurden sie zerschnitten und in der Art und Weise zusammengefügt, wie wir das zum Beispiel in der Sintflut-Erzählung beobachtet haben? Vermutlich deshalb, weil eine separate Erhaltung von J und E die Authentizität beider Texte in Zweifel gezogen hätte. Hätte man beide Seite an Seite in dasselbe Regal gestellt, dann wäre immer die Erinnerung an eine geteilte Geschichte wach geblieben, die zwei alternative Versionen hervorgebracht hatte. Und das hätte die Autorität von beiden Texten herabgesetzt.

Kurz gesagt, die Redaktion, die aus zwei Werken eines machte, war an die politischen und gesellschaftlichen Gegebenheiten ihrer Zeit gebunden, so wie die beiden Werke es bei ihrer Entstehung gewesen waren. Die Vereinigung der beiden Werke spiegelte die Vereinigung (besser: die *Wieder*vereinigung) der beiden Gesellschaften nach zweihundert Jahren der Teilung.

In der Frage, wer J und E geschrieben hat, bleibt noch vieles zu entdecken. Wir kennen ihre genauen Lebensdaten nicht; ihre Namen sind uns nicht bekannt. Ich halte das, was wir bereits wissen, jedoch für wichtiger. Wir wissen etwas über ihre Welt und darüber, wie diese Welt zur Entstehung dieser Erzählungen geführt hat, die uns noch heute erfreuen und lehren. Trotzdem sind wir vielleicht solange unzufrieden, bis wir noch Genaueres über die Autoren aussagen können. Lassen Sie mich also jetzt der Quelle D zuwenden. Über die Person, die sie zusammengestellt hat, können wir mehr erfahren als über die Autoren von J und E − vielleicht sogar ihren Namen.

KAPITEL 4

Die Welt, in der die Bibel entstand: 722 – 587 v. Chr.

Veränderung

Als das assyrische Reich im Jahre 722 v. Chr. das König-reich von Israel zerstörte, versank die Welt, die J und E hervorgebracht hatte, für immer. Juda, das nun ohne seinen rivalisierenden Zwillingsnachbarn dastand, ver-änderte sich. Mit der politischen Veränderung gingen wirtschaftliche und soziale Veränderungen Hand in Hand, aber auch – wie so oft – eine Veränderung im Religiösen. Und das heißt, auch Veränderungen für den Entstehungsprozeß der Bibel.

Land und Leute waren nach 722 v. Chr. anders. Das Land war kleiner. Die Könige von Juda herrschten über ein Gebiet, das etwa halb so groß war wie das israeliti-sche Königreich unter David und Salomo. Die Außen-politik änderte sich. Juda handelte nun aus einer Posi-tion der Schwäche. Es war die Epoche der großen Reiche in Mesopotamien: zuerst Assyriens, dann Babyloniens. Und diese Reiche hatten die Macht und das Interesse, Gebiete im Westen zu erobern. Die Unterwerfung Judas bedeutete Einnahmen (anfangs Beute, später Tribut), Kontrolle über eine Handelsroute zwischen Afrika und Asien, sowie eine strategisch wichtige Position vor der Haustür Ägyptens (siehe Karte S. 11).

Die neue Außenpolitik hatte auch Auswirkungen auf die Religion. Wenn ein kleines Königreich zum Vasallen eines großen Reiches wurde, mußte es eventuell in seinem Tempel Statuen der Götter des Reiches aufstellen — ein Symbol dafür, daß der Vasall die Vorherrschaft des Reiches anerkannte. In der heutigen Zeit müßte eine kleine, abhängige Nation entsprechend die Flagge der anderen Nation hissen, die sie unterworfen hätte. Aber ein Götze ist doch nicht dasselbe wie eine Flagge. Zeiten, in denen Assyrien Juda beherrschte, führten zu häufigen, religiösen Konflikten in Jerusalem. Der König von Juda mochte einen heidnischen Gott im Tempel verehren, und daraufhin griffen ihn die judäischen Propheten mit dem Vorwurf an, er fördere den Götzendienst. Ein moderner Historiker würde es so deuten, daß der judäische König eben die Oberhoheit Assyriens anerkannte. Der biblische Geschichtsschreiber aber, der die Geschichte aus einem religiösen Blickwinkel erzählte, würde erklären, daß der König ›etwas tat, das in den Augen Jahwes böse war‹.

Ein weiterer veränderter Umstand für das Leben in Juda bestand darin, daß der Fall Israels eine Tatsache, ein Mahnmal darstellte, auf das man sich einstellen mußte. Verschiedene Judäer (und Flüchtlinge aus Israel) mögen dies Warnzeichen unterschiedlich gedeutet haben, keiner aber konnte die politischen und religiösen Auswirkungen einfach ignorieren. Daß Israel fiel und Juda fortbestand, mochten manche damit erklären, daß Juda besser war, ob nun ethisch oder in seiner Treue zu Jahwe. Anderen wiederum war damit deutlich geworden, daß ein Untergang überhaupt *möglich* war; sie betrachteten die Tatsache als Warnung für Juda. Nach der Katastrophe von 722 v. Chr. fiel es vermutlich schwerer, einen Propheten auszulachen, der den Fall Judas vorhersagte.

Macht und Größe des Königs hatten abgenommen. Davids Nachkommen auf dem Thron in Jerusalem waren die meiste Zeit über Vasallen der Herrscher von Assyrien und Babylonien. Statt daß sie im eigenen Gebiet, geschweige denn im Gesamtbereich des alten Orients eine starke politische Kraft darstellten, waren sie stets abhängig vom Gang der Ereignisse zwischen den Großmächten – Assyrien, Babylonien, Ägypten. Selbst in den Tagen der geteilten Königreiche hatten Juda wie auch Israel Perioden der Stärke in der Region erlebt; jetzt aber, da sich Assyriens Schatten bis an das Mittelmeer erstreckte, war wenig davon übrig geblieben.

Es gab weitere Geschichtsverschiebungen. Nach 722 spielten die Stammesführer überhaupt keine Rolle mehr. Die Stämme hörten praktisch auf zu existieren. Was die Priester betrifft, so läßt sich schwer sagen, ob es vor 722 zwischen den Priestergruppen in Juda eine Rivalität ähnlich der Rivalität in Israel gab. Nach 722 dagegen mußte jeder Zustrom von Leviten aus dem Norden unter den Priesterhäusern neue strittige Punkte, neue Gruppierungen und neue Konkurrenzverhältnisse hervorrufen.

Und es gab nach 722 noch einen neuen Faktor: das Vorhandensein von JE, der vereinten Erzählung der heiligen Überlieferung des Volkes. Dieses Werk sollte selbst eine Rolle bei der Entstehung anderer Schriften spielen. Es gab in Juda jetzt aber noch ein weiteres Buch, das in dieser Geschichte eine Rolle spielen sollte.

König Hiskia

Politische und religiöse Ereignisse beeinflußten sich weiterhin wechselseitig. König Hiskia regierte von etwa 715 bis 687 v. Chr. in Juda. Den Büchern Jesaja, 2. Könige und 2. Chronik zufolge führte er eine religiöse und politische Reform durch. Wir verfügen über archäologisches Beweismaterial, das dieses Bild bestätigt und abrundet. Hiskias religiöse Reform beinhaltete anscheinend die Abschaffung verschiedener religiöser Praktiken, die von der offiziellen Anbetungsweise im Tempel zu Jerusalem abwichen. Zu der politischen Reform gehörten auch die Auflehnung gegen Assyrien sowie ein Versuch, Judas Kontrolle auf Philisterstädte und auf Gebiete auszudehnen, die zum einstigen Königreich Israel gehört hatten. Die religiösen wie die politischen Maßnahmen waren für das historische Schicksal des Landes und für die Bibel folgenschwer.

Die religiöse Reform bedeutete mehr als das Niederreißen von Götzenbildern und eine Reinigung des Tempels. Sie bedeutete auch die Zerstörung der Anbetungsstätten Jahwes außerhalb des Tempels in Jerusalem. Es hatte außer dem Tempel verschiedene Stätten gegeben, wo die Menschen Gott opfern konnten. Diese Kultstätten in den Gemeinden nannte man ›Höhen‹. Hiskia schaffte sie ab. Er förderte die Zentralisierung der Religion im Tempel von Jerusalem.

Um zu begreifen, wieso das einen so großen Eingriff darstellte, muß man ein wenig über das Opfer in der biblischen Welt wissen. Die Funktion des Opfers zählt zu den am meisten mißverstandenen Punkten in der Bibel. Der moderne Leser sieht im Opfern oft nur ein unnötiges Töten von Tieren, oder er denkt, der opfernde Mensch verzichte auf ein Stück seines Besitzes, um sich so von irgendeiner Sünde reinzuwaschen oder das Wohlwollen Gottes zu erlangen. In der biblischen Welt dagegen dienten die meisten Opferungen dem *Essen*. Dahinter stand anscheinend die Überzeugung, daß Menschen, wenn sie Fleisch essen wollten, anerkennen sollten, daß sie dabei Leben zerstörten. Für sie war das kein einfacher Akt des profanen täglichen Lebens. Es war ein geheiligter Akt, der auf eine vorgeschriebene Weise und von einer dazu beauftragten Person (einem Priester) an einem Altar vorgenommen werden mußte. Ein Teil des Opfers (ein Zehntel) erhielten die Priester. Das galt für alle Fleischmahlzeiten (aber nicht für Fisch oder Geflügel).

Die Zentralisierung der Religion bedeutete, daß jemand, der Lamm essen wollte, sein Schaf nicht zu Hause oder an einem lokalen Heiligtum opfern konnte. Er mußte das Schaf zu dem Priester am Altar des Tempels in Jerusalem bringen. Das führte auch zu einer bedeutenden Ansammlung von levitischen Priestern in Jerusalem – nunmehr der einzige geheiligte Ort, wo sie die Opfer bringen und ihr Zehntel erhalten konnten. Es bedeutete aber auch viel Ehre und Macht für den Hohepriester in Jerusalem und für die Priesterfamilie, aus der er stammte. Dieser Gedanke, die Religion auf einen Tempel und auf einen Altar zu konzentrieren, war ein wichtiger Schritt in der religiösen Entwicklung Judas, und mehr als zweitausend Jahre später wurde er zu einem wichtigen Schlüssel bei der Suche nach den Verfassern der Bibel.

Ein weiterer Punkt in Hiskias Religionsreform verdient Erwähnung. Nach dem 2. Buch der Könige gab es in Juda eine eherne Schlange, die Mose angeblich selbst angefertigt hatte. Dem entspricht eine Erzählung, die in der Quelle E erscheint.[1] In dieser Erzählung lehnt sich das Volk in der Wüste gegen Gott und Mose auf. Gott schickt giftige Schlangen, deren Biß viele Menschen tötet. Das Volk tut Buße. Gott befiehlt Mose, eine eherne Schlange zu machen und auf einen Stab zu setzen. Und wann immer ein Israelit von einer Schlange gebissen werde, sollte er auf die eherne Schlange blicken, dann werde er geheilt werden. Die Assoziation von Mose und der Schlange in E ist doppelt interessant, weil bei archäologischen Forschungen in Midian kürzlich eine kleine eherne Schlange entdeckt wurde. Midian ist die Heimat von Moses Frau, und er selbst war durch seinen Schwiegervater, den midianitischen Priester Jethro, mit der midianitischen Priesterschaft verbunden. Nun aber – doch lassen wir das 2. Buch der Könige zu Wort kommen –

> zerstieß [König Hiskia] die eherne Schlange, die Mose gemacht hatte; denn bis zu der Zeit hatten ihr die Kinder Israel geräuchert.[2]

Wie konnte Hiskia es wagen, eine fünfhundert Jahre alte Reliquie zu zerstören, die Mose gemacht haben sollte? Wenn sich das Volk ungehörig verhielt, indem es ihr Räucheropfer darbrachte, warum verbot er nicht das Opfern? Oder warum ließ er die Reliquie nicht in den Tempel oder den Palast bringen? Die Antwort auf diese Fragen ergibt sich aus der Suche nach zwei Autoren der Bibel.

Hiskias politische Tat, die Ablehnung der assyrischen

Oberhoheit, zog einen massiven militärischen Gegen-
schlag nach sich. Der assyrische Herrscher Sanherib
brach mit einer riesigen Streitmacht auf, um Juda in die
Knie zu zwingen. Er hatte im wesentlichen Erfolg, doch
sein Erfolg blieb unvollständig. Die Assyrer eroberten
die judäische Festung Lachis in einem machtvollen militärischen Sturmangriff, nicht unähnlich der berühmten
Eroberung von Masada durch die Römer achthundert
Jahre später. Lachis lag auf einem hohen Wall und
beherrschte die ganze Gegend (siehe Karte S. 10). Die
Assyrer bauten aus riesigen Steinen eine Rampe, die an
der Seite des Walles praktisch bis vor das Stadttor
reichte. Dank der Ausgrabungen von Lachis, die zur
Zeit stattfinden, erfahren wir einen Teil dieser
Geschichte.

Den anderen Teil der Geschichte kennen wir dank der
Ausgrabungen von Ninive, der Hauptstadt des assyrischen Reiches. Der assyrische Herrscher hatte die
Wände des dortigen Palastes mit Darstellungen der
Schlacht von Lachis geschmückt. Die Wandbilder, die
sowohl durch ihre Größe als auch in ihrer künstlerischen
Qualität beeindrucken, gehören zu den wenigen uns
bekannten Darstellungen, die zeigen, wie die Juden in
biblischer Zeit ausgesehen haben. Sie befinden sich jetzt
im Britischen Museum; Abgüsse davon gibt es auch im
Museum von Israel. Das Material der beiden archäologischen Quellen Ninive und Lachis vereint sich zu einer
Dokumentation der außerordentlichen Macht und Ent-
schiedenheit der Assyrer.

Trotzdem gelang es den Assyrern nicht, das Königreich Juda niederzuzwingen, wie sie Israel in die Knie
gezwungen hatten. Die Auseinandersetzung zwischen

den Assyrern und den Judäern (oder Juden) in Jerusalem ist von besonderem Interesse; denn es handelt sich hier um eine der außerordentlich seltenen Ereignisse, für das es biblische wie auch archäologische Belege gibt.

Das biblische Material über die Ereignisse erscheint an drei Stellen.[3] Der assyrische Bericht findet sich in einem Dokument, das bei den Ausgrabungen von Ninive gefunden wurde, der Prisma-Inschrift von Sanherib. Man spricht hier von der Prisma-Inschrift, weil es sich um eine achtseitige Tonstele handelt. Auf ihren acht Seiten hielt Sanherib seinen Bericht über seine militärischen Aktionen fest. Die Inschrift ist in Keilschrift auf Akkadisch verfaßt, der damals in Mesopotamien gesprochenen Sprache, und sie befindet sich heute im Britischen Museum. Wir sind somit in der wirklich seltenen Lage, von beiden Seiten eine Darstellung der Geschehnisse zu besitzen: die judäische Version aus dem Innern Jerusalems, und die Version der assyrischen Belagerer vor den Mauern. Der biblische Bericht schließt:

> Und in derselben Nacht fuhr aus der Engel Jahwes und schlug im Lager von Assyrien hundert und fünf und achtzig tausend Mann. Und da sie sich in der Frühe aufmachten, da lag's alles eitel tote Leichname. Also brach Sanherib … auf, und zog weg, und kehrte um, und blieb zu Ninive.[4]

Die Bibel berichtet also, daß Jerusalem unter König Hiskia vor der assyrischen Eroberung und möglichen Zerstörung gerettet wurde. Hier folgt nun eine Übersetzung der entsprechenden Stelle von der Prisma-Inschrift von Sanherib.[5]

Und Hiskia, der Judäer, der sich nicht unter mein Joch beugen wollte: Ich belagerte und eroberte sechsundvierzig seiner stark befestigten Städte und zahllose kleine Städte in deren Umgebung, indem ich eine Rampe baute, Belagerungsmaschinen und Infanterie einsetzte, Breschen schlug und Sturmleitern verwendete. 200.150 Menschen, Kinder und Erwachsene, Männer und Frauen, zahllose Pferde, Esel, Maultiere, Kamele, Ochsen, Schafe und Ziegen brachte ich von dort als Beute mit.

Ihn selbst sperrte ich in seiner Königsstadt Jerusalem ein wie einen Vogel im Käfig. Ich verhängte Belagerungsgesetze über ihn, so daß die, die aus seinem Stadttor traten, nicht wieder zu ihm hineinkonnten. Die Städte, die ich geplündert hatte, schnitt ich ab von der Mitte des Landes, und ich gab sie an Mitinti, König von Ashdod, Padi, König von Ekron, und Silli-Bel, König von Gaza, so daß ich sein Land kleiner machte. Zum vorherigen Tribut erlegte ich ihm einen zusätzlichen jährlichen Tribut als Wilkommensgeschenk für meine Herrschaft auf.

Die Furcht vor der Herrlichkeit meiner Majestät überkam Hiskia, und die Araber und Stammestruppen, die er zur Verstärkung seiner Königsstadt Jerusalem aufgeboten hatte, hörten auf für ihn zu arbeiten. Er sandte einen hohen Tribut und seine Töchter und seinen Harem und Sänger zusammen mit dreißig Talenten Gold, achthundert Talenten Silber, ausgewähltes Antimon, Steinblöcke, Elfenbeinbetten, Elfenbeinsessel, Elefantenhäute, Elfenbein, Ebenholz, Buchsbaum und alle möglichen anderen Dinge nach meiner herrlichen Stadt Ninive, und er sandte seine Botschafter zur Überbringen des Tributes und zur Ausübung von Vasallendiensten.

Auf den ersten Blick scheinen diese beiden Berichte aus dem Orient des Altertums widersprüchlich wie Meldungen aus dem Nahen Osten der heutigen Zeit. In der Bibel steht, daß die Assyrer heimzogen, nachdem ein Engel einen großen Teil der Armee mit dem Tod geschla-

134

gen hatte. Die Prisma-Inschrift sagt aus, daß die Assyrer siegreich waren und einen stattlichen Tribut mit nach Hause brachten.

Wie können wir hinter diese beiden Versionen zu dem vordringen, was sich tatsächlich ereignet hat? Die historische Echtheit eines Berichtes über das Wirken eines Engels können wir nicht prüfen. Genausowenig können wir die assyrische Beute nachzählen. Wir können aber nach Gemeinsamkeiten in beiden Berichten suchen. In den ersten zwei Sätzen seiner Inschrift behauptet Sanherib, er habe viele der befestigten Städte im judäischen Land erobert. Im biblischen Bericht in 2. Könige 18, 13 wird dies bestätigt. Dort heißt es:

> Im vierzehnten Jahr aber des Königs Hiskia zog herauf Sanherib, der König zu Assyrien, wider alle feste Städte Judas, und nahm sie ein.

Hinsichtlich der militärischen Anfangserfolge widersprechen sich unsere Quellen nicht. Was geschah nun aber bei der Belagerung Jerusalems? Die Schlüsselzeile in Sanheribs Inschrift ist die Behauptung, daß er König Hiskia ›in seiner Königsstadt Jerusalem einsperrte wie einen Vogel im Käfig‹. Die Ausdrucksweise erweckt Verdacht. Eine Belagerung (wie zum Beispiel von Lachis) hat nicht den Zweck, den Feind ›einzusperren‹. Das Ziel einer Belagerung besteht vielmehr darin, in eine Stadt *einzudringen*. Sanherib beansprucht jedoch keineswegs, Israel eingenommen zu haben. Mit dem Bild vom im Käfig gefangenen Vogel und der hervorgehobenen Menge an Tributzahlungen will er anscheinend sein Gesicht wahren.

Möglicherweise endete die Belagerung mit einer Pattsituation, bei der die Assyrer die Stadt nicht einnehmen und die Judäer sie nicht verlassen konnten. Als Preis für den Abzug leisteten die Juden den Assyrern Zahlungen. Das 2. Buch der Könige erwähnt tatsächlich, daß Sanherib anfänglich eine Summe von dreißig Talenten Gold und dreihundert Talenten Silber verlangte; ob Hiskia den vollen Betrag auch aufzubringen vermochte, geht aus dem biblischen Text nicht klar hervor.[6] Er kommt aber der Behauptung Sanheribs, dreißig Talente Gold und achthundert Talenten Silber empfangen zu haben, immerhin so nahe, daß wir annehmen dürfen, daß eine ähnliche finanzielle Transaktion stattgefunden hat.

Daß Jerusalem die Belagerung überstehen konnte, ist zum Teil auf seine ausgezeichnet strategische Lage zurückzuführen. Die Stadt liegt auf einem Hügel und blickt auf ein Tal hinab, aus dem die Assyrer *bergauf* angreifen mußten. Einen weiteren entscheidenden Faktor in Belagerungskriegen stellte die Wasserversorgung dar. Hiskia baute einen Tunnel unter der Stadt, um sie aus der Quelle unten mit Wasser zu versorgen.[7] Hiskias Tunnel, der für die damalige Zeit eine bedeutende architektonische Leistung darstellte, ist nach den Ausgrabungen der Stadt Davids in Jerusalem heute der Öffentlichkeit zugänglich.

An all dem ist eins von entscheidender Relevanz: Die Herrschaft des Königs Hiskia in Juda bedeutete einen historischen Wendepunkt. Angesichts der Macht Assyriens war Israel gefallen und Juda hatte überlebt — wenn es auch Assyrien tributpflichtig wurde. Das judäische Land hatte gelitten, doch Jerusalem hatte der Belagerung durch die Assyrer widerstanden. Seine Bevölkerung nahm in jener Zeit zu. Die Stadt wurde zum einzigen offiziellen religiösen Zentrum des ganzen Landes. Aus ganz Juda mußten die Bewohner dorthin ihre Opfer bringen, und damit war der Stadt ein großer Zufluß von Vieh und Erzeugnissen gesichert.

Das Ende der Reform

Hiskias Sohn und sein Enkel, die nach ihm in Jerusalem herrschten, folgten seinem Beispiel nicht. Vielleicht konnten sie es auch gar nicht. Während der Regierung von Hiskias Sohn Manasse kehrten die assyrischen Truppen nach Juda zurück. Biblischen Berichten zufolge setzten die Assyrer König Manasse sogar eine Zeitlang in Babylon gefangen, wo damals der Bruder des assyrischen Herrschers regierte. Ob aufgrund assyrischer Hartnäckigkeit, inneren Druckes oder religiöser Überzeugung, auf jeden Fall führten Manasse und sein Sohn Amon in Juda wieder die heidnische Götterverehrung ein, einschließlich heidnischer Statuen im Tempel. Sie bauten auch die ›Höhen‹ wieder auf, die Opferstätten außerhalb Jerusalems, und machten damit Hiskias religiöser Zentralisierung ein Ende.

Die Herrschaft König Amons war kurz. Er wurde mit zweiundzwanzig Jahren König und im Alter von vierundzwanzig Jahren ermordet. König von Juda wurde sein Sohn Josia. Josia war acht Jahre alt.

König Josia

Wer das Land wirklich regierte oder unter wessen Einfluß der König stand, bis er mündig wurde, ist uns nicht bekannt. Möglicherweise übte ein Mitglied der königlichen Familie oder ein Priester die Regentschaft aus. Im früheren Fall eines unmündigen Königs — Joas, der mit drei Jahren König wurde — fungierte nach Berichten aus den Büchern der Könige und der Chronik der Hohepriester als Regent. Auch in Josias Fall können priesterliche Einflüsse eine Rolle gespielt haben; als er nämlich das Regierungsalter erreichte, rückte er von der Religionspolitik seines Vaters und Großvaters ab. Er handelte eher wie sein Urgroßvater Hiskia.

Wie Hiskia führte er eine Religionsreform durch. Wie Hiskia zerstörte er Götzenbilder, reinigte er den Tempel und dehnte er seine Einflußsphäre bis ins Gebiet des ehemaligen Königreichs Israel aus. Wie Hiskia zentralisierte er die Religion in Jerusalem. Wieder wurden die örtlichen ›Höhen‹ zerstört. Das Volk wurde aufgefordert, alle Opfer auf dem einen zentralen Altar im Tempel darzubringen. Die Priester von den ›Höhen‹ wurden nach Jerusalem geholt und übernahmen neben den Tempelpriestern die niedrigeren Arbeiten.

Außer menschlichen Einflüssen wie Hof- und Priesterkreisen, und innen- und außenpolitischen Kräfteverhältnissen war Josia noch von einem anderen Faktor geprägt: einem Buch. Den biblischen Geschichtsschreibern zufolge erfuhr Josia im achtzehnten Jahr seiner Herrschaft, also 622 v. Chr., von seinem Schreiber Saphan, daß der Priester Hilkia ein ›Buch der *Thora*‹ [bei Luther: Gesetzbuch — Anm. d. Übers.] im Tempel Jahwes gefunden habe.[8] Als Saphan dieses Buch, das Hilkia gefunden hatte, dem König vorlas, zerriß Josia seine Kleider –, im alten Orient ein Zeichen tiefsten Schmerzes. Er befragte eine Prophetin über die Bedeutung der Schriftrolle, und dann feierte er eine gigantische Zeremonie der Erneuerung des Bundes zwischen Gott und dem Volk ab. Nach einer biblischen Quelle ließ Josia nach Lektüre dieses Buches ›Höhen‹ zerstören. Josia zerstörte auch den Altar in Beth-El, wo einst eines der goldenen Kälber König Jerobeams gestanden hatte. Diese religiöse Handlung war politisch zugleich. Sie dokumentierte überdeutlich das Interesse des judäischen Monarchen an jenem Land, das einst das Königreich Israel gewesen war.

Um welches Buch hat es sich gehandelt? Wieso gab es den Anstoß zu einer Religionsreform? Wer war der Priester Hilkia? Wo hatte sich das Buch vor seiner Entdeckung befunden? Die Bestimmung dieses Buches und die Identität seines Verfasser wird das Thema des nächsten Kapitels sein. Zunächst einmal müssen wir mehr über die Welt König Josias und seiner Nachfolger auf dem Thron Davids in Erfahrung bringen.

In der internationalen Politik fand eine wichtige Veränderung statt. Das assyrische Reich war geschwächt; seine Stellung als größte Macht im Nahen Osten drohte Babylon einzunehmen. Assyriens Schwäche mag es Josia ermöglicht haben, so unabhängig zu agieren.

Inzwischen verbündete sich Ägypten mit seinem alten Rivalen Assyrien gegen den Aufstieg Babyloniens und anderer Mächte. Als das ägyptische Heer auf dem Weg zur Unterstützung Assyriens durch Juda zog, stellte sich ihm Josia bei Megiddo entgegen. Er kam durch einen ägyptischen Pfeil ums Leben. Er war gerade vierzig Jahre alt.

Die letzten Jahre Judas

Josias früher Tod brachte die politische Unabhängigkeit und religiöse Reform seines Landes zu einem frühen Ende. Die ›Höhen‹ wurden wieder aufgebaut. In den folgenden zweiundzwanzig Jahren regierten in Juda drei Söhne Josias und ein Enkel. Sie alle begannen ihre Herrschaft in jungem Alter und regierten nicht lang.

Als erster regierte Joahas drei Monate lang. Ihn überwältigte der ägyptische König, warf ihn vom Thron, verschleppte ihn nach Ägypten und setzte seinen Bruder Eljakim auf den Thron.

Eljakim regierte als ägyptischer Vasall elf Jahre lang. Dann unterlag er den Babyloniern, die inzwischen das assyrische Reich vernichtet hatten. Eljakim starb noch während des babylonischen Feldzuges gegen Juda.

Sein Sohn und Nachfolger Jojachin regierte drei Monate, bis er von den Babyloniern gefangengenommen und entthront wurde. Der babylonische König Nebukadnezar führte Jojachin in die Verbannung nach Babylon, zusammen mit Tausenden anderen Judäern: Mitgliedern der Oberschicht, der militärischen Führung, der geistigen Elite, d. h. all jenen, die in Juda eine Gefahr oder in Babylon von Nutzen sein konnten. Nebukadnezar setzte einen anderen von Josias Söhnen, nämlich Zedekia, auf den Thron.

Der babylonische Vasall Zedekia regierte elf Jahre lang. Im neunten Regierungsjahr rebellierte er gegen Nebukadnezar. Die babylonische Armee kehrte zurück und zerstörte Jerusalem. Aufs neue wurden Tausende von Einwohnern nach Babylon verschleppt. Das letzte, was Zedekia von der Welt erblickte, war der Tod seiner

Kinder. Nebukadnezar richtete Zedekias Söhne vor seinen Augen hin; anschließend blendete er ihn.

Auf diese furchtbare Weise endete die Herrschaft der Familie des Königs David in Jerusalem. Nebukadnezar setzte keine Angehörigen dieser Familie mehr als Könige ein. Statt dessen ernannte er einen jüdischen Statthalter: Gedalja, den Sohn Ahikams, des Sohnes Saphans. Man beachte, Gedalja war ein Enkel von Saphan, dem Mann, der Jahre zuvor den König Josia vom Fund des ›Buches der *Thora*‹ informiert hatte. Josia war ein König gewesen, der die Assyrer und die Ägypter bekämpft hatte, was bedeutet, daß er als pro-babylonisch angesehen wurde. Auch Saphans Familie zählte seit mindestens drei Generationen zu einer pro-babylonischen Fraktion in Juda. Dieser Fraktion gehörte auch der berühmte Prophet Jeremia an. Das biblische Buch Jeremia spricht gut von König Josia, nicht aber von seinen Nachfolgern. Saphan, Jeremia oder Gedalja selbst hätten sich einfach als pro-jüdisch bezeichnet; Tatsache ist dennoch, daß sie einen anti-assyrischen König förderten, sich einem Widerstand gegen die Babylonier entgegenstellten und daher von Nebukadnezar als pro-babylonisch betrachtet wurden. Nebukadnezar machte also Gedalja als Mitglied dieser Partei zu seinem Statthalter.

Das kam einem unheimlichen Affront gegenüber dem Hause Davids gleich. Zwei Monate später wurde Gedalja von einem Angehörigen dieser Familie ermordet.

Die in Juda verbliebene Bevölkerung war damit in eine unmögliche Lage geraten. Der Großkönig Nebukadnezar hatte einen mit Bedacht ausgewählten Statthalter eingesetzt. Sein Statthalter war ermordet worden. Das Volk von Juda konnte einer Reaktion des Kaisers nur mit Furcht und Zittern entgegensehen. Es schien nur einen Zufluchtsort zu geben, der seinem Zugriff entzogen war: Ägypten. Das zweite Buch der Könige und das Buch Jeremia berichten, daß buchstäblich die gesamte in Juda zurückgebliebene Bevölkerung nach Ägypten floh — eine außergewöhnliche Ironie bei einem Volk, das nach seiner eigenen Überlieferung eben dort als Sklaven begonnen hatte.

Im Jahre 587 v. Chr. nahm Nebukadnezar Jerusalem ein und brannte es nieder. Dieses Jahr stellt also einen weiteren Wendepunkt in der Geschichte des Volkes von Israel-Juda dar. Die Stadt war zerstört; die Bewohner lebten entweder in Gefangenschaft in Babylonien oder als Flüchtlinge in Ägypten; ihr Tempel war vernichtet, die Bundeslade — ein Geheimnis bis auf den heutigen Tag — verlorengegangen, ihre über vierhundert Jahre herrschende königliche Familie vom Thron gestoßen, und ihre Religion stand der vielleicht größten Probe aller Zeiten gegenüber.

Die Wahrzeichen der biblischen Welt scheinen in ihren Katastrophen zu bestehen. Die historischen Schlüsselergebnisse am Anfang und am Ende dieses Kapitels sind der Fall Israels 722 und der Fall Judas 587 v. Chr. Vielleicht sagt solch eine Feststellung mehr über die Denkweise moderner Historiker als über die biblische Welt aus. Oder vielleicht wird uns damit auch gezeigt, daß große, historische Krisen im Entstehungsprozeß der Bibel eine entscheidende Rolle gespielt haben. Auf jeden Fall sollten wir auch in Erinnerung behalten, daß die

Jahre zwischen 722 und 587 v. Chr. nicht ununterbrochen finster gewesen sind. Es war eine Epoche machtvoller Persönlichkeiten und bedeutender Ereignisse, eine Epoche des Aufstiegs und Niedergangs großer Reiche. In diesen Zeitraum fielen Zeiten der Hoffnung und der Visionen; das gilt vor allem wohl für die Herrschaftszeiten von Hiskia und Josia. Diese Epoche brachte einen Jesaja, einen Jeremia und einen Hesekiel hervor. Und genau in diesem Zeitalter von einander verfeindeten Reichen, von Aufständen, Gewalt und Grausamkeit entwarf ein Mann die Vorstellung von einer Zukunft:

> Da werden sie ihre Schwerter zu Pflugscharen
> und ihre Spieße zu Sicheln machen.
> Denn es wird kein Volk wider das andere ein Schwert aufheben,
> und werden hinfort nicht mehr kriegen lernen.[9]

In dieser Zeit, in dieser Gesellschaft und inmitten dieser Geschehnisse mußte ein biblischer Autor wohl eine andere Vorstellung von seinem König, seinem Volk und seinem Gott haben als die Autoren zur Zeit Davids, Salomos und Jerobeams. Ein bestimmter Autor, der in diesem Zeitalter lebte, schrieb eine Geschichte seines Volkes von Mose bis in seine eigene Gegenwart. Wie bei den Verfassern von J und E hatte die Welt, in der der Autor lebte, Einfluß auf die Geschichte, die er erzählte, und auf die Art und Weise, wie er sie erzählte.

KAPITEL 5

An König Josias Hof

Das Buch aus dem Tempel

Das Buch, von dem der Priester Hilkia sagte, daß er es im Jahre 622 v. Chr. im Tempel gefunden hat, ist das Deuteronomium (das 5. Buch Mose).

Das ist keine neue Entdeckung. Die frühen Kirchenväter, darunter auch Hieronimus, haben bemerkt, daß das Buch, welches König Josia vorgelesen wurde, das Deuteronomium gewesen sei. Auch Thomas Hobbes, der in der Neuzeit als erster behauptete, der größte Teil des Pentateuch stamme nicht von Mose, sprach davon, daß Josia die Gesetze des Deuteronomiums vorgelesen worden seien. Hobbes war allerdings der Ansicht, daß das Deuteronomium von Mose selbst stamme, lange Zeit verloren und dann von Hilkia wiederentdeckt worden sei. Von späteren Forschern ist das dann bestritten worden.

Im Jahre 1805 befaßte sich in Deutschland W. M. L. de Wette mit dem Ursprung des 5. Buches Mose. De Wette bestätigte, das Deuteronomium sei das Buch gewesen, das Hilkia dem König Josia übergab. Er bestritt jedoch, daß das Buch von Mose stammte. Er behauptete, das Deuteronomium sei kein altes mosaisches Buch, das lange Zeit verschollen und dann von dem Priester Hilkia wiedergefunden worden sei. Das Deuteronomium wurde nach seiner Auffassung geschrieben, kurz bevor man es im Tempel ›gefunden‹ hat, und das ›Finden‹ sei nur vorgetäuscht worden. Das Buch sei geschrieben worden, um eine Grundlage für Josias Religionsreform zu liefern.

So besagt beispielsweise das erste Gebot im Gesetzeswerk des Deuteronomiums, daß Gott nur an einem einzigen Ort Opfer dargebracht werden sollen. Und eben das hat Josia getan. Er ließ alle Kultstätten außerhalb des Tempels zerstören. Das aber sicherte den ganzen Einfluß und die gesamten Einnahmen aus der Religion der Jerusalemer Tempel-Priesterschaft, und *es war ein Jerusalemer Tempelpriester, der das Buch fand.*

War die zentralisierte Gottesverehrung alte Praxis, die einige Generationen vor Josia verlorengegangen war? Oder stellte sie etwas Neues dar, das sich die führenden Priester zu Josias Zeit ausdachten, um eine Religionsreform zu begründen, die in ihrem eigenen Interesse lag?

De Wette wies darauf hin, daß in den Büchern Samuel und Könige den frühen Gestalten der israelitischen Geschichte keinerlei diesbezügliches Gesetz bekannt war. Samuel, der Prophet, Priester und Richter, der Saul und David zu Königen salbt, opfert an mehreren Stätten. Auch die ersten drei Könige, Saul, David und Salomo, opfern auf Altären an unterschiedlichen Orten. Samuel, Saul, David oder Salomo werden deshalb im geschichtlichen Text der Bücher Samuel und Könige jedoch in keiner Weise gerügt. De Wette zog den Schluß, daß es seit den frühesten Anfängen der Geschichte des Volkes im Lande keinen Beweis für ein Gesetz gibt, das die Verehrung Gottes nur an einem einzigen, zentralen Ort fordert.

Das Zentralisierungsgebot und andere Sachverhalte waren für de Wette der Beweis, daß das Deuteronomium eben kein seit langem verschollenes Dokument war, sondern erst kurz vor seiner ›Entdeckung‹ durch Hilkia abgefaßt wurde. Obwohl es zu legitimen Zwecken geschrieben worden sein mochte, wurde es trotzdem fälschlicherweise Mose zugeschrieben. De Wette bezeichnete es als ›frommen Betrug‹.

›Frommer Betrug‹ zur Bezeichnung eines Teils der Bibel – das ist eine scharfe Sprache. Das ›fromm‹ schwächt den ›Betrug‹ ein wenig ab – aber nicht viel. Hatte Hilkia oder jemand aus seiner Umgebung das Buch verfaßt und dann so getan, als hätte er es gefunden, um dem Buch durch solchen Trick die Unterstützung des Königs zu sichern? Oder hatten der König und Hilkia in Verfolgung gemeinsamer Ziele dieses Buch und den Trick seiner Entdeckung gemeinsam geplant? Oder aber stammte das Buch tatsächlich aus der Zeit vor Josia und Hilkia und wurde von ihnen nur publik gemacht und durchgesetzt?

Um darauf eine Antwort zu finden und die Verfasser identifizieren zu können, müssen wir genauer in Erfahrung bringen, was auf der Schriftrolle stand, die dem König Josia vorgelesen wurde. Wir brauchen detailliertere Hinweise, daß es sich wirklich um das Deuteronomium gehandelt hat, und wir müssen wissen, worum es in diesem 5. Buch Mose eigentlich geht.

Keineswegs nur das 5. Buch Mose

Das Buch Deuteronomium wird als Moses Abschiedsrede vor seinem Tode präsentiert. Sie wird in der Ebene
von Moab gegeben, die nur durch den Jordan vom gelobten Land getrennt ist. Dort sind Mose und das Volk nach
vierzigjähriger Wanderung durch die Wüste angekom-
men. Mose hält Rückschau über die Ereignisse der vierzig Jahre, die er und das Volk gemeinsam erlebt haben.
Er gibt dem Volk einen Gesetzeskodex, nach dem es in
dem neuen Land leben soll. Er ernennt Josua zu seinem
Nachfolger. Dann steigt er auf einen Berg, von dem er
das Land überschauen kann, und dort stirbt er.

Der erste entscheidende Durchbruch auf der Suche
nach dem Verfasser dieses Berichtes war die Erkenntnis,
daß eine besondere Beziehung besteht zwischen dem
Deuteronomium und den anschließenden sechs
Büchern der Bibel: Josua, Richter, 1. und 2. Buch
Samuel und 1. und 2. Buch der Könige. Diese sechs
Bücher bezeichnet man auch als die Frühen Propheten.

Daß das Deuteronomium und diese sechs Bücher der
Frühen Propheten starke Gemeinsamkeiten haben, wies
1943 der deutsche Bibelwissenschaftler Martin Noth
nach. Die Sprache im 5. Buch Mose und in Teilen dieser
Bücher war einfach zu verwandt, als daß es Zufall sein
konnte. Noth wies nach, daß es sich hier nicht um eine
lose Sammlung von Schriften handelte, sondern um ein
mit Überlegung zusammengestelltes Werk. Es brachte
eine durchgängige Geschichte, eine fortlaufende Darstellung der Geschichte des Volkes Israel in seinem
Land. Es war nicht von einem einzigen Autor geschrieben worden. Es enthielt verschiedene Abschnitte von

verschiedenen Autoren (z. B. Davids Hofgeschichte und die Erzählungen von Samuel). Seine endgültige Fassung aber war das Werk eines einzigen Menschen.

Dieser Mensch war sowohl Verfasser als auch Lektor bzw. Redaktor. Dieser Mensch (wie wir sehen werden, handelte es sich um einen Mann) wählte aus den ihm zugänglichen Quellen jene Erzählungen und sonstigen Texte aus, die er verwenden wollte. Er stellte die Texte zusammen, kürzte hier und ergänzte dort. Gelegentlich fügte er eigene Kommentare ein. Und er schrieb einführende Texte, die er ziemlich zu Beginn des Werkes plazierte. Alles in allem erstellte er ein Geschichtswerk, das sich von Mose bis zur Zerstörung des Königreiches Juda durch die Babylonier spannte.

Für diesen Mann war das Deuteronomium *das* Buch überhaupt. Er baute das Werk so auf, daß die Gesetze des Deuteronomiums als der Grundstein der Historie wirkten. Wenn er die Könige von Israel und Juda als ›recht vor den Augen Jahwes‹ oder als ›übel vor den Augen Jahwes‹ einstufte, dann waren sie jeweils an ihrem Gehorsam gegegenüber den Gesetzen des 5. Buches Mose gemessen. Er machte das ganze Schicksal des Volkes davon abhängig, ob sie die Gebote des Deuteronomiums einhielten. Das 5. Buch Mose und die sechs folgenden Bücher schienen so integral zusammenzugehören, daß Noth die sieben Bücher als Einheit, als *Deuteronomische Historie* bezeichnete.

Noths Analyse und der Begriff ›Deuteronomische Historie‹ wurden in der Forschung weitgehend akzeptiert. Seine These hatte viel für sich. Das erste Buch der Frühen Propheten, das Buch Josua, setzt genau da ein, wo das Fünfte Buch Mose aufhört. Es nimmt Themen auf, die im Deuteronomium zuerst erwähnt werden. Schlüsselstellen in Josua, Richter, Samuel und Könige verwenden eine Terminologie, die aus dem Deuteronomium stammt, und beziehen sich auf besondere Stellen im Deuteronomium.

Deshalb: *Die Antwort auf die Frage ›Wer schrieb das Fünfte Buch Mose?‹ sollte uns auch die Frage beantworten, wer sechs weitere Bücher der Bibel schrieb.*

Der Bund

Die Deuteronomische Historie umfaßt den Zeitraum von Mose bis zum Ende der Monarchie. Sie beschreibt die letzten Tage von Mose, sie enthält Geschichten von der Eroberung des Landes, von den Richtern und den Königen, der Teilung des Landes in Israel und Juda, dem Untergang Israels, und schließlich dem Untergang Judas. Sie handelt von Schlachten, Liebesgeschichten, Wundern, Politik — eine wunderbare erzählerische Mischung. Sie ist Geschichtsschreibung, allerdings aus einer religiösen Perspektive. Worin besteht eigentlich die religiöse Perspektive? Der deuteronomische Historiker präsentiert seine Historie durchgängig unter dem Blickwinkel des *Bundes.* Er zeigt das Schicksal der Könige und des Volkes als abhängig von der Treue im Einhalten ihres Bundes mit Gott.

Man kann die Bedeutung des Bundes in der Bibel schwerlich überbewerten. In der christlichen Überlieferung weisen allein schon die Begriffe Altes *Testament* und Neues *Testament* auf diese Bedeutung hin; denn das lateinische Wort *testamentum* heißt ›Bund‹. Neben ihrer theologischen, literarischen und historischen Bedeutsamkeit liefern die biblischen Bünde auch Belege, die uns auf der Suche nach den Autoren der Bibel helfen können.

In der Bibel ist ein Bund ein geschriebener Vertrag zwischen Gott und Menschen. Solche Bünde sind gemäß den Formen und den terminologischen Usancen juristischer Urkunden im alten Orient abgefaßt worden. J beschreibt einen Bund zwischen Gott und Abraham. J und E beschreiben einen Bund zwischen Gott und dem Volk Israel am Berge Sinai (oder Horeb) zur Zeit Moses. Im Deuteronomium werden unter dem mosaischen Bund nicht nur die Gesetze verstanden, die am Sinai/Horeb verkündet wurden; der mosaische Bund umfaßt auch Gesetze, die Jahwe dem Mose am Ende der vierzigjährigen Wanderung durch die Wüste in der Ebene von Moab verkündet; anders ausgedrückt, er schließt die Gesetze des Deuteronomiums mit ein. Später taucht in der Deuteronomischen Historie noch ein weiterer Bund auf: ein Bund zwischen Gott und König David. Dieser Bund bot einen Hinweis auf die Identität des Deuteronomischen Historikers.

Nach 2. Samuel 7 verspricht Gott David als Belohnung für seine Treue, daß er und seine Nachkommen das Königreich für immer und ewig regieren sollen. Davids Vorgänger Saul stirbt; Sauls Sohn Is-Boseth wird ermordet und nie durch ein anderes Mitglied aus der Familie Sauls ersetzt. David aber wird die göttliche Verheißung zuteil, daß sein Sohn, Enkel, Urenkel usw. ohne Unterbrechung den Thron innehaben werden. Die Verheißung sagt unzweideutig:

> Aber dein Haus und dein Königreich soll beständig sein ewiglich vor dir, und dein Stuhl soll ewiglich bestehen.[1]

Die Aussage ist unmißverständlich: Davids Dynastie soll für immer über das Königreich herrschen. Auf dem Thron wird stets ein Nachkomme Davids (ein ›Davide‹) sitzen. Selbst wenn ein davidischer König sich ungebührlich verhalten sollte, so muß er vielleicht dafür leiden, aber den Thron werden er und seine Familie nicht verlieren. Es ist dies die Verheißung eines bedingungslosen Bundes durch Gott.

Die Teilung von Davids Königreich zur Zeit Rehabeams und Jerobeams erklärt der deuteronomische Geschichtsschreiber im Lichte dieser Verheißung. Die Familie erleidet wegen Salomos Übertretungen den Verlust der nördlichen Stämme, den Thron aber kann sie nicht gänzlich verlieren. Zumindest der Stamm Juda muß ihr erhalten bleiben. Warum? Weil Gott mit David einen Bund geschlossen hat. Dem deuteronomischen Geschichtsschreiber zufolge verkündet der Prophet Ahia von Silo bei der Mitteilung, daß Jahwe das Königreich Israel Salomos Sohn Rehabeam nehmen und Jerobeam geben will, dem Jerobeam folgendes:

Aus der Hand seines Sohns will ich das Königreich nehmen, und will dir zehn Stämme, und seinem Sohn einen Stamm geben, *auf daß David, mein Knecht, vor mir eine Leuchte habe allewege* in der Stadt Jerusalem, die ich mir erwählet habe, daß ich meinen Namen dahin stellte.[2]

Und so bleiben nach der deuteronomischen Überlieferung des Bundes der Thron und das Königreich mit der Hauptstadt Jerusalem auf immer gesichert, selbst wenn ein König aus dem Hause Davids sich verfehlt.

Der deuteronomische Geschichtsschreiber ruft uns diese Tatsache mehrmals in Erinnerung. Im Bericht über

Davids Enkel Rehabeam und seinen Urenkel Abiam werden die beiden Könige vom Geschichtsschreiber getadelt. Ihnen hätte es, so sagt er, an der Treue Davids gefehlt. Dennoch, so erklärt er, dürften sie dank der Bestimmungen des davidischen Bundes ihr Königreich behalten.

> Abjam ... wandelte in allen Sünden seines Vaters, die er vor ihm getan hatte, und sein Herz war nicht rechtschaffen an Jahwe, seinem Gott, wie das Herz seines Vaters David. *Denn um Davids willen gab Jahwe, sein Gott, ihm eine Leuchte zu Jerusalem, daß er seinen Sohn nach ihm erweckte und Jerusalem erhielt.*[3]

In seinem Bericht über Davids Ur-Ur-Ur-Urenkel König Joram vermerkt der Geschichtsschreiber:

> ... und er tat, das Jahwe übel gefiel. Aber Jahwe wollte Juda nicht verderben um seines Knechts David willen, *wie er ihm verheißen hatte, ihm zu geben eine Leuchte unter seinen Kindern immerdar.*[4]

Dieser Ewige Bund mit David ist schon an und für sich interessant, mich interessiert im gegenwärtigen Zusammenhang jedoch vorerst nur, daß er in der Deuteronomischen Historie ein rätselhaftes Moment einführte. Laut Martin Noth hat der deuteronomische Geschichtsschreiber eine Geschichte des Volkes geschrieben, die von Mose bis zur Eroberung Judas durch die Babylonier reichte. Nach der Eroberung ließ der babylonische Großkönig die Kinder des davidischen Königs Zedekia ermorden, ihn selbst blenden und in Ketten nach Babylon deportieren. Davids Königreich war gefallen. Und hier stellt sich die Frage: Warum sollte der deuteronomische Geschichtsschreiber – ein Mensch, der den Fall des Königs miterlebt hatte – ein Werk schreiben, in dem er behauptet, daß Jahwe *niemals* des Königs Leuchte aus Juda wegnehmen würde, selbst wenn der König ›in Sünden wandelte‹, ›tat, was Jahwe übel gefiel‹ und ›Jahwe nicht mit ganzem Herzen diente‹? Warum sollte jemand, der den Untergang des Königreiches miterlebt hat, ein Werk schreiben, in dem er behauptet, daß das Königreich *ewig* währen sollte? Es handelt sich ja nicht um gleichnishafte oder apokalyptische Aussagen des entrückten, messianischen Typus, wie sie zu späterer Zeit im Judentum und im Christentum aufkamen. Im Kontext der Stellen über den davidischen Bund geht es um die Sicherheit bestimmter Könige auf dem Thron eines existierenden Königreiches. Warum schreibt jemand so etwas nach 587 v. Chr.?

Die erste Fassung

Die obigen Fragen hat der amerikanische Bibelwissenschaftler Frank Moore Cross von der Harvard-Universität im Jahre 1973 formuliert.[5] Cross gab zu bedenken, es sei doch höchst unwahrscheinlich, daß ein Augenzeuge der Zerstörung seines Landes eine Geschichte mit dem Thema vom ewigen Bestande des Landes angehen würde. Cross machte auf weitere Anhaltspunkte gegen den Anspruch aufmerksam, der Verfasser des Deuteronomiums sei in den Jahren nach der Zerstörung zu suchen.

Er berührte da ein Problem, das bereits früheren Forschern als kritischer Ansatzpunkt aufgefallen war. Der deuteronomische Autor spricht gelegentlich von Dingen, die ›bis auf diesen Tag‹ existieren, obwohl die betreffenden Dinge nur während der Dauer des Königreiches existierten. Warum sollte jemand, der etwa im Jahre 560 v. Chr. ein Geschichtswerk schreibt, eigentlich erwähnen, daß eine Sache ›bis auf diesen Tag‹ besteht, wenn es sie seit 587 v. Chr. schon gar nicht mehr gibt? In 1. Könige 8,8 werden beispielsweise die Stangen erwähnt, auf denen die Bundeslade emporgehoben und getragen wurde. Die Stangen, so heißt es dort, seien am Tag der Einweihung in den Tempel Salomos gestellt worden, und ›waren daselbst bis auf diesen Tag‹. Warum sollte jemand so etwas schreiben, nachdem der Tempel längst niedergebrannt worden war? Und falls diese Worte nicht von ihm selbst, sondern aus einer seiner Quellen stammten – warum hätte er sie eigentlich übernehmen sollen? Warum hat er sie dann nicht einfach gestrichen?[6]

Cross nannte als Grund für diese offensichtlichen Widersprüche, daß es zwei Ausgaben der Deuteronomischen Historie gegeben hat. Für die Originalfassung sei ein Mensch verantwortlich gewesen, der unter der Herrschaft von König Josia lebte. Bei ihr handelte es sich um eine positive, optimistische Darstellung der Geschichte des Volkes, welche den sicheren Bestand des davidischen Bundes unterstrich und an ein Aufblühen des Königreiches unter Josia und eine dauerhafte Zukunft glaubte. Nach Josias Tod, nach den katastrophalen Regierungszeiten seiner Söhne und dem Ende des Königreiches war diese ursprüngliche Darstellung der Volksgeschichte überholt. Ihr Optimismus wirkte nach den tragischen Ereignissen lächerlich oder gar dümmlich. Also schrieb jemand die Geschichte nach der Zerstörung von 587 v. Chr. um.

Diese zweite Auflage stimmte zu etwa 95 Prozent mit dem Originaltext überein. Hauptunterschied: der Lektor bzw. Redaktor fügte die letzten Kapitel der Geschichte hinzu – die beiden letzten Kapitel des 2. Buches der Könige –, die einen kurzen Abriß der Herrschaft der letzten vier Könige Judas liefern. Die auf den neuen Stand gebrachte Geschichte schloß nun also mit dem Fall Judas. Der Herausgeber der zweiten Auflage der Deuteronomischen Historie brachte auch an früheren Stellen kurze Zusätze ein, die dem Text im Licht der neuen geschichtlichen Situation eine größere Relevanz verliehen.

Die erste Auflage sprach vom Vorhandensein von Dingen ›bis auf diesen Tag‹, weil sie zu Josias Zeiten noch wirklich vorhanden waren. Der Herausgeber der zweiten Auflage machte sich nicht die Mühe, das zu streichen, weil es ihn einfach nicht interessierte. Er schrieb ja nicht die ganze Geschichte um, und ihm ging es auch nicht um das Bereinigen von Widersprüchen. Er brachte die Geschichte einfach nur zu Ende und schob am Anfang ein paar Zusatzzeilen ein.

Wenn Cross recht hatte, so hatten die Forscher in der falschen Epoche und am falschen Ort nach dem Deuteronomiker gesucht.

Am Hofe von König Josia

Welche Hinweise lassen sich nun dafür anführen, daß der Verfasser/Redaktor der ersten Auflage der Geschichte in der Herrschaftsepoche Josias gesucht werden sollte? Warum nicht in der Periode Hiskias oder eines anderen Königs?

Da gab es zunächst, wie schon Hobbes und de Wette viel früher nachgewiesen hatten, die enge Verknüpfung des 5. Buches Mose mit Josia. Das ›Buch der *Thora*‹, das der Priester Hilkia im Tempel fand, ist seit langem als Deuteronomium, oder zumindest als der Gesetzesteil des Deuteronomiums (Kapitel 12-26) identifiziert worden.

Als weiterer Punkt verwies Cross auf die Länge des Textes, der sich mit Josia beschäftigte. Mit diesem König befassen sich zwei vollständige Kapitel in der Deuteronomischen Historie, obwohl andere Könige länger gelebt und mehr geleistet haben. Seine Reform war nur von kurzer Dauer. Die Bücher Jeremia, Hesekiel, 2. Könige und 2. Chronik lassen deutlich erkennen, daß viele seiner Neuerungen nach seinem Tode mißachtet wurden, beispielsweise wurden die ›Höhen‹ wieder aufgebaut. Warum also solche Sonderbeachtung ausgerechnet für diesen König und seinen Reformversuch? Weil er König war, als die Geschichte geschrieben wurde, wie Cross argumentiert; sie wurde so geschrieben, daß sie in ihm als einem Höhepunkt kulminierte.

Ein weiterer Punkt dokumentiert ein besonderes Interesse des deuteronomischen Autors an König Josia. Der Text weist recht früh namentlich auf ihn hin. In 1. Könige 13 wird eine Geschichte über König Jerobeam erzählt. Jerobeam hat vor kurzem die goldenen Kälber in Dan und Beth-El aufgestellt. Er reist nach Beth-El, um ein Fest zu feiern, und geht hinauf zum Altar, um Weihrauch zu räuchern. Und dann geschieht etwas Merkwürdiges:

> Und siehe, ein Mann Gottes kam von Juda durch das Wort Jahwes gen Beth-El, und Jerobeam stund bei dem Altar zu räuchern. Und er rief wider den Altar durch das Wort Jahwes und sprach: Altar, Altar! so spricht Jahwe: Siehe, es wird ein Sohn dem Hause David geboren werden, *mit Namen Josia;* der wird auf dir opfern die Priester der Höhen, die auf dir räuchern, und wird Menschenbeine auf dir verbrennen.[7]

Der Hinweis ›mit Namen Josia‹ in einer Geschichte, die dreihundert Jahre vor seiner Geburt spielt, ist selbst in einem Buch bemerkenswert, das voll ist von Prophezeiungen und Wundern. In keiner Geschichte der Bibel gibt es einen zweiten Fall einer solch frühen expliziten namentlichen Vorhersage einer Person. Außerdem griff der deuteronomische Autor an einer späteren Stelle seiner Historie diese Vorhersage ausdrücklich auf. Bei der Beschreibung der Einzelheiten von Josias Religionsreform berichtete der Deuteronomist, daß sich Josia nach Beth-El begibt und die Höhe mit dem Altar zerstört, die sich seit Jerobemas Zeiten dort befand. Er schrieb:

> Auch den Altar zu Beth-El, die Höhe, die Jerobeam gemacht hatte, der Sohn Nebats, der Israel sündigen machte, denselben Altar brach er [Josia] ab und die Höhe, und verbrannte die Höhe, und machte sie zu Staub …
> Und Josia wandte sich, und sah die Gräber, die da waren auf dem Berge; und sandte hin, und ließ die Knochen aus den Gräbern holen, und verbrannte sie auf dem Altar, und ver-

unreinigte ihn nach dem Wort Jahwes, das der Mann Gottes ausgerufen hatte, der solches ausrief. Und er [Josia] sprach: Was ist das für ein Grabmal, das ich sehe?

Und die Leute in der Stadt sprachen zu ihm: Es ist das Grab des Manns Gottes, der von Juda kam, und rief solches aus, das du gethan hast wider den Altar zu Beth-El.

Und er sprach: Laßt ihn liegen; niemand bewege seine Gebeine.[8]

Nicht genug damit, daß der deuteronomische Geschichtsschreiber eine Verheißung Josias an den Anfang und ihre Erfüllung an das Ende der Geschichte gesetzt hat. Der Deuteronomiker stuft jeden König, ob aus Israel oder Juda, zwischen diesen beiden Textstellen geringer ein als Josia. Er wertet jeden König als gut oder schlecht. Die meisten sind schlecht. Die guten sind nicht vollkommen. Sogar David wird kritisiert — wegen seines Ehebruchs mit Bath-Seba und weil er, um sie für sich zu gewinnen, den Tod ihres Mannes verursachte. Selbst Hiskia wird durch den Propheten Jesaja kritisiert.[9] Als uneingeschränkt gut läßt der deuteronomische Geschichtsschreiber einzig und allein Josia gelten. Er spricht es offen aus:

Seinesgleichen war vor ihm kein König gewesen, der so von ganzem Herzen, von ganzer Seele, von allen Kräften sich zu Jahwe bekehrte nach allem *Thora* Moses; und nach ihm kam seinesgleichen nicht auf.[10]

Cross folgerte daher, daß die Originalfassung der Deuteronomischen Historie das Werk eines Menschen war, der zur Zeit Josias lebte, und daß die zweite Fassung von einem Menschen stammte, der nach dem Fall des Königreiches gelebt hat. Cross bezeichnete die erste Auflage Dtr[1] und die zweite Auflage Dtr[2].

Mose und Josia

Die Analyse von Cross fand zunächst keine allgemeine Zustimmung. G. Ernest Wright, Cross' Kollege an der Harvard-Universität, widersprach. Wright zweifelte an einer Existenz von Dtr^1 und Dtr^2. Wright lehnte das Kernargument von Cross ab: daß nämlich die deuteronomische Vorstellung eines *ewigen, bedingungslosen* davidischen Bundes vor dem Fall des Königreiches geschrieben worden sein mußte. Wright bezweifelt, daß es irgendeinen völlig bedingungslosen Bund geben konnte. Würde beispielsweise Gottes Verheißung, den König zu unterstützen, auch dann noch gelten, wenn ein König soweit ginge, andere Götter anzubeten und Jahwe zu verraten?

Wright beauftragte einen seiner Studenten, dieser Frage nachzugehen. Der Student erarbeitete ein Papier, in dem er zu dem Schluß kam, daß tatsächlich kein Bund völlig bedingungslos war. Wright ließ den Studenten dieses Papier im Seminar der Fakultät vortragen. Dieses Seminar ist eine Veranstaltung, an der alle Dozenten der alttestamentarischen Abteilung und Studenten der Abteilung für Orientalische Sprachen und Kulturen an der Harvard-Universität teilnehmen. Jede Woche legt ein Student eine Arbeit vor, die sich dann der Kritik der Fakultätsmitglieder und Studenten stellen muß. Dieser junge Student sah sich plötzlich inmitten einer Auseinandersetzung zweier Koryphäen. Der Student war ich.

Die Sache hat einen ironischen Ausgang. An jenem Tag verteidigte ich die Position von Professor Wright, aber Jahre später stieß ich in meinen Forschungen auf Beweise, die mich überzeugten, daß Cross recht gehabt hatte. Der für sieben Bücher der Bibel verantwortliche

Autor hatte zur Zeit des Königs Josia gelebt. Ich machte die Entdeckung, daß diese Person ihre Historie des Volkes absichtlich so gestaltet hatte, daß sie in Josia ihren Höhepunkt fand. Josia war nicht nur gut, und er war nicht einfach nur bedeutsam. In der Vorstellung dieses Autors war Josia jemand, der auf vielfältige Art mit Mose selbst verglichen werden mußte. Konkret:

1. Die Wendung ›kam seinesgleichen nicht auf‹ wird in der Bibel nur auf zwei Menschen angewandt: auf Mose und Josia. Am Ende des Deuteronomiums heißt es: ›Und es stund hinfort kein Prophet in Israel auf wie Mose ...‹[11] Der abschließende Kommentar zu Josia lautet: ›... und nach ihm kam seinesgleichen nicht auf‹.[12] Es stand kein Prophet auf wie Mose; es stand kein König auf wie Josia.

2. Im Deuteronomium sagt Mose zum Volk: »Und du sollst Jahwe, deinen Gott, lieb haben von ganzem Herzen, von ganzer Seele, von allem Vermögen.«[13] In der hebräischen Bibel wird nur eine Person genannt, die dieses Gebot erfüllt: Josia. Der Deuteronomiker sagt, daß Josia ein König war, ›der von ganzem Herzen, von ganzer Seele, von allen Kräften sich zu Jahwe bekehrte‹.[14] Dieser dreifache Ausdruck findet sich im ganzen Alten Testament nur an diesen beiden Stellen.

3. Mose sagt im Deuteronomium, daß man in schwierigen Rechtsfällen, wenn keine klare Entscheidung möglich scheint, an der Stätte, die Jahwe erwählen wird, die Priester oder den Richter ›fragen‹ und ihren Belehrungen folgen muß.[15] Der Deuteronomiker nennt nur einen König, der das je getan hat:

Josia. Als ihm das Buch der aufgefundenen *Thora* vorgelesen wird, fragt er über den Priester Hilkia in Jerusalem, der Stätte, die Jahwe erwählt hat, eine Prophetin, wie er sich verhalten soll. Er befiehlt Hilkia: »Gehet hin, und *fraget* Jahwe für mich …«[16]

4. Im Deuteronomium erklärt Moses: Wenn man einmal die Priester gefragt hat, muß man auch genau das tun, was sie sagen. Er sagt: »… daß du von demselben nicht abweichst, weder zur Rechten noch zur Linken.«[17] Auch im Gesetz über den König erklärt Mose, daß der König sein Leben lang in dem Gesetz lesen soll, »und soll nicht weichen von dem Gebot, weder zur Rechten noch zur Linken.«[18] Die Warnung vor dem Abweichen zur Rechten oder zur Linken erscheint noch an zwei weiteren Stellen im 5. Buch Mose und noch zweimal im Buch Josua. Danach taucht es in der ganzen Heiligen Schrift nicht mehr auf, außer im Zusammenhang mit einer Person: Josia. Über Josia sagt der Deuteronomiker als erstes aus: »Und er that, das Jahwe wohlgefiel, und wandelte in allem Wege seines Vaters David, und wich nicht, weder zur Rechten noch zur Linken.«[19]

5. Das Buch der *Thora* wird in der hebräischen Bibel bloß im Deuteronomium erwähnt, in Josua, und dann nur noch in einer Geschichte: der von Josia. Mose schreibt das Buch, überreicht es den Priestern und sagt: »Nehmt das Buch dieser *Thora*, und legt es an die Seite der Lade des Bundes …«[20] Das Buch bleibt daraufhin bei der Bundeslade und ist in der weiteren Geschichte kein Thema mehr, bis sechshundert Jahre später der Priester Hilkia sagt: »Ich habe das Buch der *Thora* gefunden im Hause Jahwes.«

6. Als Mose im Deuteronomium das Buch der *Thora* den Priestern überreicht, gibt er ihnen den Auftrag, das Buch alle sieben Jahre öffentlich zu verlesen. Wörtlich sagt er: »... ausrufen lassen vor ihren Ohren.«[21] Bis zu der Geschichte von Josia kommt diese Bezeichnung für eine öffentliche Lesung in der Deuteronomischen Historie kein einziges Mal wieder vor. Der Geschichtsschreiber vermerkt, daß König Josia das ganze Volk in Jerusalem versammelte, ›und man *las vor ihren Ohren* alle Worte aus dem Buch des Bundes, das im Hause Jahwes gefunden war‹.[22]

7. Im Deuteronomium beschreibt Mose, was er mit dem goldenen Kalb tat, das Aaron gemacht hatte. Er verbrannte es; er zermalmte es, ›bis es Staub war‹; und er warf den Staub in ein Wadi.[23] Im 2. Buch der Könige begibt sich Josia zu Altar und Höhe von Beth-El, dem Standort des goldenen Kalbes, das Jerobeam aufgestellt hatte. Josia verbrennt die Höhe und zermalmt sie ›zu Staub‹. So erleiden Aarons goldenes Kalb und Jerobeams goldenes Kalb (oder eine Höhe) ein ähnliches Schicksal. Der deuteronomische Verfasser verwendet die Sprache, mit der Moses Taten im 5. Buch Mose beschrieben werden, um Josias Taten im 2. Buch der Könige zu beschreiben. Josias Großvater Manasse hatte ein Standbild der Göttin Aschera im Tempel aufgestellt. Josia verbrennt das Standbild in einem Wadi ›und machte es zu Staub‹.[24] Manasse und andere jüdische Könige hatten Altäre aufgestellt. Josia zerbricht die Altäre und wirft ihren Staub in ein Wadi.[25] Der Ausdruck ›machte es zu Staub‹ erscheint in der ganzen Bibel

nur an den hier angeführten Stellen. Der Geschichtsschreiber beschreibt einzig und allein Josias Taten
betont in der gleichen Sprache, mit der im Deuteronomium von Moses Worten und Taten berichtet
wird. Mose sagt: »... und reißt um ihre Altäre ...
und verbrennet mit Feuer ihre Ascherim ...«[26]
[Luther übersetzt: Haine. – Anm. d. Übers.] Josia
reißt die Altäre um und verbrennt die Aschera.

8. Und schließlich erwähnt Mose im Deuteronomium
    wiederholt das Gesetz gegen das Herstellen von
    Standbildern. Es ist eines von den Zehn Geboten,
    das er zitiert.[27] Er führt das Gebot mehrfach auch in
    anderen Teilen dieses Buches an.[28] Das Standbild
    einer heidnischen Gottheit muß verbrannt werden.[29]
    Der Terminus ›Standbild‹ [bei Luther: Bild; Bilder
    – Anm. d. Übers.] kommt danach nur noch wenige
    Male vor. In den vier Büchern Samuel und Könige
    taucht er nur einmal auf, nämlich bevor König
    Manasse das Standbild der Aschera im Tempel auf-
    stellt.[30] *Josia* entfernt das Standbild, und er ver-
    brennt es.

Ich zog die Möglichkeit in Erwägung, daß die Wortlaute
von Deuteronomium einerseits und 2. Könige andererseits einander in all diesen Fällen deshalb so ähneln, weil
es sich bei ihnen um die ganz natürlichen Wendungen
zur Beschreibung solcher Sachverhalte handelte. Das
war jedoch keine ausreichende Erklärung. Nur einige
wenige Kapitel vor Josia findet sich in 2. Könige die
Geschichte von Hiskias Reform.[31] Vieles von dem, was
Josia unternimmt – oder ähnliches – führt auch Hiskia
aus. Und doch werden Hiskia und seine Taten in einer

anderen Sprache beschrieben — einer Sprache, die nicht die Ausdrücke von Moses Worten und Taten wiederholt. Ganz im Gegensatz dazu zeichnet der deuteronomische Geschichtsschreiber Josia in speziellen Farben — in mosaischen Farben. Er ist die Kulmination all dessen, was mit Mose begann. Seine Taten in seiner Zeit entsprechen den Taten Moses in dessen Zeit. Er ist die Hoffnung, daß der Bund, der mit Mose begann, Erfüllung findet wie nie zuvor.

Ein Ende bei Josia

Dem einen oder anderen Leser mag all dies lediglich beweisen, daß Josia dem Verfasser des Deuteronomiums *wichtig* war, nicht aber, daß das Werk ursprünglich mit Josia endete. Für meine Begriffe läßt das Gewicht all der bisher angeführten Belege darauf schließen, daß König Josia mehr war als bloß eine wichtige Person einer Erzählung. Die Betonung des ewigen Bundes, die Stellen mit der Wendung ›bis auf diesen Tag‹, die Länge der Josia-Passage, die namentliche Verheißung Josias dreihundert Jahre vor seiner Geburt, die einzigartige, uneingeschränkt positive Bewertung Josias unter allen Königen, die Parallelen zwischen Mose und Josia — die Relevanz all dieser Faktoren spricht dafür, daß der Autor das Werk ursprünglich so aufbaute, daß es seinen Höhepunkt in Josia finden mußte.

Außerdem fand ich dann Hinweise in dem Text, daß er einmal bei Josia aufgehört haben muß, und nach seinem Tode aus einem anderen Blickwinkel wieder aufgenommen wurde.

Den ersten Hinweis lieferte die kritische Bewertung der Könige durch den Autor. Aus dem Blickwinkel dieses Autors erscheint als wichtigster Faktor die Zentralisierung der Religion. Das erste Gesetz im Gesetzeskodex des 5. Buches Mose besagt, daß es nur einen Ort zum Opfern geben darf, einen Ort, wo ›er seinen Namen daselbst lässet wohnen‹.[32] Der Verfasser betrachtet daher die Aufstellung der goldenen Kälber in Beth-El und Dan durch Jerobeam als eine schwere Sünde. Er beurteilt *jeden* König so, daß er ›übel tat in den Augen Jahwes‹, weil keiner von ihnen die Kälber entfernt hat. Von den Königen Judas beurteilt er mehrere wegen unterschiedlicher Übertretungen so, daß sie ›übel taten vor den Augen Jahwes‹ – immer aber gehörte dazu das Beibehalten der ›Höhen‹ zur Anbetung außerhalb Jerusalems. Selbst wenn er einen König von Juda positiv beurteilte, weil er ›that, was Jahwe wohlgefiel‹, setzt er trotzdem hinzu: ›aber die Höhen taten sie nicht ab‹.[33] Mit zwei Ausnahmen wurden sämtliche Könige von Israel und Juda aus diesem Grund getadelt; die Ausnahmen sind die beiden Könige Hiskia und Josia, die die Höhen zerstört haben sollen.

Der durchgängige Maßstab, der an alle Könige angelegt wurde, ist die Zentralisierung der Religion. Aber *nach Josia* wird dieser Maßstab immer mehr angewandt.

Die beiden Schlußkapitel des 2. Buches der Könige erwähnen die Höhen nicht einmal mehr. Den Büchern der Propheten Jeremia und Hesekiel zufolge wurden die ›Höhen‹ in dieser Zeit jedoch wieder aufgebaut.[34] Aber der deuteronomische Verfasser erwähnt es nicht, weder um die letzten vier Könige zu loben, weil sie die Höhen abgeschafft hätten, noch um sie wegen ihrer Wiedererrichtung anzugreifen.

Wenn die gesamte Deuteronomische Historie das Werk eines einzigen Verfassers wäre, warum sollte er dieses Kriterium einführen und auf jeden einzelnen König anwenden — außer auf die letzten vier, unter deren Herrschaft das Königreich schließlich zugrundeging?

Das ist aber nicht das einzige, das sich nach der Erzählung über Josia ändert. König David spielt in der Deuteronomischen Historie eine grundlegende Rolle. Die Hälfte des 1. Buches Samuel, das gesamte 2. Buch Samuel und die ersten Kapitel des 1. Buches der Könige sind seinem Leben gewidmet. Die Mehrzahl der Könige nach ihm werden mit ihm verglichen. Der Geschichtsschreiber spricht mehrmals deutlich aus, daß dank Davids Verdienst die Familie selbst durch einen schlechten König von Juda den Thron nicht verlieren kann. Speziell im Zusammenhang mit den letzten Königen vor Josia erinnert der Geschichtsschreiber uns an David. Josia selbst vergleicht er mit David und sagt: »und [er] wandelte in allem Wege seines Vaters David«.[35] Er vergleicht Josias Ur-Ur-Großvater Ahas, seinen Ur-Großvater Hiskia und seinen Großvater Manasse mit David.[36] Insgesamt erscheint der Name David in der Deuteronomischen Historie ungefähr fünfhundertmal. Dann, in der Geschichte der letzten vier Könige, ist Schluß damit. Diese werden im Text nicht mit David verglichen. Auch der davidische Bund wird nicht mehr erwähnt, und es wird keinerlei Erklärung dafür geliefert, warum dieser Bund jetzt nicht den Thron rettet, wie es unter Herrschaft von Salomo, Rehabeam, Abiam und Joram der Fall gewesen ist. David kommt einfach überhaupt nicht mehr vor.

Zwei häufig genannte entscheidende Punkte der Deuteronomischen Historie — die Zentralisierung und David — verschwinden also nach dem Josia-Abschnitt.

Bei der Deutung dieser Tatsachen müssen wir nun allerdings Vorsicht walten lassen. Aus solchem ›Schweigen‹ dürfen keine übereilten Schlüsse gezogen werden. Das heißt, es ist allgemein stichhaltiger, einen Beweis von dem abzuleiten, was der Text aussagt, als von dem, was er nicht sagt. Im vorliegenden Fall ist jedoch das ›Schweigen‹ laut und deutlich genug. Wenn jeder König bis zu Josia unter Bezugnahme auf die religiöse Zentralisierung beurteilt wird, danach aber nicht mehr; wenn David regelmäßig und wesentlich bis zur Zeit Josias aufscheint, danach aber nicht mehr, so dokumentiert das einen echten Bruch und eine Änderung des Blickwinkels, die mit eben diesem König zusammenhängen. Und das unterstreicht alle übrigen Hinweise, nach denen Josia einen Höhepunkt und einem Bruch darstellt. Alles deutet darauf hin, daß der Autor/Redaktor der Originalfassung dieses Werkes unter Josias Herrschaft lebte und jemand war, der Josia *günstig* gesonnen war.

Das war die Spur von Hinweisen in der Bibel, der meine Vorgänger und ich gefolgt sind, um zu ergründen, in welcher Epoche und Region nach dem Menschen gesucht werden mußte, dem wir das Fünfte Buch Mose und die folgenden sechs biblischen Bücher verdanken. Jetzt wußten wir seine Schaffenszeit: um das Jahr 622 v. Chr. Und wir wußten, wo er gelebt hatte: in Juda, höchstwahrscheinlich in der Stadt Jerusalem. Offen blieb noch die Frage: Wer ist es gewesen?

KAPITEL 6

D

Wir haben erfahren, daß jemand das 5. Buch Mose und die folgenden sechs Bücher der Bibel als ein fortlaufendes Werk konzipiert hat. Und wir haben auch erkannt, daß derjenige, der dieses Werk konzipiert hat, zur Zeit von König Josia lebte. Die Erstfassung des Werkes erzählte die Geschichte von Mose bis Josia.

Um herauszufinden, wer dieser Autor/Redaktor des Deuteronomiums und der folgenden sechs Bücher der Bibel war, müssen wir nun betrachten, was das Werk dieser Person beinhaltet.

Es umfaßt in der Hauptsache den Gesetzeskodex, der den Kern des 5. Buches Mose bildet.

Der Inhalt des Gesetzeskodex

Der Gesetzeskodex macht etwa die Hälfte des Buches aus, nämlich die Kapitel 12 bis 26.

Sein erstes Gesetz ist das Gesetz zur Zentralisierung der Gottesverehrung. Es sagt dem Gläubigen, daß es ihm, wenn er Fleisch essen will, nicht freigestellt ist, sein Schaf oder seine Kuh selbst zu schlachten. Vielmehr muß er das Tier zu der einzigen offiziellen Anbetungsstätte bringen, der Stätte, da Jahwe ›seinen Namen daselbst wohnen lasse‹, und dort führt ein geweihter Priester die Schlachtung am Altar durch. Eine Ausnahme von dieser Regel ist nach dem 5. Buch Mose nur dann gegeben, wenn jemand von der offiziellen Stätte zu weit entfernt wohnt, um das Tier dorthin schaffen zu können. Dann darf er das Tier zu Hause schlachten, sofern er das Blut auf die Erde gießt.[1]

Der deuteronomische Gesetzeskodex enthält auch das ›Gesetz des Königs‹. Es schreibt vor, daß der König von Jahwe erwählt sein muß (was wahrscheinlich die Berufung durch einen Propheten voraussetzt), daß der König kein Ausländer sein darf, daß er keine große Anzahl von Pferden erwerben darf, daß er nicht viele Frauen (Ehefrauen und Konkubinen) haben darf, und daß er im Beisein der Leviten ein Exemplar dieses Gesetzes schreiben und es regelmäßig lesen muß.[2]

Der Gesetzeskodex des 5. Buches Mose enthält ebenfalls Verbote gegen die Praktizierung heidnischer Religion. Er enthält Vorschriften in Bezug auf die Propheten, insbesondere auf falsche Propheten. Er befaßt sich mit Wohltätigkeit, Rechtsprechung, Gesetzen für Familie und Gesellschaft, Ernährungsvorschriften, Kriegsgesetzen und enthält eine Vielzahl von Gesetzen aus den unterschiedlichsten Bereichen, von der Behandlung der Sklaven über die Landwirtschaft bis hin zur Zauberei. Er bezieht sich auch immer wieder auf das Wohlergehen der *Leviten*, er befiehlt dem Volk, für die Leviten zu sorgen.

Wer schrieb den Gesetzeskodex?

Als es 1974 Baruch Halpern zukam, dem Seminar der Orientalischen Abteilung an der Harvard-Universität einen Aufsatz vorzulegen, präsentierte er eine Forschungsarbeit, in der er die Herkunft dieses Gesetzeskodex zu bestimmen versuchte.

Halpern fragte zunächst einmal: Stammte der Kodex von einem Mitglied des königlichen Hofs? Ließ Josia oder ein anderer König ihn zu persönlichen politischen Zwecken schreiben? Das schien wenig wahrscheinlich. Denn schließlich enthält er ja ganz allgemein und verbindlich das Gesetz des Königs. Dieses Gesetz fordert, ›er soll auch nicht viel Silber und Gold sammeln‹. Warum sollte er König, der mit Hilfe eines ›frommen Betrugs‹ einen Gesetzeskodex zu seinem eigenen Vorteil einführt, ein Gesetz aufnehmen, das ihm verbietet, viel Geld zu besitzen? Das Gesetz verbietet ihm ebenfalls, viele Frauen zu haben oder sich viele Pferde anzuschaffen, und es verlangt von ihm, im Beisein der levitischen Priester ein Exemplar des Gesetzes abzuschreiben. Warum sollte sich ein König mit all diesen Einschränkungen selbst belasten?

Der Gesetzeskodex des 5. Buches Mose sieht nicht wie ein Buch aus, das bei Hofe entstanden ist. Er enthält vielmehr Material, das auf Verhältnisse Bezug nimmt, die bereits existierten, bevor es in Israel oder Juda Könige gab.

Ein Beispiel hierfür ist die Gruppe der Kriegsgesetze, die sich im 5. Buch Mose, Kapitel 20 und 21, finden. Diese Gesetze befassen sich mit der Einberufung des Volkes im Kriegsfall. Bevor das Volk in die Schlacht

zieht, müssen die Richter eine Bekanntmachung erge-
hen lassen: Jeder Mann, der ein Haus gebaut, aber noch
nicht geweiht hat, oder mit einer Frau verlobt ist, sie
aber noch nicht geheiratet hat, soll sich zu seinem Haus
oder zu seiner Frau begeben. Er soll nicht das Risiko eingehen müssen, daß er im Krieg stirbt und seine neue
Frau oder sein neues Haus an jemand anderen fällt. Jeder
Mann, der sich fürchtet, ist ebenfalls vom Wehrdienst
ausgenommen. Ein furchtsamer Mann soll lieber nach
Hause gehen, als daß er auch noch den Kampfgeist der
anderen schwächt. Die Kriegsgesetze legen außerdem
fest, daß es einem Israeliten nach einem militärischen
Sieg verboten ist, gefangene Frauen zu vergewaltigen.
Den Frauen der Besiegten soll Zeit gelassen werden, ihre
ums Leben gekommenen Familienangehörigen zu betrauern, anschließend dürfen sie als Ehefrauen genommen werden – oder aber sie müssen freigelassen werden.

Diese Gruppe von Kriegsgesetzen setzt also eine allgemeine militärische Wehrpflicht voraus. Sie betreffen
gewöhnliche Bürger, die zum Heer eingezogen werden.
In der Frühgeschichte des Landes hat es tatsächlich ein
System gegeben, die israelitischen Stammesverbände
aufzubieten. In Notzeiten wurden die Israeliten zum
Militärdienst eingezogen. Mit dem Aufstieg der Monarchie traten jedoch Berufsheere an die Stelle solcher Wehr-
pflichtigen. Die Könige wollten über ein stehendes Heer
von Berufssoldaten verfügen, das dem König unterstand, statt die Stämme um Unterstützung bitten zu
müssen. Die Kriegsgesetze im Deuteronomium reflektieren daher nicht die Interessen des Königs. Diese
Gesetze entsprechen eher einer frühen, nichtmonarchi-

schen Anschauungsweise. Der Gesetzeskodex enthält Vorschriften über Gerichtsverfahren, die ebenfalls nicht aus dem Palast, sondern anderswoher zu kommen scheinen. Sie übertragen die Entscheidungsfindung in Rechtsfällen nicht dem König oder dessen Beauftragten, sondern den Leviten.

Der Autor des 5. Buches Mose läßt sich also offenbar mit höherer Wahrscheinlichkeit im israelitischen Priesterstamm, d. h. unter den Leviten, finden als unter den königlichen Hofleuten. In vielen Punkten scheint das Buch in ihrem Sinne verfaßt worden zu sein. Es beginnt mit den Gesetzen zur Zentralisierung der Religion, die es Laien verbietet, Opfer selbst durchzuführen. Es verlangt mehrfach vom Volke, für die Leviten zu sorgen. Es enthält Gesetze über den religiösen Zehnten und religiöse Opfergaben. Es verlangt, daß der König sein Exemplar des Gesetzes im Beisein der Leviten abschreibt. Es erklärt die Leviten zum rechtmäßigen Priesterstamm. Es befaßt sich regelmäßig mit den Interessen dieser Gruppe. Aus diesem Grund haben die meisten Forscher den Gesetzeskodex des 5. Buches Mose auf die eine oder andere Art den Leviten zugeschrieben.

Welche Priester?

Aber welche Leviten? Es hatte in Israel und Juda ja mehrere unterschiedliche Priesterkreise gegeben. In Jerusalem amtierte eine Priesterschaft, deren Angehörige als Nachkommen Aarons galten. In Beth-El amtierten Priester, die von König Jerobeam ernannt worden waren. Außerdem gab es die Leviten des nördlichen Königreiches, die in Silo amtiert hatten. Es gab die ländlichen Leviten, den Ortsklerus, der während der längsten Zeit der Geschichte Israels und Judas auf den verschiedenen Höhen amtierte. Halpern stellt die Frage: Auf welches priesterliche Haus und auf welche Zeitspanne läßt sich die Suche nach dem Verfasser des deuteronomischen Gesetzeskodex eingrenzen?

Daß der Verfasser unter den Jerusalemer Tempelpriestern zu finden sein würde, war unwahrscheinlich. Natürlich hätte diese Gruppe eine Zentralisierung der Religion in ihrem Tempel als gute Idee begrüßt, aber diese Gruppe war andererseits aaronitisch, führte ihre Abstammung auf Aaron zurück und unterschied zwischen den Aaroniten und allen übrigen Leviten. Der Gesetzeskodex im Deuteronomium trifft jedoch keine solche Abgrenzung unter den levitischen Familien; mehr noch, er erwähnt nirgends den Namen Aaron. Er erwähnt zudem weder die Bundeslade noch die Cherubim oder andere religiöse Gerätschaften, die sich im Tempel von Jerusalem befanden. Er erwähnt auch nicht das Amt des Hohepriesters, und der Hohepriester von Jerusalem war seit dem Tag, als König Salomo den Priester Abjarthar verbannte und den aaronitischen Priester Zadok zum alleinigen Hohepriester machte, immer ein Aaronit. Der Gesetzeskodex des 5. Buches Mose repräsentiert also zu keiner Zeit den Standpunkt der aaronitischen Priester.

Die Gesetze geben aber auch nicht die Ansichten der Priester wieder, die in den zweihundert Jahren zwischen Jerobeam und dem Untergang Israels 722 v. Chr. in Beth-El tätig waren. Diese Priester waren keine Leviten. Die Gesetze des 5. Buches Mose bevorzugen die Leviten und ließen *nur* die Leviten als rechtmäßige Priester gelten.

Der Verfasser des deuteronomischen Gesetzeskodex kam aber auch nicht aus den Reihen der ländlichen Leviten. Das erste und vielleicht vorrangige Gesetz des Kodex betrifft die Zentralisierung der Religion, die Forderung, daß alle Opfer an einem zentralen Altar dargebracht werden sollen. Dieses Gesetz brachte aber die ländlichen Leviten um ihren Lebensunterhalt. Es bedeutete die Zerstörung der ›Höhen‹, auf denen sie tätig waren. Der deuteronomische Gesetzeskodex zeigt *Anteilnahme* für diese Leviten; er verpflichtet das Volk, für sie zu sorgen. Er gewährt ihnen aber als Priester keine *Rechte*. Das heißt, er erlaubt ihnen nicht, offiziell als Priester zu fungieren und an der zentralen Anbetungsstätte zu opfern. Die Person, die die Gesetze des 5. Buches Mose schrieb, vertrat mit Sicherheit nicht die Interessen dieser Gruppe.

Die Priester von Silo

Daher mußte man den Autor des 5. Buches in einer Gruppe suchen, die (1) eine Zentralisierung der Religion wollte, aber nicht an die Bundeslade oder an die Jerusalemer Priesterschaft gebunden war; (2) den Lebensunterhalt aller Leviten sichern wollte, aber nur einer Gruppe von *zentralen* Leviten Priesterrechte einräumte; (3) das Königtum anerkannte, die Herrschaftsgewalt des Königs jedoch einschränken wollte; (4) Kriegsbelange auf vormonarchistische Art behandelte.

Das klingt nach den Priestern von Silo — derselben Gruppe, von der E herrührt.

Die Priester von Silo glaubten an eine Zentralisierung der Gottesverehrung, weil Silo zu Samuels Zeiten das religiöse Zentrum des Volkes gewesen ist.

Sie verbanden die Zentralisierung nicht mit der Bundeslade oder der Priesterschaft von Jerusalem, weil ihr Anführer Abjarthar von König Salomo aus Jerusalem verbannt wurde und die Jerusalemer Priesterschaft seither aaronitisch war.

Sie bestanden darauf, daß nur die Leviten rechtmäßige Priester waren, weil sie selbst Leviten waren und von Nicht-Leviten in Beth-El kaltgestellt worden waren.

Sie hatten gute Gründe, dem Volk vorzuschreiben, für bedürftige Leviten zu sorgen, weil sie bedürftige Leviten ohne Land und Beschäftigung *waren*. Sie erkannten einen König an, weil ihr Führer Samuel die ersten beiden Könige von Israel berufen und gesalbt hatte. Sie wollten Einschränkungen der königlichen Gewalt, weil Samuel die Monarchie nur zögernd anerkannt, und die Könige Salomo und Jerobeam sie schlecht behandelt hatten.

Sie hielten an einer vormonarchistischen Einstellung in militärischen Fragen fest und zogen einer Berufsarmee die Aufgebote der Stämme vor, weil mit der Berufsarmee die Könige unabhängig und mächtig geworden und nicht mehr auf die Unterstützung des Volkes angewiesen waren.

Wahrscheinlich war also zumindest der Gesetzeskodex des 5. Buches Mose von jemandem geschrieben worden, der den Priestern von Silo verbunden war. Er mußte nicht unbedingt als frommer Betrug kurz vor seiner Auffindung durch Hilkia geschrieben worden sein. Er spiegelte die Interessen der Priester von Silo praktisch aller Epochen nach der Teilung von Israel und Juda.

Andere Gelehrte vor Halpern hatten bemerkt, daß das 5. Buch Mose vor der Zerstörung des Königreiches durch die Assyrer in Israel geschrieben und dann 722 v. Chr. in den Süden nach Juda gebracht worden sein könnte. Aber, so fragte Halpern, was heißt eigentlich ›in den Süden nach Juda gebracht‹? Wenn der Gesetzeskodex wirklich von einer entmachteten Priestergruppe in einem anschließend zerstörten Königreich geschrieben wurde, wie konnte dieses Dokument dann in den Tempel in Juda gelangen? Wie wurde es zum Gesetz des Landes?

Es war notwendig, das Schicksal dieser Schrift zurückzuverfolgen und in Erfahrung zu bringen, was dann mit ihr geschah. Die Forschungen zu der Frage, wie der Gesetzeskodex in die Mitte des Textes vom 5. Buch Mose gelangte, führten zur Erkenntnis eines noch engeren Zusammenhangs mit Silo. Sie führten auch zur Entdeckung der Identität des Deuteronomikers selbst.

Der Zusammenhang mit Silo

Der deuteronomische Geschichtsschreiber nahm den Gesetzeskodex und setzte eine Einleitung hinzu. Die Einleitung, 5. Mose 1-11, gibt sich zunächst als Abschiedsrede von Mose aus und läßt Mose dann die Hauptereignisse jener vierzig Jahre, die er mit dem Volk zusammen verbrachte, Revue passieren.

Anschließend präsentiert der Autor des Deuteronomiums Mose dem Volk als Überbringer des Gesetzeskodex von 5. Mose 12-26 und fügte mit 5. Mose 27-28 eine Liste an mit Segnungen und Flüchen für das Befolgen bzw. Nichtbefolgen des Kodex.

Dann setzte er einen Schluß über Moses letzte Worte und Taten hinzu. Mose spricht dem Volk Mut zu. Er schreibt ›diese *Thora*‹ auf eine Schriftrolle. Er übergibt sie den *Leviten*. Er befiehlt ihnen, sie sollen sie *an die Seite der Lade des Bundes* legen. Dann stirbt er.

Der deuteronomische Geschichtsschreiber stellte das Deuteronomium sodann an den Anfang der Geschichte, die sich durch die Bücher Josua, Richter, Samuel und Könige zieht. Und schließlich verfaßte er das dramatische Finale: der Priester Hilkia findet das Buch, und König Josia erfüllt seine Bestimmungen.

Inwiefern unterstreicht das nun den Zusammenhang mit Silo? Weil sich zeigt, daß der deuteronomische Geschichtsschreiber persönlich mit den Priestern von Silo verbunden war.

Erstens einmal scheint dem deuteronomischen Geschichtsschreiber dieselbe bewunderungslose Haltung gegenüber der aaronitischen Priesterschaft zu eigen wie den Priestern von Silo. In Einführung und Schluß des 5. Buches Mose erwähnte er Aaron nur zweimal: einmal, um mitzuteilen, daß er gestorben ist[3], und einmal, um anzuführen, daß Gott im Zusammenhang mit dem goldenen Kalb so erzürnt war, daß er ihn vernichten wollte.[4] Obendrein brachte der Deuteronomiker mit der Anspielung auf die schneeweiße Mirjam noch eine Erzählung ein, in der Aaron sich schlecht verhielt und Gott zornig auf ihn war.[5]

Zweitens teilten der Deuteronomiker – und sein Held, König Josia – die Antipathie der Priester von Silo gegen Salomo und Jerobeam, die beiden Könige, die die Siloniten um Stellung und Autorität gebracht hatten. Salomo betreffend vermerkte der Geschichtsschreiber, er habe im Alter übel getan, sich der heidnischen Religion zugewandt, der sidonischen Göttin Asthoreth, dem moabitischen Gott Kamos und dem ammonitischen Gott Milkom Folge geleistet und diesen Göttern auf dem Hügel vor Jerusalem Höhen errichtet.[6] Am Ende der Historie berichtet der Geschichtsschreiber schließlich, daß es ein Bestandteil der Reformen Josias war, diese Höhen zu zerstören. Seine Wortwahl zeigt deutlich, daß er Salomos Handlungen so negativ wie möglich darstellen wollte. Er schrieb, daß Josia

> die Höhen, die vor Jerusalem waren ... die Salomo, der König Israels, gebauet hatte Asthoreth, *dem Greuel von Sidon,* und Kamos, *dem Greuel von Moab,* und Milkom, *dem Greuel der Kinder Ammon,* verunreinigte ...[7]

Soviel zu Salomo. Der Deuteronomiker äußerte sich ebenfalls kritisch über Jerobeams religiöse Brutalität, nämlich über die Höhen des goldenen Kalbes in Dan und Beth-El, und er berichtete, daß Josia zumindest auch die Höhe von Beth-El zerstörte.[8]

Die Priester von Silo konnten von Josia gar nicht mehr erwartet haben. Er machte das Unrecht wieder gut, das ihnen dreihundert Jahre zuvor angetan worden war. Und der deuteronomische Geschichtsschreiber beschrieb diesen König als den Höhepunkt der Geschichte von dreihundert Jahren.

Jeremia

Es gab noch einen Menschen, der sowohl mit König Josia als auch mit der Deuteronomischen Historie verbunden war. Diese Verbindung unterstreicht noch einmal den Zusammenhang mit Silo und brachte uns bei der Suche nach der Identität des Deuteronomikers einen Schritt weiter. Dieser Mensch war der Prophet Jeremia.

Dem Buch Jeremia zufolge bewunderte dieser Prophet den König Josia und begann als Prophet unter Josias Herrschaft zu wirken.[9] Wie es im Buch der Chronik heißt, schreibt Jeremia ein Klagelied, als Josia ums Leben kam.[10]

Jeremia war mit den Ratgebern Josias assoziiert, die mit dem ›Buch der *Thora*‹ zu tun hatten. Man muß sich in Erinnerung rufen, daß der Priester Hilkia das Buch entdeckt und der Schreiber Saphan es zum König gebracht und ihm vorgelesen hatte. Als Jeremia an die Vertriebenen von Babylon schrieb, wurde sein Brief durch Gemarja, den Sohn des *Hilkia*, und Eleasa, den Sohn des *Saphan*, überbracht.[11] Als Jeremia eine Schriftrolle mit Prophezeiungen gegen Josias Sohn Eljakim schrieb, wurde sie in der Kammer von Gemarja, dem Sohn des Saphan, verlesen.[12] Gemarja, Sohn des Saphan, stand Jeremia in den kritischen Augenblicken seines Lebens genauso zur Seite wie Ahikam, Sohn des Saphan, der Jeremia vor der Steinigung rettete.[13] Und als Gedalja, Sohn von Ahikam und Enkel von Saphan, von Nebukadnezar zum Statthalter von Juda ernannt wurde, nahm er Jeremia in seinen Schutz.[14]

Jeremia war also mit Josia und dem Buch der *Thora* assoziiert. Was hat das aber mit einer Verbindung zu Silo zu tun?

Zunächst einmal ist Jeremia derjenige Prophet in der Bibel, der Silo erwähnt. (Viermal.)[15]

Zum zweiten bezeichnet er Silo als ›den Ort ..., da ... mein [Gottes] Name gewohnet hat‹, und das ist der deuteronomische Ausdruck für die zentrale Anbetungsstätte.[16]

Drittens haben wir von der Priesterschaft in Silo als letztes gehört, daß ihr Anführer Abjarthar, einer von Davids zwei Hohepriestern, von Salomo aus Jerusalem vertrieben wurde. Salomo verbannte Abjarthar auf seinen Familienbesitz in der Stadt Anathoth, die bis auf den heutigen Tag als kleines Dorf vor den Toren Jerusalems existiert. In Anathoth konnte Abjarthar wahrscheinlich unter Aufsicht gehalten werden, so daß er keinen Ärger verursachen konnte; denn Anathoth war eine Stadt der aaronitischen Priester.[17] Worin besteht nun die Verbindung zwischen dem Ende des letzten Anführers von Silo in Anathoth einerseits und Jeremia und dem von Hilkia aufgefundenen Buch andererseits? Der erste Vers des Buches Jeremia lautet:

> Dies sind die Reden Jeremias, des Sohns *Hilkia*, aus den Priestern zu *Anathoth*.

Jeremia, der Prophet, der Josia wohlgesinnt war, den Leuten nahestand, die die *Thora* gefunden haben, und Silo als die alte und große zentrale Anbetungsstätte bezeichnete, war ein Priester aus Anathoth. Und sein Vater war ein Priester namens Hilkia. (Um die Sache im Sinne unserer Beweisführung nicht überzubewerten: Wir wissen nicht, ob Jeremias Vater jener Priester Hilkia war, der das Buch gefunden hat.) Und die Bewohner von

Anathoth, einer aaronitischen Stadt, standen Jeremia feindlich gegenüber.[18]

Jeremia ist ein Priester, aber er opfert nie — auch das stimmt mit der Lage der Priester von Silo überein. Er ist auch der einzige Prophet, der auf die Erzählung von Moses eherner Schlange anspielt.[19] Die Erzählung von der Schlange stammt aus E, der Quelle aus Silo. König Hiskia hatte diese Schlange zerstört. Daß er eine alte Reliquie zerstört hat, die mit Mose selbst in Verbindung gebracht wurde, war für die Priester von Silo wahrscheinlich ein harter Schlag. Sie waren es, die diese Geschichte erzählt haben, sie hielten Mose in besonderer Hochachtung, und sie waren möglicherweise Moses Nachkommen. König Josia, der Liebling der Priester von Silo, aber hatte sich bezüglich der ehernen Schlange anders verhalten als Hiskia. Die hebräische Bezeichnung für die eherne Schlange war ›Nehustan‹. Josia verheiratete seinen Sohn mit einer Frau, die möglicherweise dem Silo-Kreis nahestand; sie hieß nämlich Nehusta.[20]

Zu Halperns Beobachtungen möchte ich noch hinzufügen, daß Jeremia nicht nur der einzige Prophet ist, der Silo erwähnt und auf die eherne Schlange von Mose anspielt; er ist auch der einzige Prophet, der Samuel erwähnt, den Priester-Propheten-Richter, der die bedeutendste Persönlichkeit in der Geschichte Silos war. Jeremia spricht von Samuel und Mose als den beiden großen Männern in der Geschichte des Volkes.[21]

Es gibt noch etwas, das den Propheten Jeremia mit dem 5. Buch Mose und den damit zusammenhängenden Ereignissen verbindet; dabei handelt es sich wahrscheinlich um den überzeugendsten Beweis überhaupt. Wie viele traditionelle und kritische Leser bemerkt haben, scheint das Buch Jeremia in verschiedenen Punkten in derselben Sprache und unter demselben Blickwinkel geschrieben zu sein wie das 5. Buch Mose. Teile von Jeremia sind dem 5. Buch Mose so ähnlich, daß es schwerfällt zu glauben, beide seien nicht von derselben Person geschrieben worden. Hier einige Beispiele:

Deuteronomium	Jeremia
Und wenn du der Stimme Jahwes, deines Gottes gehorchen wirst ... (5. Mose 28,1)	So ihr mich hören werdet, spricht Jahwe (Jeremia 17,24)
So beschneidet nun eures Herzens Vorhaut ... (5. Mose 10,16)	Beschneidet euch Jahwe, und thut weg die Vorhaut eures Herzens ... (Jeremia 4,4)
... das ganze Heer des Himmels ... (5. Mose 4,19; 17,3)	... allem Heer des Himmels ... (Jeremia 8,2;19,13)
... und aus dem eisernen Ofen, nämlich aus Ägypten, geführet ... (5. Mose 4,20)	... des Tages, da ich sie aus Ägyptenland führte, dem eisernen Ofen ... (Jeremia 11,4)
... von ganzem Herzen und von ganzer Seele ... (5. Mose 4,29; 10,12; 11,13; 13,4)	... von ganzem Herzen und von ganzer Seele ... (Jeremia 32,41)

In Anbetracht so vieler gewichtiger Beweise zog Halpern den Schluß, daß der Gesetzeskodex des 5. Buches Mose von den levitischen Priestern aus Silo stammte. Die Beweise deuten auch darauf hin, daß diese Gruppe mit der gesamten Deuteronomischen Historie, die sieben Bücher der Bibel umfaßt, sowie mit dem Buch Jeremia — wenigstens teilweise — in Verbindung zu bringen ist.

E und D

Halperns Forschungen zu D und meine eigenen Untersuchungen zu E ergänzten einander. Wir hatten zwei biblische Quellen mit derselben Gruppe identifiziert: die Priester von Silo. Und es ist eine Tatsache, daß diese beiden Quellen, E und D, viele Gemeinsamkeiten haben.

Beide bezeichnen den Berg, zu dem Mose und das Volk in der Wüste wandern, als Horeb[22] (im Gegensatz zu J und P, die ihn Sinai nennen).

Beide verwenden den bedeutsamen Ausdruck ›Ort, an welchem Jahwe seines Namens Gedächtnis stiften wird‹ (oder ›daß er seinen Namen daselbst lässet wohnen‹ oder ›daß sein Name daselbst wohne‹).[23] (Der Ausdruck taucht bei J und P nicht auf.)

Beide werten Mose als gut, sogar mehr als gut. Er steht an einem Wendepunkt der Geschichte, an dem er eine wesentliche Rolle spielt. Seine Persönlichkeit wird sorgfältig und ausführlich aufgebaut. (Bei J und P gibt es nichts Vergleichbares.)

Beide messen der Rolle der Propheten große Bedeutung bei — was verständlich ist angesichts der Tatsache, daß zu ihren Helden solche Gestalten wie Mose, Samuel, Ahia und später Jeremia zählten. (Selbst der Begriff ›Prophet‹ kommt in P nur einmal, und in J überhaupt nicht vor.)

Beide bevorzugen und unterstützen die Leviten. (In J werden die Leviten zur Strafe dafür, daß sie die Leute von Sichem umgebracht haben, zerstreut; in P sind die Leviten von der aaronitischen Prieserfamilie abgetrennt und niedriger eingestuft.)

Beide werten Aaron als schlecht und beziehen sich dabei auf die Geschichte vom goldenen Kalb und die Geschichte von der schneeweißen Mirjam. (In J oder P sind beide Vorfälle nicht erwähnt.)

Die Priester von Silo

Die Gesetze und Erzählungen von D waren daher ebenso mit dem Leben in der biblischen Welt verknüpft wie J und E. Sie brachten die Überzeugungen und Hoffnungen einer alten und vornehmen Priesterfamilie nach Generationen voller Enttäuschungen zum Ausdruck. Und in den späteren Teilen (Dtr[1]) spiegelten sie einen Freudentag, als durch König Josia einige Mitglieder dieser Familie am Ende erneut machtvolle und geachtete Positionen erlangten.

Nun ließe sich die Frage stellen: Konnten die Priester von Silo in den dreihundert Jahren, in denen sie von der Macht ausgeschlossen waren, ohne ein großes religiöses Zentrum ihre Identität bewahren? Antwort: ja. Das ist in der Geschichte vieler Länder in unerschiedlichsten Epochen bei Familien und insbesondere bei politisch aktiven Familien häufig vorgekommen. Es gibt sogar Familien, die bis auf den heutigen Tag ihre Herkunft auf die biblischen Priester oder Leviten zurückführen, obwohl diese Gruppen seit neunzehnhundert Jahren keine Macht mehr besitzen. Die Priesterfamilien des biblischen Israel und Juda sind sich überdies in besonderem Maße ihrer Abstammung bewußt gewesen, da das priesterliche Amt selbst erblich war. Darüber hinaus waren die Priester von Silo mit hoher Wahrscheinlichkeit

Musiter — d. h. Nachkommen von Mose —, und eine Familie mit so berühmten und vornehmen Vorfahren würde sich ihres Erbes noch bewußter gewesen sein.

Im übrigen kann speziell das Schicksal der silonitischen Priester während dieser Jahrhunderte die Eigentümlichkeiten der Quellen erklären. Beispielsweise wird die Bundeslade in E und im Deuteronomischen Gesetzeskodex nicht erwähnt, die beide zu einer Zeit geschrieben wurden, als die Priester von Silo keinen Zugang zur Bundeslade hatten. Die Bundeslade *wird* jedoch in den Teilen des 5. Buch Mose erwähnt, die unter der Herrschaft von Josia geschrieben wurden (Dtr[1]), als die Siloniten Zugang zur Bundeslade *hatten*.

Die Priester von Silo bildeten allem Anschein nach eine Gruppe mit einer ununterbrochenen literarischen Tradition. Sie schrieben und bewahrten Texte über Jahrhunderte hinweg: Gesetze, Erzählungen, historische Berichte und Dichtungen. Sie waren mit Schreibern verbunden. Sie hatten scheinbar auch Zugang zu Archiven überlieferter Texte. Möglicherweise unterhielten sie selbst solche Archive, wie es später eine andere entmachtete Priestergruppe in Qumran tat. Die Archive in Qumran, besser bekannt als die Schriften vom Toten Meer, enthielten die Sammlung von Gesetzen, Erzählungen und Dichtungen der Qumran-Gruppe; und auch dazu gehörte ein Gesetzeskodex, der zu einer Zeit Anwendung finden konnte, wenn die Qumran-Gruppe in Jerusalem wieder eine geachtete Stellung erlangen würde: das Tempelbuch, das der Archäologe Yigael Yadin 1977 entdeckte und veröffentlichte.

Die Entstehung der Deuteronomischen Historie

Der deuteronomische Geschichtsschreiber stellte seine Historie zur Zeit König Josias aus den ihm zur Verfügung stehenden Texten zusammen. Den Anfang seiner Historie bildete das Deuteronomium, den Schluß die Erzählung von Josia.[24] Die Art, wie er mit den dazwischen liegenden Texten umging, demonstriert den Einfluß, den die Ereignisse des Altertums auf die Art und Weise ausübten, wie die Erzählung der Bibel geschrieben wurde.

Er nahm Texte, in denen die Geschichte von der Ankunft seines Volkes im Lande erzählt wurde – die Geschichten von Josua, Jericho und der Eroberung des Landes – und fügte zu Beginn und am Ende einige Zeilen hinzu, um die Erzählung in ein bestimmtes Licht zu rücken. Daraus wurde das Buch Josua.

Dasselbe tat er mit der nächsten Gruppe von Texten, in der die Geschichte der ersten Jahre des Volkes im Land erzählt wurde: die Geschichten von Debora, Gideon und Simson. Daraus wurde das Buch der Richter.

Als nächstes kamen die Geschichten von Samuel und Silo: die Erzählungen von Saul und David, den ersten Königen. Daraus wurde das 1. Buch Samuel.

Im Anschluß daran ordnete er die Hofgeschichte Davids ein. Sie wurde zum 2. Buch Samuel.

Danach nahm er verschiedene Texte, in denen die Geschichte der Könige nach David erzählt wurde, und er fügte sie zu einer fortlaufenden Geschichte zusammen, die bis in die Zeit seines eigenen Königs, Josia, reichte. Daraus wurde das 1. und 2. Buch der Könige.

Ich konnte diesen Aufriß seines Werkes bestimmen, indem ich die Zeilen isolierte, die er zu den Archivtexten hinzugefügt hatte. Sie lassen sich heute nur durch eine sorgfältige Prüfung von Wortwahl, Grammatik, Syntax, Thematik und literarischer Struktur aus dem Puzzle herauslösen. Ich beziehe mich hier nur auf solche Zeilen, bei denen eine solche Klärung mit relativ hoher Sicherheit möglich ist. Wir definieren keine Zeile vorschnell als Einschub; im allgemeinen müssen zwei oder mehr solcher Indizien gegeben sein. Es ist beeindruckend, wenn man die eingeschobenen Zeilen liest und erkennt, wie der Herausgeber einer sechshundertjährigen Geschichte nur durch wenige kurze Einfügungen Form und Richtung verlieh – durch kurze, doch sorgsam formulierte und kunstvoll eingearbeitete Einschübe.

Im Buch Josua finden sich die Einschübe in Gottes ersten Worten an Josua, als Josua an Moses Stelle tritt; an einer Stelle über eine Bundeszeremonie des Volkes, die Josua am Berge Ebal leitet; und in Reden, die Josua vor seinem Tode vor dem Volk hält.[25] Sämtliche eingefügten Zeilen beziehen sich auf die *Thora* von Mose. Sie heben hervor, daß Josua jedes einzelne Wort dem Volk vorgelesen und in Stein gemeißelt hat. Sie sprechen die Warnung aus, daß das Schicksal des Volkes in diesem Land davon abhängt, wie aufmerksam das Volk diese Worte befolgt.

Der Einschub zu Beginn des Buches stellt fest, daß das Volk es versäumt hat, Jahwe zu folgen, daß sie sich anderen Göttern zugewandt haben, daß Jahwe deshalb anderen Völkern den Sieg verliehen hat über sie, daß sie dann ihre Untreue bereut haben, daß Jahwe ihnen vergeben und ihnen einen Richter gesetzt hat, um sie zu retten.

Dieses Muster von Untreue-Niederlage-Buße-Vergebung wurde zu einem *Leitmotiv*, in das alle Erzählungen des Buches Richter eingepaßt sind. Der deuteronomische Geschichtsschreiber schob an nachfolgenden Stellen im Buch der Richter dann weitere kurze Bemerkungen ein, die dokumentierten, daß dieses Muster in der Geschichte gültig war. Das heißt, er merkte an, daß Mißlichkeiten, unter denen das Volk zu leiden hatte, die Folge seiner Untreue waren.[26]

Somit verdeutliche der deuteronomische Geschichtsschreiber mit nur wenigen Zeilen in den Büchern Deuteronomium, Josua und Richter, daß (1) Gott dem Volk Anweisungen gegeben hat, (2) das Volk gewarnt worden ist, daß sein Schicksal von der Erfüllung dieser Anweisungen abhängt, und (3) seine folgende Geschichte eine Aufzeichnung ist, wie es ihm erging, wenn es diese Warnung beachtete bzw. nicht beachtete.

Im 1. Buch Samuel nahm der deuteronomische Autor wenige, aber wichtige Einschübe vor. Wie beim Buch Josua fügte er sie in Reden ein, die in wichtigen historischen Augenblicken gehalten wurden: in Samuels Rede an das Volk nach der Aufstellung der Bundeslade; in Jahwes Anweisungen an Samuel, dem Volk einen König zu geben; und in Samuels Rede an das Volk am Tage der Einsetzung der Monarchie. Jeder dieser Einschübe berührte einzig und allein die Treue des Volkes zu Jahwe.[27]

Im 2. Buch Samuel machte er nur die Einfügung über die Verheißung des David'schen Bundes, daß David und seine Nachkommen den Thron behalten würden, *ewiglich* und *bedingungslos*.[28]

Im Buch der Könige sah er sich einer schwierigen Aufgabe gegenüber. Er schob nicht einfach nur einige Zeilen in einen ansonsten fortlaufenden Text ein. Diesen Teil seiner Historie mußte er aus mehreren unterschiedlichen Texten seines Archivs zusammenstellen. Offenbar gab es keine einheitliche Historie der beiden Königreiche Israel und Juda. Es gab nur die Geschichtsschreibung des einen oder des anderen Königreiches. Der Deuteronomiker nahm eine Geschichte der Könige von Israel und eine Geschichte der Könige von Juda, trennte sie auf und verwob sie miteinander.

So erzählt er beispielsweise die Geschichte von Asa, dem König von Juda. Zum Schluß dieser Geschichte wendet er sich Israel zu und sagt: »Im acht und dreißigsten Jahr Asas, des Königs Judas, ward Ahab, der Sohn Omris, König über Israel.«[29] Dann erzählt er die Geschichte von Ahab, dem König von Israel, und blendet schließlich wieder zurück nach Juda. »Und Josaphat, der Sohn Asas, ward König über Juda im vierten Jahr Ahabs, des Königs Israels.«[30] Und so weiter.

Er vereinigte die Erzählungen, indem er jede mit der Formulierung begann: »Er that, das Jahwe übel gefiel« oder »Er that, was Jahwe wohlgefiel«. Und der Geschichtsschreiber vermittelte in seiner Erzählung immer nur die Informationen, die er über jeden König als wichtig erachtete. Die Leser, die eventuell mehr erfahren wollten, verwies er auf seine Quellen, indem er beispielsweise angab: »Was mehr von Ahab zu sagen ist, und alles, was er getan hat ..., siehe das ist geschrieben in der Chronik der Könige Israels.«[31]

Er zeichnete also nicht nur einfach Annalen auf. Er schrieb eine Historie seines Volkes, eine Historie, die einem Zweck entsprach und eine Botschaft hatte. Mit einigen weiteren Einschüben in diese Bücher machte er diese Botschaft ganz deutlich. Er fügte einige weitere Bezüge zu dem davidischen Bund ein, von denen ich einige zu Beginn dieses Kapitels zitiert habe. Sie betonten nochmals die ewige und bedingungslose Verheißung dieses Bundes, daß Davids Familie immer eine ›Leuchte‹ haben sollte, selbst wenn sie übel tat. Das war ein interessanter Punkt, den der deuteronomische Geschichtsschreiber ausbauen konnte. Er versetzte ihn in die Lage, die Könige von Juda für ihre Sünden zu tadeln und doch die historische Tatsache erklären zu können, warum ihre Familie jahrhundertelang auf dem Thron blieb.

Der Bund

Moderne Forscher waren von den Einschüben, die den davidischen Bund betrafen, verwirrt. Manchmal wiederholten diese Einfügungen die Verheißung, daß die davidischen Könige immer regieren würden, selbst wenn sie sündigten; manchmal schienen sie aber gerade das Gegenteil auszusagen, daß die Könige nämlich nur dann regieren könnten, wenn sie *nicht* sündigten.

So sagt beispielsweise die Verheißung des Bundes in 2. Samuel 7 unmißverständlich aus, daß dem König der Thron gesichert ist, selbst wenn er sündigt:

> Wenn er eine Missethat thut, will ich ihn mit Menschenruten und mit der Menschenkinder Schlägen strafen; aber meine Barmherzigkeit soll nicht von ihm entwandt werden ... Aber dein Haus und dein Königreich soll beständig sein ewiglich vor dir, und dein Stuhl soll ewiglich bestehen.

Die Verheißung des Bundes in 1. Könige 8,25 dagegen hält fest, daß der Besitz des Thrones vom Verhalten des Königs abhängt:

> Es soll dir nicht gebrechen an einem Mann vor mir, der da sitze auf dem Stuhl Israels, *so doch,* daß deine Kinder ihren Weg bewahren, daß sie vor mir wandeln, wie du vor mir gewandelt bist.

Wie konnte der Deuteronomiker Zeilen einfügen, die einander so eklatant widersprechen? War der Bund nun an Bedingungen geknüpft oder nicht?

Wenn wir sämtliche Stellen überprüfen, die den davidischen Bund erwähnen, so stellen wir fest, daß alle Stellen, *in denen Bedingungen genannt sind,* davon sprechen, daß der König den *Thron Israels* behalten soll. Alle Stellen, in denen *keine Bedingungen* genannt sind, sprechen davon, daß der König *den Thron* behält. Dieser winzige Unterschied im Wortlaut war für den Autor gar nicht so klein. Er hatte die geschichtliche Tatsache zu berücksichtigen, daß Davids Familie anfangs das gesamte vereinigte Königreich Israel regierte, daß sie dann aber außer ihrem eigenen Stamm Juda alles verloren hatte. Also beschrieb er die Verheißung des Bundes an David teils mit und teils ohne Bedingungen. Der Thron von Juda in Jerusalem war nicht an Bedingungen geknüpft. Er sollte Davids Nachkommen ewiglich gehören. Aber der Thron des gesamten Israel sollte ihnen nur dann gehören, wenn sie sich seiner würdig erwiesen. Sie erwiesen sich dann seiner nicht als würdig. Also verloren sie ihn.

Der Deuteronomiker fügte diesem Punkt noch eine kleine rätselhafte Wendung hinzu. Als er ausführte, wie der Prophet Ahia von Silo den Davididen den Thron

Israels wegnahm und ihn Jerobeam gab, ließ er Ahia zu Jerobeam sagen:

> ... und will dir Israel geben, und will den Samen Davids deswegen demütigen, *doch nicht ewiglich.*[32]

Ahia scheint zu behaupten, daß der Verlust Israels für die davidischen Könige nicht von ewiger Dauer sei. Und tatsächlich, König *Josia* versuchte, das nördliche Territorium von Israel zurückzuerobern. Wiederum also hatten die Ereignisse der biblischen Welt Einfluß auf die Art und Weise, wie ein biblischer Autor die Geschichte erzählt hat. In diesem Fall hatte eine politische Wende des Landes Einfluß darauf, wie der Verfasser den Bund zwischen Gott und seinem gesalbten König, seinem Messias, formulierte — was zu einem der zentralen Elemente von Judentum und Christentum wurde. Der Mann, der die Deuteronomische Historie zusammenstellte, war ebenso wie die Verfasser von J, E und dem deuteronomischen Gesetzeskodex untrennbar mit den Problemen seiner Umwelt verwachsen, mit ihren freudigen Momenten wie mit ihren Katastrophen. Und diese Probleme und Ereignisse wirkten sich darauf aus, wie er Gott und die Geschichte darstellte.

Man könnte meinen, daß sich dieser Autor damit eines ›frommen Betruges‹ schuldig gemacht hat, indem er einen Bund zwischen Gott und König David beschreibt und sich seine Bedingungen so ausdenkt, daß sie zu späteren geschichtlichen Ereignissen passen. Mir stellt sich das etwas anders dar. Der deuteronomische Geschichtsschreiber hat die Überlieferung des davidischen Bundes nicht selbst erfunden. Er hat lediglich darüber geschrieben. Die *Überlieferung* war viel älter als er. Überlieferungen vom davidischen Bund tauchen in einigen biblischen Psalmen auf, die geschrieben wurden, bevor der Deuteronomiker überhaupt seine Feder zur Hand nahm.[33] Außerdem ist es schwer vorstellbar, daß dem Deuteronomiker 622 v. Chr. die Erfindung eines davidischen Bundes und die Behauptung abgenommen worden wäre, daß es diesen schon seit vierhundert Jahren gebe, ohne daß irgend jemand je davon gehört hätte. Wer hätte ihm denn geglaubt? Der Prozeß der Geschichtsschreibung war sehr viel komplizierter. Der Deuteronomiker mußte sich sowohl nach den Ereignissen als auch nach der Überlieferung richten. Seine Aufgabe bestand darin, die Geschichte aufzuzeichnen, sie aber auch im Licht der Überlieferung zu interpretieren.

So wird Geschichte geformt

Der deuteronomische Geschichtsschreiber entwickelte in den Büchern der Könige außer dem davidischen Bund noch andere Themen. An verschiedenen Stellen bezeichnete er Jerusalem und seinen Tempel als den ›Ort, daß Jahwe seinen Namen daselbst lässet wohnen‹ — was bedeutet, daß er die Sprache des deuteronomischen Gesetzeskodex verwendet hat. In dem Gesetzeskodex bezeichnet der Ausdruck ›Ort, daß Jahwe seinen Namen daselbst lässet wohnen‹ die eine zentrale Stätte, an der sämtliche Opferhandlungen stattfinden sollten. Der deuteronomische Geschichtsschreiber machte damit klar, daß der Tempel in Jerusalem tatsächlich zu dieser Stätte geworden war. Außerdem fügte er weitere Bezüge auf die *Thora* hinzu.

Und so formte er seine Geschichte seines Volkes rund um die Themen (1) der Treue zu Jahwe, (2) des davidischen Bundes, (3) der Zentralisierung der Religion im Tempel zu Jerusalem, und (4) der *Thora*. Und dann deutete er die wichtigsten geschichtlichen Ereignisse unter dem Blickwinkel dieser Faktoren. Warum wurde das Königreich geteilt? Weil Salomo von Jahwe und seiner *Thora* gelassen hatte. Warum behielten Davids Nachkommen Jerusalem und Juda? Weil Gott David eine bedingungslose Bundesverheißung gegeben hatte. Warum fiel das nördliche Königreich Israel? Weil das Volk und seine Könige sich nicht an die *Thora* hielten. Warum bestand Hoffnung auf die Zukunft? Weil die *Thora* unter Josia wiederentdeckt wurde und ihre Bestimmungen nun erfüllt würden wie nie zuvor. Sämtliche wichtigen Themen des Deuteronomikers – Treue, *Thora*, Zentralisierung, David'scher Bund – fanden ihren Höhepunkt in Josia.

Und dann kam Josia durch einen ägyptischen Pfeilschuß ums Leben.

KAPITEL 7

Ein Priester im Exil

JOSIA, der Held und Kulminationspunkt der Deuteronomischen Historie, war tot.

Nach zweiundzwanzig Jahren wirkte die Deuteronomische Historie wie pure Ironie, wenn nicht gar albern. Die Baylonier hatten Juda zerstört und entvölkert. Das ›ewige‹ Königreich war vorbei. Die Familie, die ›niemals den Thron verlieren‹ sollte, hatte den Thron verloren. Der Ort, ›daß Jahwe seinen Namen daselbst lässet wohnen‹, war niedergebrannt. Und die Dinge, die ›bis auf diesen Tag‹ existieren sollten, gab es nicht mehr. Was sollte also aus dem positiven Geschichtsbuch mit all seinen Hoffnungen werden, das seinen Höhepunkt in Josia fand? *Irgend jemand* beschloß eine Neuedition.

Eine moderne Analogie wäre vielleicht der Fall, daß ein Bewunderer des amerikanischen Präsidenten John Kennedy eine Geschichte der Vereinigten Staaten von Washington bis Kennedy geschrieben und so aufgebaut hätte, daß Kennedys Präsidentschaft einen Höhepunkt aller vergangenen Zeiten und den Anfang für ein neues, hoffnungsvolles Zeitalter bildete. Und dann macht der frühe Tod des Präsidenten aus dieser Geschichte eine ironische, überholte und peinliche Lektüre. Es wäre kaum ausreichend, ein oder zwei Kapitel zum Schluß anzufügen, in denen kurz die folgenden Präsidenten behandelt würden. Vielmehr müßte jemand das Werk durchfor-

sten und an den kritischen Stellen Änderungen vornehmen, damit es nicht länger spezifisch auf Kennedy aus-
gerichtet wäre. Die Änderungen müßten den Leser
durchgängig auf das neue Ende vorbereiten und einen
Zusammenhang herstellen, der die neuen Ereignisse verständlich machte.

So sah die Aufgabe für denjenigen aus, der die zweite
Auflage der biblischen Geschichte herausbrachte. Er
konnte nicht einfach nur einen Abriß der Regierungszeiten der letzten vier Könige anfügen. Er mußte auch
erklären, warum der Traum nicht wahr geworden war.

Geschichte wird umgeschrieben

Hinweise im Text lassen erkennen, wie er das gemacht
hat. Es war dieselbe Art von Hinweisen, die andere Forscher und ich benutzt hatten, um die Handschrift des
Verfassers der ersten Edition der Geschichte (Dtr[1]) zu
erkennen: grammatikalische Brüche (wenn beispielsweise ein Text, der bisher im Singular geschrieben war,
plötzlich in den Plural überwechselt), spezielle Terminologie (Begriffe und Ausdrücke, die nur in solchen Passagen auftauchen, bei denen auch aus anderen Gründen
die Vermutung besteht, daß es sich um Ergänzungen
handelt), Thematik (Zerstörung und Vertreibung), Syntax und literarische Formen.

Bei dem Verfasser, der nach der Zerstörung geschrieben hat, waren solche Spuren schwerer zu finden als bei
dem Autor aus der Zeit Josias, da der Autor aus der Zeit
nach der Zerstörung Sprache und Stil der früheren Edition perfekt imitiert hat. (Wie er das geschafft hat, werde
ich an späterer Stelle erklären.) Außerdem fügte er nur

sporadisch hier und da Absätze in die Edition der Josia-Epoche ein. Er schrieb keine völlig neue Fassung. Daher gab es keine ins Auge fallenden Dubletten oder Widersprüche wie in J und E.

Um eine Zeile als Dtr^2-Einschub zu identifizieren, war es notwendig, daß verschiedene Beweiselemente wie Grammatik, Thematik und Terminologie zusammenkamen und in dieselbe Richtung wiesen. Nur weil eine Passage eine Vertreibung voraussagte, durfte man noch nicht schlußfolgern, daß sie von dem Autor im Exil zur Erklärung der neuen Situation eingefügt worden ist. Ganz im Gegenteil: die Vertreibung war im alten Orient eine bekannte und gefürchtete Realität; sie konnte so ziemlich zu allen Zeiten gedroht haben. Wenn aber eine Stelle, an der die Vertreibung vorausgesagt wurde, gleichzeitig nicht in das textliche Umfeld paßte, grammatikalische Veränderungen enthüllte und Ausdrücke verwendete, die sonst nur an anderen verdächtigen Stellen vorkamen, dann ergab sich aus solchem Zusammenspiel gewichtiges Indizienmaterial.[1]

Indem ich auf diese Art Dtr^2-Einfügungen identifizierte, konnte ich unter Beachtung aller erdenklichen Vorsichtsmaßnahmen das folgende Bild erarbeiten und erkennen, wie der exilierte Verfasser die Geschichte umgeschrieben hat.

Das Exil

Zunächst entwickelte der Autor die Vorstellung vom Exil überhaupt. Er war nicht bereit, zum Schluß einfach eine Aussage anzuhängen, die lediglich feststellte, daß die Babylonier Juda eroberten und die Bevölkerung ins

Exil trieben — was ein unerwarteter und zusammen-
hangloser Abschluß gewesen wäre. Statt dessen streute er
in die Geschichte an verschiedenen Stellen Bezüge ein,
die die Möglichkeit einer Vertreibung andeuteten, so daß
Eroberung und Exil nunmehr zu einem grundlegenden
Bestandteil der Geschichte wurden, ein Damokles-
schwert gewissermaßen, das seit Jahrhunderten über
Israel und Judas Kopf schwebte ...

Ihr werdet bald umkommen von dem Lande ...
(5. Mose 4,26; Josua 23,16)

Und Jahwe wird euch zerstreuen unter die Völker ...
(5. Mose 4,27)

Jahwe wird dich und deinen König ... vertreiben unter ein
Volk, das du nicht kennest ...
(5. Mose 28,36)

... und werdet verstöret werden von dem Land ...
(5. Mose 28,63)

Denn Jahwe wird dich zerstreuen unter alle Völker von
einem Ende der Welt bis ans andere ...
(5. Mose 28,64)

... ihr ... werdet ... nicht lange in dem Lande bleiben ...
(5. Mose 30,18)

So werde ich Israel aurotten von dem Lande, das ich ihnen
gegeben habe ...
(1. Könige 9,7)

Dieser Autor zählte nicht einfach geschichtliche Tatsachen auf. Er schrieb eine *deutende* Geschichte. In ihr
erschien die Vertreibung nicht als einmaliges Ereignis.
Sie bildete ein Thema.

Andere Götter

Dann legte der Autor den Grund für die Vertreibung dar. Warum ist dieses Unheil geschehen? Antwort: weil das Volk andere Götter verehrt hatte. In diesem Punkt brauchte er lediglich zu unterstreichen, was bereits in Dtr[1] stand. Die Anbetung von Jahwe allein war das erste der Zehn Gebote in Dtr[1] (ebenso wie in den Zehn Geboten bei E und in den Zehn Geboten bei J),[2] und sie wurde in jedem einzelnen der späteren Bücher als Forderung gestellt, vom 5. Buch Mose bis zum 2. Buch der Könige. Der im Exil lebende Verfasser fügte weitere zehn Hinweise auf das Gebot gegen die Abtrünnigkeit hinzu, die er jedesmal mit einem Hinweis auf die Vertreibung verknüpfte.[3]

Er plazierte sie an bedeutsamen Stellen der Geschichte: in Gottes letzten Reden an Mose, in Josuas letzten Worten an das Volk nach der Einnahme des Landes, in Gottes Worte an Salomo nach dem Bau des Tempels, und in das Kapitel über den Untergang des nördlichen Königreiches.

Besonders nachdrücklich macht er sie zum Thema der letzten Worte Gottes an Mose, bevor Gott Mose aus dem Leben ruft. Es ist die letzte Weissagung, die Mose vornimmt.

> Siehe, du wirst schlafen mit deinen Vätern, und dies Volk wird aufkommen, und wird fremden Göttern nachhuren des Landes, darein sie kommen, und wird mich verlassen, und den Bund fahren lassen, den ich mit ihm gemacht habe.
> So wird mein Zorn ergrimmen über sie zur selben Zeit, und werde sie verlassen, und mein Antlitz vor ihnen verbergen, daß sie verzehret werden. Und wenn sie dann viel Unglück und Angst treffen wird, werden sie sagen: Hat mich nicht dies Übel alles betreten, weil mein Gott nicht mit mir ist?

Ich aber werde mein Antlitz verbergen zu der Zeit um alles Bösen willen, das sie gethan haben, daß sie sich zu anderen Göttern gewandt haben.[9]

Damit war der Ausgangspunkt geschaffen. Gott hatte dem Volk befohlen, nicht anderen Göttern anzuhängen, und er hatte als Strafe für das Mißachten dieses Befehles Zerstörung, Vertreibung und Fallenlassen — das Verbergen seines Antlitzes — angedroht.

Manasse

Als nächstes sucht der exilierte Autor in der Historie nach einer Erklärung für den Untergang des Königreichs, die bereits in der Erzählung vorgegeben war — etwas, das vor Josia geschehen war, etwas, das so schrecklich war, daß Josias Reformversuch als Gegengewicht nicht ausreichte.

Er fand es in der Geschichte von König Manasse, dem Großvater des Josia. Der Dtr^1-Erzählung zufolge hatte Manasse all das Gute, das sein Vater, König Hiskia, bewirkt hatte, wieder zunichte gemacht. Manasse baut die Höhen wieder auf, er stellt ein Bildnis der Göttin Aschera auf, und er baut im Tempelbezirk Altäre für heidnische Götter. In Dtr^1 hatte das einen guten Hintergrund für die Erzählung von Josia gebildet, weil Josia in den beiden Folgekapiteln alles wieder in Ordnung bringt. Er zerstört die Höhen, verbrennt das Bildnis der Aschera und vernichtet die heidnischen Altäre. Derjenige aber, der für die neue Version, Dtr^2 verantwortlich war, arbeitete nunmehr sorgfältig Manasses Verbrechen *und ihre Konsequenzen* heraus. Er fügte folgende Worte hinzu:

... Manasse verführte sie, daß sie ärger thaten, denn die Heiden, die Jahwe vor den Kindern Israel vertilget hatte. Da redete Jahwe durch seine Knechte, die Propheten, und sprach: Darum, daß Manasse, der König Judas, hat diese Greuel gethan ... und hat auch Juda sündigen gemacht mit seinen Götzen ... Siehe ich will Unglück über Jerusalem und Juda bringen, daß, wer es hören wird, dem sollen seine Ohren gellen ... und will Jerusalem ausschütten, wie man Schüsseln ausschüttet, und will sie umstürzen; und ich will die übrigen meines Erbteils verstoßen, und sie geben in die Hände ihrer Feinde, daß sie ein Raub und Reißen werden aller ihrer Feinde; darum, daß sie gethan haben, das mir übel gefällt, und haben mich erzürnet von dem Tage an, da ihre Väter aus Ägypten gezogen sind, bis auf diesen Tag.[5]

Manasse war so schlecht gewesen und hatte das Volk zu solcher Bosheit verführt, daß daraufhin eine Weissagung erging, daß das Königreich untergehen würde.

Der Schreiber, der die Bemerkungen zu Manasses Verbrechen eingeschoben hat, wandte sich sodann dem Ende des Buches zu. Es hatte damit geschlossen, daß – Josia betreffend – ›nach ihm seinesgleichen nicht aufkam‹, und er setzte jetzt diese Worte hinzu:

Doch kehrte sich Jahwe nicht von dem Grimm seines Zorns, damit er über Juda erzürnet war um all der Reizungen willen, damit ihn Manasse gereizet hatte.[6]

Ohne an Josia Abstriche zu machen, hatte der Dtr²-Geschichtsschreiber so erklärt, warum Juda trotz allem untergehen mußte: die Verbrechen der Vergangenheit wogen schwerer als das Gute der kurzlebigen Reform. Anschließend fügte er zwei kurze Kapitel über die letzten vier Könige Judas hinzu, wobei er nach der Weise von Dtr¹ anmerkte, daß jeder von ihnen ›that, das Jahwe übel gefiel‹. Die Reform war vorbei, und das Land befand sich wieder auf dem Weg ins Verderben.

Die zwei Bündnisse

Da blieb jedoch immer noch die Sache mit Davids Bund. Der Dtr[1]-Historie zufolge bestand er ewig und ohne Bedingungen. Ungeachtet dessen, was Manasse oder irgendein anderer davidischer König anstellte — der Thron und die Königsstadt galten als auf ewig gesichert. Der Überarbeiter dieser Historie war offenbar nicht gewillt, diese Verheißung zu streichen, als hätte sie nie bestanden — übrigens ein weiteres Zeichen dafür, daß er nicht einfach einen ›frommen Betrug‹ beging. Wie also sollte er jetzt das Ende der Könige, des Tempels und Jerusalems erklären?

Er tat es, indem er die Aufmerksamkeit des Lesers auf einen anderen Bund lenkte — den mosaischen Bund. Dieser Bund, den Jahwe der Überlieferung zufolge mit dem Volk in der Wüste geschlossen hatte, war eindeutig an Bedingungen geknüpft. Er verlangte vom Volk, daß es Gottes Gebote hielt oder es müßte unter bösen Folgen leiden. Der Dtr[2]-Autor fügte mehrere Zeilen in das 5. Buch Mose ein, in denen er betonte, daß zu den Konsequenzen Zerstörung und Vertreibung zählten.

Damit verlor der davidische Bund den Boden unter den Füßen. Das Schicksal des Volkes hing letztendlich vom Volk ab, nicht vom König. Die Herrschaft der David-Familie war gesichert, gewiß, wenn aber die Handlungen des Volkes zur Zerstörung des Landes führten, *über wen* sollte diese Familie dann noch herrschen?!

Also war der davidische Bund logischerweise nach dem mosaischen Bund einzustufen. Die Grundfrage lautete, ob das Volk überleben würde. Daran erst schloß sich die Frage an, wer über das Volk herrschen sollte.

Ein ähnliches Problem wartete auf den exilierten Geschichtsschreiber in der Erzählung über König Salomo. Nach dem Dtr[1]-Bericht erscheint Gott Salomo nach der Fertigstellung des Tempels, und Gott wiederholt die Verheißungen des davidischen Bundes mit dem Zusatz, daß der Tempel ewig bestehen wird. Gott spricht:

> ... und habe dies Haus geheiliget, das du gebauet hast, daß ich meinen Namen daselbsthin setzte *ewiglich*; und meine Augen und mein Herz sollen da sein *allewege*.[7]

Der exilierte Geschichtsschreiber war auch diesmal nicht bereit, die ewige Verheißung zu streichen, obwohl sie ganz offensichtlich nicht eingetroffen war – der Tempel lag ja in Trümmern. Statt dessen begrub er sie in den Falten des an Bedingungen geknüpften mosaischen Bundes. Er fügte vier Sätze hinzu, in denen Gott jetzt nicht allein zu Salomo, sondern zum ganzen Volk spricht. Gott warnt das Volk, daß er es vertreiben und den Tempel zerstören wird, wenn es die Gebote, die er ihm gegeben hat, nicht einhält. Er spricht:

> So werde ich Israel ausrotten von dem Lande, das ich ihnen gegeben habe; und das Haus, das ich geheiligt habe meinem Namen, will ich verwerfen von meinem Angesicht.[8]

Man beachte den Unterschied zwischen den beiden zuletzt zitierten Sätzen. Beide bezeichnen den Tempel als die Stätte, die Jahwes Namen geheiligt ist. Aber der zweite Satz, der von dem exilierten Geschichtsschreiber stammt, läßt das Wort ›ewiglich‹ aus.

Wiederum hatten sich die Ereignisse der biblischen

Welt entscheidend auf die Entwicklung der Bibel ausge-
wirkt — und die Form, welche die Bibel annahm, sollte
letztendlich wiederum enorme Auswirkungen auf die
Eigenart des Judentums wie des Christentums zeitigen.
In diesem Fall hatte der Untergang der Familie Davids
nach jahrhundertelanger Herrschaft eine stärkere biblische Betonung jenes Bundes zur Folge, den Mose zwischen Gott und dem Volk vermittelt hatte. Die
geschichtliche Realität — die sich nunmehr im Wortlaut
der Deuteronomischen Historie widerspiegelte — sah so
aus, daß jegliche Hoffnungen des Volkes auf Sicherheit
nicht länger auf den davidischen Bund bauen konnten.
Sein Überleben und Wohlergehen hing nicht von der
einem König gegebenen Verheißung einer ewigen königlichen Leuchte und eines ewigen Tempels in Jerusalem
ab, sondern von seiner Treue gegenüber seinem eigenen
Bund mit Gott. Der davidische Bund wurde somit lediglich zu einer Verheißung, daß der Thron für Davids
Familie ewiglich *verfügbar* sei. Selbst wenn er gegenwärtig nicht besetzt war, bestand immer die Möglichkeit,
daß ein Nachkomme Davids, ein Messias, eines Tages
kommen und gerecht regieren würde. Die Folgen, die
sich daraus für Judentum und Christentum ergaben,
waren natürlich gewaltig.

Von Ägypten bis Ägypten

Der im Exil lebende Deuteronomiker brauchte nur noch
den Schluß zu schreiben: das Schicksal des Volkes. Er
berichtete, daß die Babylonier die letzten Könige und
mehrere tausend Menschen nach Babylonien deportierten. Als letztes berichtete er, daß der vom babylonischen

Kaiser ernannte Statthalter Gedalja ermordet wurde und das ganze Volk nach Ägypten floh.

Er ließ diese abschließenden Ereignisse ohne Deutung so stehen, ohne Zusammenfassung, ob kurz oder lang, nach der Art ›Und so wurde Juda von seinem Land vertrieben, weil sie andere Götter anbeteten‹. Dieser bündige, kommentarlose Schluß war genau deshalb möglich, weil der exilierte Deuteronomiker ihn bereits vorbereitet hatte. In seinen sorgfältig eingearbeiteten Zusätzen teilte er seinen Lesern mit, daß das Anbeten fremder Götter das Schlimmste war, das man tun konnte, daß es Niederlage und Vertreibung nach sich ziehen würde, und daß die Könige, insbesondere Manasse, das Volk verführten, Böses zu tun. Im Lichte solcher vorbereitenden Historie war der kurze, prägnante Bericht über die Katastrophe des Königreiches aussagekräftig. Das Ende des Königreiches war vorhersehbar gewesen — und vorhergesagt worden.

Ein Zusatz des exilierten Autors bereitete diesen knappen Abschluß in besonderer Weise vor. Er fügte zum Text des 5. Buches Mose einen Fluch hinzu. Das 5. Buch Mose enthielt bereits in der Dtr[1]-Version eine schreckliche Liste von Flüchen. Diese Liste von Folgen bei einem Nichteinhalten des Bundes ist heute noch furchterregend: Krankheiten, Irrsinn, Erblindung, militärische Niederlagen, Vernichtung von Ernte und Viehbestand, sowie Hunger bis zu einem Grade, daß das Volk seine eigenen Kinder verzehren wird. Der exilierte Deuteronomiker fügte noch generelle Hinweise auf Vertreibung ein, und ergänzte die Liste zum Schluß noch durch einen speziellen Fluch. Was ist die schlimmste Drohung, die man einem Israeliten gegenüber aussprechen kann? Der letzte Fluch des 5. Buches Mose lautet:

> Und Jahwe wird dich ... wieder nach Ägypten führen, den
> Weg, den ich gesagt habe: Du sollst ihn nicht mehr sehen.
> Und ihr werdet daselbst euren Feinden zu Knechten und
> Mägden verkauft werden, und wird kein Käufer da sein.[9]

Zurück nach Ägypten! Der allerschlimmste Fluch für
das Volk, das dort aus der Sklaverei aufgebrochen war.
Zum Abschluß des 2. Buches der Könige berichtete der
exilierte Verfasser dann schlicht vom Schicksal des Volkes. Der babylonische Kaiser ernannte Gedalja zum
Statthalter von Juda. Gedalja wurde ermordet. Das Volk
floh aus Angst vor den Repressalien der Babylonier. Der
letzte Satz der Erzählung lautet:

> Da machten sich auf alles Volk, beide, klein und groß, und
> die Obersten des Kriegsvolks, und kamen nach Ägypten;
> denn sie fürchteten sich vor den Chaldäern.[10]

Der exilierte Autor hatte die neue Ausgabe der
Geschichte zu einer Geschichte des Volkes Israel von
Ägypten bis Ägypten gemacht. Er hatte der Erzählung
ein völlig neues Gesicht und eine völlig neue Richtung
gegeben, obwohl er anscheinend kein Wort der Originalfassung gestrichen hat.

Die Gnade Jahwes

War das nun das Ende der Geschichte? Sah diese bisher
ungenannte Person die Vertreibung des Volkes nach
Babylonien und Ägypten als das Ende des Bundes und
die Auflösung des Volkes an? Ganz bestimmt nicht. Er
ließ einen Hoffnungsschimmer bestehen. Zu seinen Ein-

schüben in den Text gehörte auch eine Erinnerung daran, daß Jahwe ein gnädiger Gott ist, voller Mitleid und Vergebung. Das war in der biblischen Welt nicht neu. Sowohl J als auch E hatten den Gott Israels als gnädig und langmütig beschrieben. Dasselbe gilt auch von Dtr^1 zur Zeit des Josia. Der Mensch, der Dtr^2 geschrieben hat, betonte seinen Lesern gegenüber nunmehr, daß ihr Gott ihnen vergeben würde, wenn sie zu Jahwe zurückkehrten, bereuten und die anderen Götter aufgeben würden.[11] Somit baute er seine Historie nicht nur auf, um über die Vergangenheit zu berichten, sondern auch, um eine Hoffnung für die Zukunft zu vermitteln.

Derselbe Mann

Wer war er? Wieso besaß er ein Exemplar der Originalfassung der Historie? Wie hat er es geschafft, Sprache und Stilistik dieser früheren Fassung so perfekt zu imitieren? Warum entschied er sich überhaupt dafür, eine neue Fassung einer alten Historie herauszubringen, statt ein völlig neues Werk zu verfassen?

Die wahrscheinlichste Antwort auf all diese Fragen besteht darin, daß beide Fassungen der Deuteronomischen Historie von ein und derselben Person stammen.

Er besaß ein Exemplar von Dtr^1, weil er es selbst geschrieben hatte. Er entschied sich für die Überarbeitung einer früheren Fassung, statt ein völlig neues Werk zu schreiben, weil er diese frühere Fassung selbst geschaffen hatte; und bis auf ein paar Sätze konnte er mit seinem Original noch immer zufrieden sein. (Nebenbei bemerkt, welcher Autor verwirft schon gern ein von ihm geschriebenes siebenbändiges Werk und schreibt es noch einmal neu?) Sprache und Stil ähneln sich, weil sie von demselben Mann stammen.

Die Bibelwissenschaftler behaupten im allgemeinen, daß das deuteronomische Material nicht von einer Person, sondern von einer ›Schule‹ geschrieben wurde. Sie meinen, daß es einen Kreis von Leuten mit gleichen Anschauungen und Interessen gegeben haben könnte, und daß verschiedene deuteronomische Teile der Bibel von verschiedenen Mitgliedern dieser Gruppe geschrieben worden seien. Die verschiedenen Mitglieder dieser ›Deuteronomischen Schule‹, so meinen sie, verwendeten aufgrund ihrer gemeinsamen Zugehörigkeit zu einer Gruppe einen ähnlichen Stil und eine ähnliche Sprache.

Nun, es stimmt, daß verschiedene Mitglieder einer gemeinsamen Denkschule in einem ziemlich ähnlichen Stil schreiben können. (Als Beispiel werden die Pythagoreer in Griechenland angeführt.) Im Falle der Deuteronomischen Historie ist aber der Grad der Ähnlichkeit zwischen Dtr^1 und Dtr^2 phänomenal. Außerdem gibt es keinen zwingenden Grund, warum wir von der Hypothese einer im übrigen unbekannten ›Schule‹ ausgehen sollten, wenn es möglich und völlig logisch ist, daß eine Einzelperson das ganze Werk geschrieben hat. Die erste Fassung, Dtr^1, mußte vor Josias Tod im Jahre 609 v. Chr. geschrieben worden sein. Die zweite Fassung, Dtr^2, mußte nach der babylonischen Zerstörung und Vertreibung im Jahre 587 v. Chr. geschrieben worden sein. Das ergibt lediglich einen Zeitunterschied von zweiundzwanzig Jahren. Eine einzelne Person konnte leicht von der Zeit Josias bis nach der Vertreibung gelebt und geschrieben haben.

Die Identität des Deuteronomikers

Es ist an der Zeit, diese Person zu benennen. Wir kennen einen Mann der genau in diesen Jahren gelebt und geschrieben hat: der Prophet Jeremia.

Jeremia besaß die literarischen Fähigkeiten, die für eine solche Leistung erforderlich waren. Er hielt sich zur richtigen Zeit an den richtigen Orten auf. Er war ein Priester aus der Priesterschaft von Silo-Anathoth. Während der Herrschaft Josias, als Dtr^1 geschrieben wurde, befand er sich in Jerusalem. Nach der Zerstörung und Vertreibung, als Dtr^2 geschrieben wurde, befand er sich in Ägypten. Sein Buch ist voll von der Sprache der Deuteronomischen Historie – es enthält dieselben Lieblingsausdrücke, dieselben Metaphern, dieselben Ansichten zu praktisch jedem wichtigen Punkt. Er war möglicherweise der Sohn des Mannes, der den Gesetzeskodex des 5. Buches Mose ans Licht brachte. Er mochte Josia, nicht aber seine Nachfolger auf dem Thron. Er ist als ein schreibender Prophet bekannt, der Dokumente verfaßte, die auf Schriftrollen aufgezeichnet wurden. Wir haben eine ausführliche Beschreibung von ihm, wie er seinem Schreiber Baruch, dem Sohn Nerias, Weissagungen diktierte, die dieser auf eine Rolle niederschrieb.[12]

Das gesamte Buch Jeremia ist voll der Sprache *sowohl* von Dtr^1 *als auch* von Dtr^2. Wie können Ausdrücke, die für Dtr^1 typisch sind, vermischt mit Ausdrücken, die wiederum typisch für Dtr^2 sind, im Buch Jeremia auftauchen, wenn nicht alle drei aus derselben Quelle stammen? Wenn man die Historie für das Ergebnis einer ›deuteronomischen Schule‹ von Personen hält, die alle eine gemeinsame Terminologie benutzten, so läßt man sämtliche Beweise für eine Verbindung zwischen Jeremia und dieser Historie außer acht. Und wo ist außerdem eigentlich der Beweis für die Existenz einer solchen literarischen Schule?

Die alten jüdischen Überlieferungen darüber, wer die Bibel geschrieben hat, sind in einem Band des Talmud enthalten.[13] Diesem Werk zufolge, das vor ungefähr fünfzehnhundert Jahren geschrieben wurde, war Mose der Autor der Fünf Bücher Mose, und Josua der Autor des Buches Josua. Diese Ansicht überrascht in einem frommen Buch aus dieser Zeit keineswegs. Erstaunlich ist allerdings, daß in dieser Überlieferung als Autor der Bücher der Könige Jeremia genannt wird. Entweder besaßen die Rabbis, die den Talmud geschrieben haben, eine Überlieferung, die Jeremia mit der Historie in Verbindung brachte, oder sie nahmen diese Verbindung aufgrund der offensichtlichen Ähnlichkeit von Sprache und Betrachtungsweise der beiden Werke an. Tatsache ist jedenfalls, daß eine Verbindung zwischen Jeremia und zumindest großen Teilen der Deuteronomischen Historie bereits im Altertum hergestellt wurde.

Natürlich muß man sich die Frage stellen, ob Jeremia wirklich Verfasser des Buches Jeremia war. Über Jeremias Autorenschaft haben Gelehrte viele Hypothesen aufgestellt. Für meine Begriffe scheint das Buch im großen und ganzen recht einheitlich aufgebaut zu sein, und es gibt da wenig, das so aussieht, als könnte es nicht von dem Propheten selbst stammen. Von einigen Gelehrten ist behauptet worden, daß der Schreiber des Propheten, Baruch, der Sohn Nerias, der eigentliche Verfasser eines Großteils dieses Buches sei.[14] Baruch wird im Buch Jeremia oft genannt. Von ihm wird ausdrücklich gesagt, daß er für Jeremia Dokumente schrieb. Und es wird berichtet, daß er mit Jeremia ins Exil nach Ägypten ging.[15] Falls es stimmt, daß Baruch einen großen Teil des Buches Jeremia schrieb (insbesondere die Prosa-Teile des Buches), dann wäre er vermutlich auch der Autor/Redaktor der Deuteronomischen Historie. In gewisser Hinsicht wäre das ziemlich unerheblich. Der entscheidende Punkt wäre nach wie vor der, daß die Person, die das Buch Jeremia geschrieben hat, auch die Historie geschrieben hat, ganz gleich, ob nun Jeremia ihr wirklicher Name oder ihr Pseudonym gewesen ist. Und alles, was wir über die Auswirkungen der Ereignisse dieser Welt auf die Entstehung dieser Bücher erfahren haben, würde nach wie vor zutreffen.

Es mag in der Tat am besten sein, die deuteronomischen Schriften als Ergebnis einer Gemeinschaftsarbeit zu betrachten, mit Jeremia, dem Dichter und Propheten, als Inspirator und Baruch, dem Schreiber, als Autor, der die Geschichte nach Jeremias Vorstellungen interpretierte.

Ob Baruch, der Sohn Nerias, nun der Schreiber, der Autor oder der Mitarbeiter war – es ist wichtig, im Zusammenhang mit ihm von einer fabelhaften archäologischen Entdeckung zu erfahren, die erst kürzlich gemacht wurde. 1980 veröffentlichte der Archäologe Nachman Avigad einen Siegelabdruck in Ton, den er gefunden hatte (siehe Foto rechts). In biblischer Zeit wurden Dokumente manchmal auf Papyrusrollen geschrieben, die dann aufgerollt und mit einer Schnur zusammengebunden wurden. Die Schnur wurde dann in einen feuchten Tonklumpen gedrückt, und jemand drückte mit einem Ring oder einer Walze sein oder ihr Siegel in den Ton. Wir können die Siegel und die Tonabdrücke durch die Schrift datieren. Der Siegelabdruck, den Avigad veröffentlichte, enthält eine hebräische Inschrift aus dem späten siebenten oder frühen sechsten Jahrhundert v. Chr. Sie lautet:

ibrkyhw bn nryhw hspr

In der Übersetzung bedeutet das: ›Eigentum von Baruch, Sohn Nerias, dem Schreiber‹. Es war überhaupt

Im Besitz des Israelischen Museums:
Auf diesem Tonsiegel steht:
›Eigentum von Baruch,
Sohn Nerias, dem Schreiber‹ —
möglicherweise der Autor/Redaktor
von acht Büchern der Bibel.

die erste archäologische Entdeckung eines Gegenstandes, den man als einem in der Bibel namentlich Genannten gehörig zuordnen konnte. Es handelt sich praktisch um seine Unterschrift. Sie befindet sich jetzt im Israelischen Museum. Es bedeutet, daß wir die Unterschrift des Aufzeichners – und möglicherweise des Autors/ Redaktors – von acht Büchern der Bibel besitzen.

Wenn wir mit der Identifizierung Jeremias als der Hauptperson für das Zustandekommen dieser Bücher Recht haben, so haben wir nicht nur den Zusammenhang zwischen der biblischen Welt und der Entstehung dieser Bücher hergestellt, wie wir es auch bei J und E gemacht haben, sondern wir haben auch eine gewisse Ahnung von dem Mann bekommen, der sie geschrieben hat, von seiner Persönlichkeit und seiner Lebensgeschichte. Einen Eindruck von Jeremia vermittelt uns das Buch, das nach ihm benannt wurde – sowohl der Text selbst als auch das, was zwischen den Zeilen steht. Es ist oftmals der Eindruck eines gequälten Mannes, der religiös, seinem Auftrag verpflichtet, von den Menschen abgelehnt, verfolgt war. Er machte den Eindruck, daß ihm alles andere lieber wäre als die ihm zugewiesene Aufgabe, daß er sich wünschte, nicht in die Zukunft schauen zu müssen und der Gegenwart durch den Tod entfliehen zu können. Er muß die Wahrheit aussprechen, egal, welche Konsequenzen es hat. Die Menschen fürchten ihn. Er ist entsetzlich einsam.

Eines scheint er jedoch *nicht* zu sein – ein Betrüger. Und er war wirklich kein Betrüger, weder ein frommer noch sonst ein Betrüger. Er baute seine Geschichte um den Deuteronomischen Gesetzeskodex herum auf, einem authentischen alten Dokument, von dem er sicherlich geglaubt hat, daß es von Mose selbst stammt. Er verwendete auch andere alte Dokumente, und er formte daraus eine zusammenhängende Historie. Seine eigenen Einfügungen gaben dieser Historie Struktur, Zusammenhang und Sinn. Seine letzten Kapitel erzählten von Ereignissen, die er als Augenzeuge persönlich miterlebt hat. An all dem muß nirgends etwas betrügerisch sein. Ganz im Gegenteil. Es scheint sich vielmehr um den ehrlichen Versuch eines feinfühligen und fähigen Mannes zu handeln, die Geschichte seines Volkes zu erzählen — und zu begreifen. Als Geschichtsschreiber hielt er das Erbe seines Volkes fest. Als Prophet konzipierte er das Schicksal dieses Volkes.

KAPITEL 8

Die Welt, in der die Bibel entstand: 587 − 400 v. Chr.

Das Zeitalter, von dem wir am wenigsten wissen

Der Zeitraum, der den Katastrophen von 587 v. Chr. folgte, entzieht sich unserem Wissen in besonderem Maße. Obwohl er uns näher liegt als die Zeiträume, die ich bereits beschrieben habe, läßt sich über ihn am schwersten schreiben. Dafür gibt es zwei Gründe. Der erste Grund ist einfach das Fehlen von Quellen. Weder die Bibel noch die Archäologie haben uns über diese Zeit viel mitgeteilt.

In den historischen Büchern der Bibel läßt sich nur sehr wenig darüber finden, was mit der Generation geschehen ist, die aus Juda vertrieben wurde oder flüchtete. Die Berichte enden in den Büchern der Könige und in der Chronik mit dem Untergang des Königreiches, und die nächsten biblischen Bücher mit historischen Berichten (Esra und Nehemia) setzen erst fünfzig Jahre später wieder ein. Die betreffenden Jahre werden in einem kleinen Teil des Buches Daniel behandelt, der sich aber nur auf einige wenige Ereignisse im Leben Daniels und seiner Freunde bezieht. Mit dem Schicksal des Volkes befaßt er sich nicht. Wir haben wahrscheinlich keine bessere Möglichkeit, als aus Teilen der Bücher der Propheten Jeremia und Hesekiel Informationen abzuleiten.

Auch die Archäologie hat nur wenig über das Schicksal der Vertriebenen in Babylonien oder Ägypten enthüllt. Wir wissen nicht einmal mit Sicherheit, was im Lande Juda selbst geschah. Es gibt einige Hinweise darauf, daß Judas alter Nachbar Edom sich nicht eben sehr nachbarschaftlich verhalten, sondern an der babylonischen Eroberung Judas mitgewirkt hatte und sich auf Judas Territorium breit machte. Und wir wissen, daß die Samariter das nördliche Gebiet, das einst das Königreich Israel gewesen war, weiterhin besetzt hielten. Aber darüber, wie viele Juden in Juda bleiben konnten oder unter welchen Umständen sie dort lebten, wissen wir kaum etwas.

Der zweite Grund für die Schwierigkeit, über diese Zeit zu sprechen, liegt darin, daß es für die meisten von uns kaum möglich ist, das Lebensgefühl jener Menschen nachzuvollziehen. Wer von uns heute nicht wirklich am eigenen Leibe erlebt hat, was es heißt, ein Vertriebener oder ein Flüchtling zu sein, müßte eine enorme Sympathie (im ursprünglichen Sinne des griechischen Wortes *sym-pathos*, ›mitfühlen‹) aufbringen, um zu erkennen, was die Vertriebenen empfanden. Wir müßten uns vorstellen mitzuerleben, wie die Verteidigungsanlagen der Stadt, in der wir unser Leben lang gewohnt haben, niedergerissen werden. Alle öffentlichen Gebäude und die meisten schönen Häuser werden niedergebrannt. Die religiösen Oberhäupter unserer Gemeinschaft werden hingerichtet. Die Kinder des Volksoberhauptes werden vor seinen Augen hingeschlachtet, dann werden ihm selbst die Augen ausgestochen und er wird in Fesseln hinweggeführt. Wir werden zu Tausenden verschleppt und werden unser Land wahrscheinlich nie wiedersehen. Und dann leben wir als Außenseiter im Lande unserer Eroberer. Es ist ein Alptraum.

Was sollte das vertriebene Volk von Juda machen? Wie konnten sie ihre Identität als Volksgruppe wahren, um nicht einfach in die Bevölkerungsmassen des babylonischen Reiches assimiliert zu werden? Oder, um es praktischer auszudrücken, woran konnten sie sich halten?

Die Religion

Das wichtigste Einzelmoment war wahrscheinlich die Religion. Andere von den Babyloniern eroberte Länder hatten ebenfalls ihre eigenen, besonderen Volksreligionen, aber ein außerordentlich bemerkenswerter Wesenszug heidnischer Religionen in der Welt des Altertums ist darin zu sehen, daß sie allesamt miteinander verträglich waren. Der Gott, der mit dem Wind identifiziert wurde, mochte in Babylon Marduk, in Kanaan Baal-Haddad und in Griechenland Zeus heißen, aber im Grunde genommen war es doch immer derselbe Gott. Er war der Wind. Die mesopotamische Göttin Ischtar war im wesentlichen das Gleiche wie die Göttin Asthoreth in Kanaan und Aphrodite in Griechenland. Sie war die Fruchtbarkeit. Und so weiter. Die Austauschbarkeit der heidnischen Gottheiten machte es einem besiegten Volk möglich, die Religion seines Eroberers zu assimilieren.

Die Religion des Volkes von Juda aber war anders. Im

heidnischen Pantheon gab es keinen Gott, der Jahwe entsprach. Der spezifische Charakter der Religion Judas in dieser Zeit ist unter Forschern noch immer strittig. War sie im modernen Sinne völlig monotheistisch? Hielt man Jahwe für allmächtig? Wurden andere, niedrigere Gottheiten toleriert? Aber wie immer die Religion Judas beschaffen war, mit heidnischen Religionen vertrug sie sich nicht. Jahwe war keine Naturgewalt. Er befand sich außerhalb der natürlichen Welt, er steuerte ihre Gewalten. Und so stärkte das Volk von Juda, absichtlich oder nicht, seine ethnische Identität noch, indem es im Exil an seiner eigenen nationalen Religion festhielt.

Das Leben im Exil

Lebten sie in Zufriedenheit? Was sie in Babylonien auch an Ruhe oder Akzeptanz gefunden haben mögen, ihr Heimweh brachten sie trotzdem zum Ausdruck. Zum Gedenken an ihr Unglück führten sie fünf Fastentage im Jahr ein.[1] Und sie drückten ihre Gefühle in Literatur aus, die an verschiedenen Stellen in der Bibel erhalten geblieben ist. Zur Literatur des Exils gehören der Psalm 137 und das Buch der Klagelieder sowie verschiedene Abschnitte aus den Propheten: der letzte Teil des Buches Jeremia, der das Leben der Flüchtlinge in Ägypten spiegelt; sowie das ganze Buch Hesekiel und der spätere Teil des Buches Jesaja, die das Leben der Vertriebenen in Babylonien reflektieren. Das alles ist keine fröhliche Literatur. Teilweise drückt sie Bitterkeit aus, zum großen Teil Schuldgefühle. (Warum ist das uns widerfahren? Es kann nicht anders sein, als daß *wir* etwas falsch gemacht haben.) Und fast immer vermittelt sie Trauer.

218

Der Psalm 137, geschrieben von einem judäischen Dichter und von der judäischen Gemeinschaft unter ihren Psalmen bewahrt, ist ein Gradmesser für die Erfahrungen des Exils:

An den Wassern zu Babel
saßen wir,
und weineten,
wenn wir an Zion gedachten.

Unsere Harfen hingen wir an die Weiden,
die drinnen sind.

Denn daselbst hießen uns singen, die uns gefangen hielten,
und in unserem Heulen fröhlich sein:
›Singet uns ein Lied von Zion!‹

Wie sollen wir Jahwes Lied singen in fremden Landen?

Vergesse ich dein, Jerusalem,
so werde meiner Rechten vergessen.

Meine Zunge soll an meinem Gaumen kleben,
wo ich dein nicht gedenke,
wo ich nicht lasse Jerusalem
meine höchste Freude sein.

Jahwe, gedenke den Kindern Edom
den Tag Jerusalems, die da sagten:
›Rein ab, rein ab, bis auf ihren Boden.‹

Du verstörete Tochter Babel,
wohl dem, der dir vergilt,
wie du uns gethan hast!

Wohl dem,
der deine jungen Kinder nimmt,
und zerschmettert sie an dem Stein!

Das Gedicht strahlt nicht gerade Zuneigung für die Babylonier aus. Und es erwähnt voller Bitterkeit die Edomiten, Judas Verwandte und Nachbarn, die dem eindringenden Feind Vorschub leisteten.

Den Judäern, die nach Ägypten geflohen waren, erging es nicht viel besser, denn neunzehn Jahre später fielen die Babylonier in Ägypten ein. Uns ist aus Ägypten lediglich eine judäische Söldnerkolonie bekannt, die bei Elephantine am ersten Katarakt des Nils angesiedelt war. Das Detail paßt zu dem Bericht in Könige und Jeremia, daß das judäische Heer die Fliehenden nach Ägypten geführt hat.

Gott, Tempel, König und Priester

Wie sollten die Vertriebenen und Flüchtlinge ihr Schicksal mit *Gott* in Verbindung bringen? In diesem Moment waren theologische Fragen keine Angelegenheit rein theoretischer Spekulationen. Theologie und Geschichte befanden sich jetzt auf Kollisionskurs. Die Art und Weise, wie man Gott begriff, war von Bedeutung für das Verständnis der Situation, in der sich die Flüchtlinge plötzlich wiederfanden. Ist Jahwe ein *rationaler* Gott? Wenn ja, so ist er in Juda zurückgeblieben, und das Volk ist im Exil von ihm abgeschnitten. Genau diese Frage stellt der Autor des 137. Psalms, dessen Übersetzung auf den vorangegangenen Seiten zu finden ist: ›Wie sollten wir Jahwes Lied singen in fremden Landen?‹

Oder ist Jahwe ein *universaler* Gott? Und wenn ja, warum ließ er dann diese Katastrophe zu? Oder anders gefragt: Wenn Jahwe der eine wahre Gott der ganzen

Welt ist, warum ließ er dann zu, daß die Babylonier seinen Tempel zerstörten, seine gesalbten Könige und Priester verschleppten und das Volk vertrieben? Da die vertriebene Gemeinschaft wohl nicht glauben konnte, daß die Babylonier mächtiger waren als Jahwe, drängte sich ihnen immer wieder auf, daß es ihre eigene Schuld war. *Sie* hatten ihren Bund mit Jahwe nicht eingehalten. *Sie* hatten andere Götter angebetet. Die Babylonier waren lediglich das Werkzeug Jahwes, das Instrument, dessen er sich bediente, um die Fluchworte des Bundes auszuführen, weil Juda seinen Vertrag gebrochen hatte. Eine der logischen Konsequenzen des Monotheismus ist das Schuldgefühl.

Es gab auch praktische Probleme. Wo sollte das Volk jetzt, da der Tempel zerstört war, Gott anbeten? Die ägyptische Kolonie bei Elephantine errichtete dort tatsächlich einen Tempel – womit sie eindeutig gegen das Gesetz der Zentralisierung im 5. Buch Mose verstieß. Das Außergewöhnliche an dem Tempel von Elephantine bestand darin, daß dort Jahwe und zwei weitere Götter, ein männlicher und ein weiblicher Gott, angebetet wurden. Die Juden in anderen Teilen der Welt waren über diese Entwicklung offenbar nicht glücklich; denn als der Tempel von Elephantine im fünften Jahrhundert zerstört wurde, halfen sie keineswegs, ihn wieder aufzubauen. Was die babylonische Gemeinschaft anbetrifft, so entwarf der Prophet Hesekiel, der zu den Vertriebenen in Babylonien gehörte, einen Plan für einen wiedererrichteten Tempel in Jerusalem. Er beschrieb den neuen Tempel in allen Einzelheiten, einschließlich seiner Abmaße in Ellen, jedoch wurde der von ihm so entworfene Tempel nie gebaut.[2]

Das andere praktische und dringende Problem war

folgendes: Wer sollte jetzt das Volk führen, da die Monarchie nicht mehr existierte? König Joahas war in Ägypten gefangen. Er starb dort auch. König Jojachin und König Zedekia waren in Babylon gefangen. Wir wissen nicht, was mit Zedekia geschah, aber Jojachin wurde den letzten Worten des 2. Buches der Könige zufolge siebenunddreißig Jahre nach seiner Gefangennahme aus der Gefangenschaft entlassen. Das hieß allerdings nicht, daß er auch wieder als König eingesetzt wurde.

Auch die Priester hatten ihr Zentrum, den Tempel, verloren, und das bedeutete, daß keine Opfer mehr dargebracht werden konnten. Damit waren ihre Autorität, ihr Einkommen und die meisten ihrer Funktionen gefährdet. Das hieß aber auch, daß den rivalisierenden Priestergruppen, den Musitern (die ihre Abkunft auf Mose zurückführten) und den Aaroniten, nicht mehr viel übrigblieb, um das sie hätten streiten können.

Kurz gesagt, die babylonische Zerstörung Judas hatte Schrecken und ungeheure Herausforderungen und Krisen für dieses Volk mit sich gebracht. Es war gezwungen, das Bild zu revidieren, das es sich von sich selbst und von seinem Verhältnis zu seinem Gott gemacht hatte. Es mußte einen Weg finden, Jahwe ohne einen Tempel anzubeten. Es mußte eine Führung finden, ohne einen König zu haben. Es mußte lernen, als eine ethnische Minderheit in großen Reichen zu leben. Es mußte entscheiden, wie seine Beziehung zu seinem Heimatland aussah. Und es mußte mit seiner Niederlage fertig werden.

Und dann, nach nur fünfzig Jahren, geschah das Unmögliche. Das Exil war vorbei, und es durfte nach Hause zurückkehren.

Das persische Reich:
Das Zeitalter der Geheimnisse

538 v. Chr. unterwarfen die Perser die Babylonier. Babylonien, Ägypten und alle Länder dazwischen, einschließlich Juda, waren somit Teil eines riesigen, mächtigen persischen Reiches. Der Herrscher dieses Reiches war Cyrus der Große. Noch im Jahre seiner Eroberung Babylons gestattete Cyrus den Juden die Rückkehr nach Juda. Dank eines königlichen Erlasses von Cyrus durften die Vertriebenen ihr Heimatland und ihren Tempel wieder aufbauen. Die wertvollen Gegenstände des Tempels, die die Babylonier verwendet hatten, wurden zurückgegeben – mit einer Ausnahme: der Bundeslade.

Aus irgendeinem Grunde berichten die biblischen Quellen nicht, was mit der Lade geschah, in der sich die Tafeln mit den Zehn Geboten befanden. Auch die Archäologie hat dazu keinerlei Hinweise geliefert. Das Verschwinden der Bundeslade ist das erste große Geheimnis aus dieser Zeit, und es ist bis heute eines der großen Geheimnisse der Bibel geblieben. Es gibt keinerlei Berichte, daß die Lade verschleppt, zerstört oder versteckt worden wäre. Es gibt nicht einmal einen Kommentar der Art wie: »Und dann verschwand die Bundeslade, und wir wissen nicht, was mit ihr geschehen ist«, oder »Und niemand weiß, wo sie sich befindet, bis auf diesen Tag«. Die in biblischer Sicht wichtigste Sache der Welt ist in der Geschichte plötzlich einfach nicht mehr da.

Hat sie überhaupt je existiert? Für den Zweck unserer Suche muß zunächst einmal mindestens festgehalten werden, daß die früheren Geschichtsbücher sie als existent *schildern* , verwahrt im Tempel. Die Bücher der Könige und der Chronik teilen ausdrücklich mit, daß die Bundeslade an dem Tag, als König Salomo den Tempel weihte, in den inneren Raum (das Allerheiligste) des Tempels gebracht wurde. Direkt tritt sie von da an in der Geschichte nicht mehr in Erscheinung; was mit ihr geschah, als der Tempel zerstört wurde, steht nirgends beschrieben. Und jetzt, in dem Bericht über die Heimkehr der Vertriebenen nach Juda, wird sie, im Gegensatz zu den weniger wichtigen Tempelgerätschaften, nicht erwähnt. Die nach Jerusalem zurückgekehrte Gemeinschaft baute den Tempel wieder auf, aber die Bundeslade enthielt dieser zweite Tempel nicht. Und es gab in ihm auch keine Cherubim, diese riesigen goldenen Statuen geflügelter Sphinxe, zu deren Aufgabe es unter anderem jedenfalls auch gehörte, ihre Flügel über der Bundeslade auszubreiten. Das Allerheiligste des zweiten Tempels war allem Anschein nach ein leerer Raum. All das wird sich für die Suche nach den Verfassern der Bibel als relevant erweisen.

Das zweite große Geheimnis dieser Epoche ist das Verschwinden der davidischen Dynastie. Den biblischen Büchern Esra und Nehemia zufolge wurden die Heimkehrer aus Babylonien von zwei Männern namens Sesbazar und Serubabel angeführt.[3] Diese Männer stammten beide aus dem Königshaus David. Sie waren Nachkommen des Königs Jojachin. Serubabel wird auch in den biblischen Büchern der Propheten Haggai und Sacharja erwähnt, die zu dieser Zeit weissagten.[4] Nach dem fünften Kapitel von Esra werden Sesbazar und Serubabel jedoch nicht mehr erwähnt. Es gibt keinen Bericht über das Verschwinden dieser Männer, keine

Erklärung dafür, was mit der Königsfamilie geschah. Vielmehr wird die Monarchie, wie die Bundeslade, einfach nicht mehr erwähnt. Weder die biblischen noch die archäologischen Quellen geben Hinweise darauf, was mit der Familie des Messias, mit den Nachkommen Davids, geschehen ist.

In dieser Epoche nehmen auch die Weissagungen ab und hören möglicherweise ganz auf. Die Zeit der großen Propheten ist vorbei. Die Propheten Haggai und Sacharja predigten zur Zeit von Serubabel, und mit den Königen verschwanden auch die Propheten.

Über die fünfzig Jahre des Exils in Babylonien und Ägypten wird nichts erzählt. Der heiligste Gegenstand des Volkes und die königliche Familie verschwinden einfach. Es gibt weniger Weissagungen. Und da gibt es noch weitere offene Fragen. Diese Zeit scheint insgesamt ein Zeitalter der Rätsel und Unklarheiten zu sein. Wie viele der in Babylonien exilierten Menschen haben eigentlich die Gelegenheit wahrgenommen, nach Juda zurückzukehren? Ist die Mehrheit in Babylonien geblieben oder heimgekehrt? Die in der Bibel angegebenen Zahlen sind verwirrend. Dem Buch Jeremia zufolge waren 4.600 Menschen im Jahre 587 v. Chr. von Juda nach Babylonien deportiert worden; nach dem 2. Buch der Könige waren es 11.600.[5] Dem Buch Esra zufolge kehrten aber nur fünfzig Jahre später 42.360 Menschen zurück.[6] Das hieße, die Gemeinschaft müßte sich äußerst fruchtbar vermehrt haben. Es ist möglich, daß in dieser Heimkehrerzahl die aus Ägypten Zurückkehrenden inbegriffen sind. Oder sie enthält möglicherweise die Leute von den nördlichen Stämmen Israels, die 722 v. Chr. von den Assyrern nach Mesopotamien deportiert worden waren und jetzt wieder mit den Heimkehrern aus Juda vereint waren. Wir wissen es einfach nicht. Wir wissen auch nicht, wie viele Juden sich bereits im Lande Juda befanden, als die Heimkehrer eintrafen. Hatten alle das Land verlassen und nach Babylonien und Ägypten ziehen müssen? Wahrscheinlich nicht. Aber wer war zurückgeblieben? Und wieviele waren es?

Wieder im gelobten Land

Wir wissen immerhin einiges darüber, wie das Leben im Lande weiterging, als die Vertriebenen zurückkehrten und mit dem Wiederaufbau begannen. Sie vollendeten den Bau des zweiten Tempels, und er wurde am Passahfest 516 v. Chr. geweiht. Das wurde, zumindest von einigen Juden, als die Erfüllung einer Weissagung Jeremias angesehen.[7] Wir wissen nicht, wie groß der zweite Tempel war, ob er dem ersten Tempel glich oder nicht. Wir wissen aber, daß sich in ihm weder die Bundeslade noch die Cherubim oder Urim und Thummim befanden. (Urim und Thummim waren heilige Geräte, die der Hohepriester anscheinend benutzte, um Orakel zu befragen.) Wir wissen, daß es einen Hohepriester gab. Wir wissen, daß der Hohepriester ein Aaronit, und eben nicht ein Musit war.

Am bedeutsamsten ist der Hinweis unserer Quellen, daß die gesamte Tempelpriesterschaft zu dieser Zeit aaronitisch war. Alle übrigen Leviten wurden nicht als rechtmäßige Priester anerkannt. Die Leviten wurden als zweitklassiger Klerus betrachtet, als Diener der Aaroniten, die allein die priesterlichen Privilegien in Anspruch nehmen durften. Der Kampf zwischen den musitischen und den aaronitischen Priestern war vorbei. Irgendwie hatten die Aaroniten einen vollständigen Sieg errungen. Ihr alter Anspruch, daß sie allein die rechtmäßigen Priester seien, war nun die allgemein herrschende Meinung. Der damalige Triumph der aaronitischen Priesterschaft sollte auf die Entstehung der Bibel einen gigantischen Einfluß haben.

Wie kam es dazu, daß die aaronitischen Priester so uneingeschränkt die Oberhand gewinnen konnten? Vielleicht lag es daran, daß die Aaroniten beim Untergang des Königreiches als Priesterschaft an der Macht waren. Da die Babylonier die oberen Gesellschaftsklassen ins Exil trieben, wären folglich die aaronitischen Priester nach Babylonien verschleppt worden. So war beispielsweise der Prophet Hesekiel ein aaronitischer Priester und befand sich unter den nach Babylonien Verbannten. Die musitischen Priester dagegen haben wohl eher zu den nach Ägypten Geflüchteten gehört. So befand sich beispielsweise der Prophet Jeremia, allem Anschein nach ein musitischer Priester, unter den Flüchtlingen in Ägypten. Da aber die babylonische Gruppe die Heimkehr einleitete und die neue Gesellschaft regierte (anfangs unter Sesbazar und Serubabel), waren die aaronitischen Priester zumindest in einer dominierenden Position und konnten möglicherweise sogar bestimmen, wer als Priester galt und wer nicht.

Ein weiterer Grund für die Niederlage der musitischen Priester gegenüber den Aaroniten in dieser Zeit mag der sein, daß die Musiten, und insbesonders Jeremia, als pro-babylonisch angesehen wurden. Nach dem Sieg der

Perser über die Babylonier mögen die persischen Behörden es verständlicherweise vorgezogen haben, die aaronitischen Priester an die Macht zu bringen. Die Aaroniten waren anti-babylonisch gewesen, was sich an der Tatsache ablesen läßt, daß die Babylonier 587 v. Chr. die obersten Priester hingerichtet haben.

Es muß noch ein weiterer Grund angeführt werden zur Klärung des Erfolgs, den die aaronitischen Priester im wiedererstandenen Juda hatten. Es ist der Einfluß und die Macht eines Mannes: Esra.

Esra

In der ganzen Bibel sind nur zwei Männer als Gesetzgeber bekannt: Mose und Esra. Esra kam achtzig Jahre nach dem ersten Heimkehrerschub, nämlich im Jahre 458 v. Chr., nach Juda. Er war Priester und Schreiber. Der biblische Bericht sagt ausdrücklich, daß Esra ein *aaronitischer* Priester war. Außerdem gibt es den Hinweis, daß Esra kein gewöhnlicher Schreiber war. Seine Schreibfertigkeiten wurden besonders mit einem Dokument in Verbindung gebracht: ›der *Thora* von Mose‹.

Esra traf mit zwei bedeutsamen Dokumenten in Jerusalem ein. Beim ersten handelte es sich um diese ›*Thora* von Mose‹, beim zweiten um einen Brief des persischen Kaisers Artaxerxes, der ihm in Juda Vollmacht verlieh. Die Ermächtigung des Kaisers gab Esra die Befugnis, ›das Gesetz Gottes, das unter deiner Hand ist‹, zu lehren und durchzusetzen. Um das Gesetz durchzusetzen, war Esra autorisiert, unter anderem Geldstrafen, Gefängnis und die Todesstrafe zu verhängen.

Was war diese ›*Thora* von Mose‹, dieses ›Gesetz Gottes, das unter deiner Hand ist‹? Bezugnahmen in den biblischen Büchern Esra und Nehemia enthalten Material von J, E, D und P.[8] Daher ist es wahrscheinlich, daß das Buch, das Esra aus Babylon nach Juda mitbrachte, die vollständige Thora war — alle fünf Bücher Mose —, wie wir sie kennen.

Die politische Autorität teilte Esra irgendwie mit einem Statthalter namens Nehemia, der ebenfalls vom Kaiser ernannt war. Die Unterstützung des Kaisers, der vielleicht der mächtigste Mann der Welt war, verlieh Esra und Nehemia eine beachtliche Autorität. Sie bauten die Stadtmauern von Jerusalem wieder auf, die von den Babyloniern niedergerissen worden waren. Sie setzten die Einhaltung des Sabbats durch. Sie erzwangen, daß Mischehen zwischen Juden und Angehörigen anderer Völker aufgelöst wurden. Da ein jüdäischer König fehlte, waren diese beiden Männer die Führer des Volkes. Juda war kein unabhängiges Land. Es war jetzt eine Provinz des persischen Reiches. Und Esra und Nehemia waren die vom Kaiser ernannte Obrigkeit.

Tempel und Thora

In der Periode des zweiten Tempels kam eine Zentralisierung zustande. Offenbar gab es in Juda keinerlei Konkurrenz von irgendeinem anderen religiösen Zentrum mehr. Was Hiskia und Josia versucht hatten, war nun wirklich erreicht. Ein Gott, ein Tempel. Der Tempel von Elephantine war weit weg, und er wurde etwa zu der Zeit, als Esra in Jerusalem war, ohnehin zerstört.

Esra berief eine Volksversammlung am Jerusalemer

Wassertor ein. Er hielt sie am Herbstfeiertag, dem Laubhüttenfest, zu dem die Menschen aus ganz Juda nach Jerusalem kamen. Bei diesem Anlaß präsentierte er das Buch der Thora und verlas es vor den versammelten Massen. Daran schloß sich eine Bundesfeier an, in der das Volk sich seinem Gott erneut verpflichtete und seinen Bund mit ihm, wie er in dieser Thora beschrieben ist, erneuerte.

Die Zeit der Restauration, das Zeitalter des zweiten Tempels, scheint biblischen und nachbiblischen Quellen zufolge wie nie zuvor eine Zeit der Hinwendung zu diesem Buch gewesen zu sein. Warum? Wahrscheinlich, weil die politische Macht jetzt stärker in den Händen der Priester lag, die daran ein größeres Interesse hatten als die Könige vor ihnen. Möglicherweise erfreute sich dieses Buch zu dieser Zeit beim Volk auch besonderer Wertschätzung, weil es eine Brücke zur Vergangenheit darstellte. Dank dieser Verbindung wurden die ehemals Vertriebenen daran erinnert, daß hier ein *Wieder*aufbau stattfand, und nicht einfach ein Neuanfang. Als Geschichtswerk vermittelte es das Gefühl eines Erbes von außergewöhnlicher Vergangenheit. Als Gesetzeswerk zeigte es einen Weg, an dem Bund – das heißt, an dem Erbe – in der Gegenwart teilzuhaben.

Wie gelangte ein Exemplar dieses Buches in Esras Besitz? Wie kam es dazu, daß in ihm alle Quellen miteinander vermischt waren? Wie konnte es ihm gelingen, dieses Buch mit Erfolg öffentlich als ›die *Thora* von Mose‹ bekanntzumachen, als die sie dann zweieinhalb Jahrtausende lang anerkannt wurde? Wenn wir wissen, wer P geschrieben und wer all diese Quellen zu einem Werk vereinigt hat, dann wissen wir auch die Antwort auf diese und noch viele weitere Fragen.

KAPITEL 9

Ein glänzender Irrtum

Bis jetzt habe ich fast ausschließlich von den Fakten selbst gesprochen — das heißt, von den Beweisen aus dem Text und aus der Archäologie — und nicht davon, wie wir das, was wir an Fakten wissen, herausgefunden haben. Ich bin deshalb so vorgegangen, weil ich mit diesem Buch eher eine Präsentation von Beweisen und Schlußfolgerungen als eine Geschichte der Forschung beabsichtige. Jetzt aber muß ich von einem falschen Schritt erzählen, der bei der Suche nach den Autoren der Bibel gemacht wurde; denn er hat die Forschung ein ganzes Jahrhundert lang beherrscht. Die überwiegende Mehrheit der Bibelwissenschaftler, einschließlich meiner selbst, hat ihn akzeptiert. Die meisten akzeptieren ihn noch immer, zumindest teilweise.

Dies ist der umstrittenste Teil der Geschichte; denn von diesem Punkt an wird die Auseinandersetzung nicht nur mit religiösen Fundamentalisten, sondern auch mit anderen, kritischen Forschern zu führen sein. Es ist auch erforderlich zu erzählen, wie es zu diesem falschen Schritt kam, denn er hat für die Entdeckung dessen, was ich für die Lösung halte, eine Rolle gespielt. Seltsamerweise gelangt man manchmal nur über einen Irrtum zu einer Entdeckung. Oder, um es mehr im Sinne der

Hochachtung auszudrücken, die ich für die großen Bibelwissenschaftler der Vergangenheit hege: selbst wenn wir meinen, weiter blicken zu können als unsere Vorgänger, sollten wir nie vergessen, daß dies nur möglich ist, weil wir auf ihren Schultern sitzen.

Die zentrale und strittigste Frage dieser Suche ist schon immer die gewesen, wann P, die priesterliche Quelle, geschrieben wurde. Es wird allgemein angenommen, daß J und E aus der frühen Periode stammen – den Zeiten der beiden Königreiche Juda und Israel. Und es herrscht noch größere Übereinstimmung darin, daß D ursprünglich aus der mittleren Periode stammt – aus Josias Zeit. Den (oder die?) Verfasser der Gesetze und Berichte von P zu finden aber hat sich als schwierigste Aufgabe erwiesen.

P ist die größte Quelle, etwa so umfangreich wie die anderen drei Quellen zusammengenommen. Zu ihr gehört die Schöpfungsgeschichte im ersten Kapitel der Bibel. Zu ihr gehört die kosmische Version der Geschichte von der Sintflut, die Version nämlich, bei der die Fenster des Himmels und die Brunnen der Tiefe geöffnet werden, um die Welt zu überfluten. Sie enthält Geschichten von Abraham, von Jakob, vom Auszug aus Ägypten, von der Wanderung durch die Wüste, von denen die *meisten* Dubletten zu Geschichten in J und E sind. (Die Unterschiede sind höchst aufschlußreich, aber mehr darüber an späterer Stelle.) Und sie enthält einen umfangreichen Gesetzestext, der etwa dreißig Kapitel des 2. und 4. Buches Mose und das gesamte 3. Buch Mose umfaßt. Es geht also nicht um eine unbedeutende Frage. Einfach gesagt, beginnt die Suche nach dem Mann, der den größten Teil der Fünf Bücher Mose geschrieben hat, mit einem Irrtum.

Der Irrtum

Es begann 1833 mit einer Vorlesung in Straßburg. Professor Eduard Reuss erzählte seinen Studenten, daß die biblischen Propheten sich nicht auf das priesterliche Gesetz (P) beziehen. Die Propheten zitierten P nicht; sie machten nicht einmal den Eindruck, daß sie damit vertraut sind. Professor Reuss zog den Schluß, daß *das Gesetz jünger war als die Propheten*. P wurde geschrieben, als die Propheten nicht mehr weissagten; oder anders gesagt, in den Tagen des zweiten Tempels.

Das Gesetz war jünger als die Propheten. Das war der erste Schritt dieses Irrtums.

Reuss fürchtete sich damals, seine kritischen Ansichten gedruckt zu äußern. Er wartete sechsundvierzig Jahre, bevor er 1879 ein langes Werk über das Thema veröffentlichte; zu dem Zeitpunkt aber hatte einer seiner Studenten den Gedanken bereits weitergeführt und unabhängig veröffentlicht.

Der Student, Karl Graf, war von den Argumenten seines Lehrers überzeugt und entwickelte sie in eigenen Untersuchungen weiter. Da hatten Forscher bereits darauf geschlossen, daß D aus Josias Zeit stammte, und diese Erkenntnis diente Graf als Ausgangsbasis. Er untersuchte anschließend Teile von J, E und P, um herauszufinden, welche davon vor D und welche nach D einzuordnen waren. Er kam zu dem Schluß, daß J und E vor D geschrieben wurden, was — wie wir wissen — bis heute allgemein angenommen wird. Aber wie sein Lehrer Reuss behauptete Graf, daß der große Gesetzestext von P erst recht spät in biblischer Zeit, nämlich nach D, geschrieben wurde, in den Tagen des zweiten Tempels.

Graf malte ein vollkommen neues Bild von der Geschichte des biblischen Israels, in dem das umfassende System der Gesetze und Rituale ebenso wie die zentrale Stellung der Priester und des Tempels im Leben des Volkes nicht auf die Anfänge, sondern auf Entwicklungen gegen Ende des biblischen Zeitalters zurückgeführt werden.

Bei dieser Vorstellung, daß die Person (oder die Personen), die P geschrieben hat (haben), aus der Gesellschaft nach dem Exil stammte, gab es ein besonders ernstes Problem. Gewiß, in dieser Zeit lag die Macht bei den Priestern, und die Religion wurde im Tempel zentralisiert. Doch eine Frage blieb: wenn P von jemandem aus der Zeit des zentralen Tempels geschrieben wurde, warum wird dann in P nicht ein einziges Mal ein Tempel erwähnt? Jahwe hat Mose niemals befohlen, dem Volk zu sagen, daß sie einen Tempel bauen sollen, wenn sie in das gelobte Land kommen. Es gibt nicht ein Gesetz, dessen Erfüllung das Vorhandensein eines Tempels erfordert. Priester, ja. Eine Bundeslade, einen Altar, Cherubim, Urim und Thummim und andere heilige Geräte, ja. Aber keine einzige Erwähnung eines Tempels. Grafs Lösung für das Problem des fehlenden Tempels war für seine Analyse entscheidend. Er argumentierte, daß der Tempel in Wirklichkeit viele Mal in P erwähnt *wurde*, aber unter anderem Namen. Er wurde nicht als Tempel, sondern als *Stiftshütte* bezeichnet.

Die Stiftshütte ist das Zelt, das Mose in der Wüste baut, um die Bundeslade unterzustellen. In der Quelle E wird sie nur dreimal erwähnt. In J und D wird sie überhaupt nicht erwähnt. In P wird sie dagegen über zweihundertmal genannt. P gibt ausführliche Informationen über ihr Material und ihren Bau sowie über die sie betreffenden Gesetze. In P's Geschichten taucht sie regelmäßig auf. In P finden alle Zusammenkünfte des Volkes an der Stiftshütte statt. Die Stiftshütte ist für P einfach unentbehrlich.

Graf (und später auch anderen) zufolge hat die Stiftshütte nie existiert. Graf folgerte, daß die Stiftshütte eine Erfindung von jemandem war, der in den Tagen des zweiten Tempels gelebt hat. Dieser Autor aus der Zeit des zweiten Tempels wollte einen Gesetzeskodex einführen, der im Interesse der damaligen Tempelpriester war. Um nun diesen Gesetzen den Anspruch eines hohen Alters und damit Autorität zu verleihen, wollte dieser Autor behaupten, daß dies die *Thora* sei, die Gott Mose am Berg Sinai gegeben hat. Kurz gesagt, es war wieder ein Fall von ›frommem Betrug‹.

Diese Auffassung brachte aber ein Problem mit sich. Wie konnte dieser Autor eine Geschichte verfassen, in der Gott Mose Gesetze über einen Tempel gibt, da tatsächlich erst über zweihundert Jahre nach Moses Tod ein Tempel gebaut wurde? Um glauben zu machen, daß die priesterlichen Gesetze aus der Feder Moses stammten, mußte der Autor der zweiten Tempelperiode einen Dreh finden, der die Zeit Moses mit der Zeit der Tempel verband. Dieser Dreh war die Stiftshütte.

Und so hatte nach der Auffassung dieses Autors Mose die Stiftshütte errichtet und die sie betreffenden Gesetze gegeben. Nach Moses Zeit diente die Stiftshütte dann weiterhin als das zentrale Heiligtum des Volkes, bis an ihre Stelle in ihrer Nachfolge der Tempel gebaut wurde. Dann wurde die Bundeslade von der Stiftshütte in den Tempel gebracht, und die Gesetze, die das Vorhanden-

235

sein einer Stiftshütte erforderten, verlangten statt dessen jetzt das Vorhandensein eines Tempels. Die priesterliche Stiftshütte war somit eine literarische Fiktion, die von dem P-Autor (oder den P-Autoren) der Zeit nach dem Exil geschaffen wurde, um den wiedererbauten Tempel und die reetablierte Priesterschaft im Jerusalem ihrer Zeit zu unterstützen.

Im Sinne dieser Vorstellung wurde etwa das Argument angeführt, die Stiftshütte, wie sie im 2. Buch Mose (Kapitel 26) beschrieben wird, sei viel zu groß gewesen, als daß die Israeliten sie während ihrer vierzigjährigen Wüstenwanderung mit Mose wirklich hätten durch die Wüste tragen können. Ein zweites Argument ergab sich aus dem Vergleich der Maße der Stiftshütte mit denen des Tempels. Wissenschaftler stellten fest, daß die Stiftshütte nach 2. Mose 26 dreißig Ellen lang und zehn Ellen breit war. Nach 1. Könige 6 war der Tempel sechzig Ellen lang und zwanzig Ellen breit. Beide Bauten haben also dieselben Proportionen, wobei die Stiftshütte halb so lang und halb so breit ist wie der Tempel. Daher sahen die Wissenschaftler die Stiftshütte als eine erzählerisch frei eingefügte Miniaturausgabe des Tempels an.

Die Stiftshütte war eine Fiktion, ein Symbol für den zweiten Tempel. Das war der zweite Schritt zu diesem Irrtum.

Und dann kam Wellhausen. So wie Freud in der Psychologie oder Weber in der Soziologie ist Julius Wellhausen eine beherrschende Figur der modernen biblischen Forschung. Vieles von dem, was Wellhausen sagte, übernahm er von seinen Vorgängern. Er verwendete Schlußfolgerungen von Graf, de Wette und anderen. Sein eigener Beitrag stellt nicht so sehr einen Anfang als vielmehr einen Höhepunkt dar. Er fügte all die vielen Steinchen zusammen mit seinen eigenen Untersuchungen und Überlegungen zu einer klaren, durchdachten Synthese. Seine Bücher hatten einen enormen Einfluß. Überall in Europa begannen Menschen, welche die kritische Forschung zur Frage nach den Autoren der Bibel abgelehnt hatten, sich überzeugen zu lassen. Wellhausens Ansehen war gewaltig. Und der Einfluß, den er auf seine Studenten ausübte, war auch einer der Gründe, weshalb er seine Stellung an der Universität Greifswald aufgab. In seinem Kündigungsschreiben heißt es:

> Ich wurde Theologe, weil mich die wissenschaftliche Beschäftigung mit der Bibel interessiert hat. Erst nach und nach ist mir klar geworden, daß ein Theologieprofessor gleichermaßen die praktische Aufgabe hat, Studenten auf den Dienst in der evangelischen Kirche vorzubereiten, und daß ich diese praktische Aufgabe nicht erfüllte, sondern vielmehr trotz aller Zurückhaltung meinerseits meine Zuhörer für ihr Amt untauglich machte.[1]

Was hat er denn gesagt, das solche Wirkung hatte? Er identifizierte die Quellen J, E, D und P, und er ordnete die Geschichte der biblischen Welt fein säuberlich in einem Schema, in dem jede Quelle ihren genauen Platz hatte. Und dieses Schema kulminierte in den Gesetzen und Geschichten von P.

Als Wellhausen einmal die Behauptung von Reuss, das Gesetz sei jünger als die Propheten, und Grafs These akzeptiert hatte, daß die Stiftshütte lediglich ein Symbol des Tempels sei, da waren die Weichen gestellt. Wellhausen trieb die Sache noch einen Schritt weiter. Für ihn war die Stiftshütte der Schlüssel zu dem gesamten Puzzle. Die Geschichte der religiösen Zentralisierung in der

Stiftshütte (d. h. im Tempel) lieferte die entscheidenden Hinweise zur historischen Identifizierung der Verfasser:

In den Erzählungen und Gesetzen von J und E kam der Gedanke der Zentralisierung nicht auf. Warum? Weil sie in der Frühzeit Israels geschrieben wurden, als jedermann überall opfern konnte.

In D wurde die strenge Einhaltung der Zentralisierung gefordert: »Du darfst nur an der Stätte opfern, wo Jahwe seinen Namen wohnen läßt.« Warum? Weil D aus der Zeit Josias stammte, einer Epoche, als die Zentralisierung eingeführt wurde und mit Nachdruck durchgesetzt werden mußte.

In P, sagte Wellhausen, wurde die Zentralisierung nicht gefordert. Sie wurde *vorausgesetzt*. In den Gesetzen und Erzählungen von P wurde wieder und wieder einfach davon ausgegangen, daß es auf Erden nur eine Stätte gab, wo man opfern konnte, und diese eine Stätte war die Stiftshütte (d. h. der Tempel). Warum? Weil P aus der Zeit des zweiten Tempels stammte, einer Epoche, für die als allgemein anerkannte Tatsache galt, daß das Volk nur am Tempel opferte.

Die Gesetze und Erzählungen von P setzen die Zentralisierung voraus. Das war der dritte Schritt auf dem Weg zu dem Irrtum.

Es gab dafür natürlich noch mehr Argumente. In der Auflistung der verschiedenen Arten des Opfers erscheint bei P ein ›Sündopfer‹ und ein ›Schuldopfer‹. Solche Opfer werden bei J, E oder D nicht erwähnt. Wellhausen argumentierte, daß es nur logisch sei, daß Sünd- und Schuldopfer erst nach der Erfahrung des Exils eingeführt worden waren. Danach erst fühlte das

238

Volk sich schuldig, weil es glaubte, daß Zerstörung und Vertreibung eine Strafe für die eigenen Sünden gewesen waren. Und damit ergab sich also ein weiterer Beweis, daß P in der Epoche des zweiten Tempels geschrieben wurde.

Außerdem gibt es in der Liste der Feiertage bei P einen Feiertag, der als Herbst-Neujahrstag bekannt ist und dem zehn Tage später ein Versöhnungstag folgt. Diese Feiertage werden in J, E und D ebenfalls nicht erwähnt; und diese beiden zusätzlichen Feiertage haben auch mit der Buße für Sünden zu tun. Wellhausen argumentierte, daß auch das die Zeit widerspiegelte, als Juda sich nach Zerstörung und Vertreibung schuldig fühlte.

Es gab noch einen weiteren Beweis dafür, daß der Autor von P in der Epoche des zweiten Tempels zu suchen war. Dieses Beweisstück war das Buch des Propheten Hesekiel. Wie der Prophet Jeremia war Hesekiel ein *aaronitischer* Priester. Wie Jeremia ging auch Hesekiel ins Exil. Im Gegensatz zu Jeremia lag Hesekiels Exil in Babylonien. Dort schrieb er sein Buch. Dieses Buch, das Buch Hesekiel, ähnelt P sprachlich und stilistisch in bemerkenswerter Weise. Es ähnelt P fast so sehr wie Jeremia D ähnelt; es gibt ganze Abschnitte bei Hesekiel, die fast Wort für Wort Abschnitten bei P entsprechen.

Ein Abschnitt bei Hesekiel war Wellhausen besonders wichtig. Hesekiel erklärt, daß zukünftig nur noch bestimmte Leviten Priester sein können. Alle anderen sind wegen ihrer früheren Übertretungen für die Priesterschaft ungeeignet. Die einzigen Leviten, die als Priester fungieren können, sind die Nachkommen von Zadok.[2] Zadok war Davids *aaronitischer* Priester. Und somit sind laut Hesekiel nur *aaronitische* Priester rechtmäßig. Alle anderen sind vom Priesteramt ausgeschlossen.

Und das, so sagte Wellhausen, ist ganz genau die in P vertretene Auffassung. In P ist es völlig klar, daß nur Aaroniten Priester sind. Mehrere P-Erzählungen (von denen später noch die Rede sein wird) und viele P-Gesetze lassen das glasklar werden. Die Nachkommen Moses oder sonstwer werden von P einfach nicht als rechtmäßige Priester anerkannt. Wellhausen zog den Schluß, daß P zur Zeit des zweiten Tempels geschrieben wurde, als die aaronitischen Priester an die Macht kamen. Sie ließen sich von Hesekiels Weissagung inspirieren, und mit der Rivalität zwischen den Priesterfamilien war es ein für allemal vorbei. Die Aaroniten hatten gewonnen, und einer von ihnen schrieb eine ›*Thora* von Mose‹, die diesen Sieg widerspiegelte.

Das von Wellhausen gezeichnete Bild war äußerst reizvoll. Es datierte eine priesterliche Quelle in eine priesterliche Zeit. Es datierte den Ursprung von Schuldopfern und Versöhnungstagen in eine Epoche von Schuld und Sühne. Es brachte Vorstellungen, die den Ideen Hesekiels ähnelten, in der Zeit unmittelbar nach Hesekiel unter. Es erklärte die Konzentrierung auf die Stiftshütte in P mit der Zeit der Konzentrierung auf den Tempel. Das Bild war logisch, einheitlich, überzeugend – und falsch.

Was stimmt nicht an diesem Bild?

Reuss hatte sich einfach geirrt. Natürlich zitieren die Propheten aus P. Insbesondere Jeremia spielt deutlich auf P an. Der berühmte Anfang von P's Erzählung im ersten Kapitel der Bibel lautet:

> Am Anfang schuf Gott Himmel und Erde. Und die Erde war wüst und leer … Und Gott sprach: Es werde Licht.[3]

In einer seiner Weissagungen spricht Jeremia von einer kommenden Zeit der Zerstörung. Er spricht poetisch von einer Zeit, da in der Natur das Unterste zuoberst gekehrt sein wird. Er beginnt mit den Worten:

> *Ich schaute das Land an,*
> *siehe, das war wüst und öde,*
> *und den Himmel,*
> *und er war finster.*[4]

Die Texte sind sich zu ähnlich, als daß es ein Zufall sein könnte. Und es ist recht unwahrscheinlich, daß die P-Erzählung von der Erschaffung der Welt auf einer Zeile aus einer Vernichtungs-Prophezeiung bei Jeremia gründet. Vielmehr ist es Jeremia, der das in P vorgegebene Bild radikal auseinandernimmt.

Jeremia scheint an solchen Umkehrungen der Sprache von P überhaupt Spaß zu haben. P verwendet mehrfach den Ausdruck: »Seid fruchtbar und mehret euch«,[5] und P hebt die Bundeslade hervor, die in der Stiftshütte aufbewahrt wird.[6] Jeremia aber prophezeit:

> Und es soll geschehen, wenn ihr fruchtbar wart und euch vermehret habt [bei Luther: wenn ihr gewachsen, und euer

viel geworden sind — Anm. d. Übers.] im Lande, so soll man, spricht Jahwe, zur selbigen Zeit nicht mehr sagen von der Bundeslade Jahwes, auch derselbigen nicht mehr gedenken, noch davon predigen, noch nach ihr fragen; und sie wird nicht wieder gemacht werden.[7]

Man erinnere sich, daß Jeremia zu den Priestern von Silo gehört, die uns E und D bescherten, jene beiden Quellen, die die Bundeslade überhaupt nicht erwähnen. Da kann es nicht überraschen, wenn Jeremia in einer sprachlichen Verdrehung von P die Bundeslade mit Distanz betrachtet.

Im 3. Buch Mose beginnt P mit ganzen sieben Kapiteln voll Opferregeln. P zählt die Arten der Opfer auf, sagt, welche Tiere zu opfern sind, und gibt an, wann und wie sie zu opfern sind. Abschließend heißt es:

Dies ist die *Thora* des Brandopfers, des Speisopfers, des Sündopfers, des Schuldopfers, der Füllopfer und der Dankopfer, das Jahwe Mose gebot auf dem Berge Sinai des Tages, da er ihm gebot an die Kinder Israel, zu opfern ihre Opfer Jahwe in der Wüste Sinai.[8]

Jeremia aber sagt:

Denn ich habe euren Vätern des Tages, da ich sie aus Ägyptenlande führete, weder gesagt, noch geboten von Brandopfern und anderen Opfern.[9]

Warum hat Jeremia etwas gegen P? Lassen Sie mich darauf später zu sprechen kommen. Im augenblicklichen Zusammenhang ist nur wichtig, daß er P *kennt*.

Jeremia ist nicht der einzige Prophet, der P kennt. Hesekiel kennt es, zitiert es und baut Weissagungen darauf auf. Nehmen wir Hesekiel 5 und 6. In diesen Kapiteln klagt Hesekiel sein Volk an, weil es seinen Bund mit Gott nicht gehalten hat. Bei den Bibelwissenschaftlern wird diese Art der Weissagung als ›Bundesprozeß‹ bezeichnet. In der Rolle des Vertreters der Anklage klagt der Prophet vor einem göttlichen Gericht das Volk an, seinen Vertrag mit Gott gebrochen zu haben. Im Falle von Hesekiel 5 und 6 ist der betreffende Vertrag ein Kapitel in P (3. Mose 26). Dort gibt der P-Bericht über den Bund zwischen Gott und Israel eine Aufzählung von Segnungen und Flüchen. Sie sagt, daß die Segnungen eintreffen werden, wenn

> ihr in meinen Satzungen wandeln, und meine Gebote halten und thun [werdet].[10]

Das sind die Worte des Bundes. Die Worte der Anklage in Hesekiels Bundesprozeß lauten:

> … und nach meinen Geboten nicht lebet, und nach meinen Rechten nicht thut …[12]

Der Fluch des Bundes bei P lautet:

> … daß ihr sollt eurer Söhne und Töchter Fleisch fressen.[13]

In Hesekiels Bundesprozeß lautet ein Urteil:

> Daß in dir die Väter ihre Kinder … fressen sollen.[14]

In den Flüchen des Bundes heißt es bei P:

> Und will wilde Tiere unter euch senden, die sollen eure Kinder fressen … Und will ein Racheschwert über euch bringen … will ich … die Pestilenz unter euch senden.[15]

In Hesekiels Bundesprozeß lautet ein Urteil:

> Ja, Hunger und böse wilde Tiere will ich unter euch schik-
> ken, die sollen euch ohne Kinder machen; und soll Pestilenz
> und Blut unter dir umgehen, und will das Schwert über dich
> bringen.[16]

Und so weiter. Hesekiels Anklagen und Verurteilungen
des Volkes schienen fast wörtlich mit dem Wortlaut des
P-Textes übereinzustimmen — und genau das erwartet
man ja auch von einem Bundesprozeß. Aber die Wissenschaftler, die Reuss, Graf und Wellhausen folgten, waren
der Auffassung, daß P *später* als Hesekiel geschrieben
wurde. Das würde bedeuten, daß ein *Vertrag* nach Maß-
gabe des Prozesses um diesen Vertrag geschlossen hätte
werden müssen — und wie ließe sich das erklären? Die
meisten behaupteten, daß eben dieser Teil von P (3.
Mose 26) früher geschrieben worden sein müßte als der
Rest von P.

Aber Hesekiel zitiert auch andere Texte von P, vor
allem die P-Version der Erzählung vom Auszug aus
Ägypten. In der P-Erzählung sagt Gott zu Mose:

> Und euch bringt in das Land, darüber ich habe meine Hand
> gehoben, daß ich's gäbe Abraham, Isaak und Jakob; das will
> ich euch geben ...[17]

Bei Hesekiel sagt Gott zu Hesekiel:

> Denn da ich sie in das Land gebracht hatte, über welches ich
> meine Hand aufgehoben hatte, daß ich's ihnen gäbe ...[18]

Es gibt zahlreiche andere Parallelen zwischen der
Exodus-Erzählung bei P und Hesekiels Rückblick auf

diese Erzählung.[19] Es hat den Anschein, daß Hesekiels Quelle für den Auszug aus Ägypten P ist. Aber seit Reuss, Graf und Wellhausen haben Wissenschaftler, wie gesagt, behauptet, daß P *nach* Hesekiel geschrieben wurde. Das würde in diesem Fall bedeuten, daß die Geschichte in P auf der Grundlage der *Nach*erzählung dieser Geschichte bei Hesekiel hätte erzählt werden müssen — und wie wollen sie das erklären? Ich glaube nicht, daß sie das erklären *können*. Mir scheint, daß wir es als selbstverständlich annehmen müßten, daß ein Prophet die *Thora* zitiert, und nicht umgekehrt. (Und Hesekiel zitiert ja auch ausdrücklich aus der *Thora*.[20]) Wir würden es für selbstverständlich halten, daß die Nacherzählung einer Geschichte auf der Erzählung basiert und nicht umgekehrt.

Wir würden erwarten, daß ein Vertragsprozeß den Vertrag zur Grundlage hat und nicht umgekehrt. Die Bibelwissenschaftler des neunzehnten Jahrhunderts schrieben dem Propheten Hesekiel einen ungeheuren Einfluß zu. Trotzdem werden alle möglichen bei Hesekiel wesentlichen Dinge in P ignoriert, oder es wird ihnen sogar widersprochen. Hesekiel entwirft beispielsweise einen bis ins kleinste detaillierten Plan zum Wiederaufbau des Tempels, aber der Stiftshütten-Tempel in P entspricht nicht im geringsten Hesekiels Modell.[21]

Ich glaube, daß neue Methoden der sprachwissenschaftlichen Analyse heute auch die letzten Diskussionen um diesen Punkt zum Verstummen bringen. 1982 hat Professor Avi Hurvitz von der Hebräischen Universität in Jerusalem nachgewiesen, daß P in einer früheren Stufe des biblischen Hebräisch geschrieben wurde als Hesekiel.[22]

Natürlich könnte man argumentieren, daß möglicherweise Jeremia nicht Jeremia und Hesekiel nicht Hesekiel geschrieben haben. Das ist allerdings nicht die Verteidigung, die die Befürworter der These Wellhausens gewählt haben. Statt dessen werden ungeheuer rege die Bücher der Propheten untersucht, um genau festzustellen, welche *Teile* zu welchem geschichtlichen Zeitpunkt geschrieben wurden. Die Texte, die ich oben von Jeremia und Hesekiel zitiert habe, lassen sich nach meinem Dafürhalten aber nicht in Teile zerlegen und anders zusammensetzen; und außerdem datiert die sprachwissenschaftliche Analyse P nicht nur chronologisch relativ vor die Propheten, sondern früher als die Epoche, in der Wellhausen P angesiedelt hat. Neben Hurvitz haben in den letzten Jahren noch fünf weitere Wissenschaftler, zwei in Kanada und drei in den Vereinigten Staaten, linguistische Beweise dafür entdeckt, daß der größte Teil von P in dem biblischen Hebräisch geschrieben wurde, das der Epoche vor dem Exil in Babylon zuzuordnen ist.[23] Die Behauptung von Reuss, daß das Gesetz von P nach den Propheten entstand, ist schlicht falsch. Die Beweise aus den Büchern der Propheten deuteten vielmehr darauf hin, daß der Verfasser der Gesetze und Erzählungen von P vor der Zeit Jeremias und Hesekiels zu suchen ist — d. h. vor dem babylonischen Exil.

Wellhausens Behauptung, daß P eine zentralisierte Religion voraussetzt, stimmte ebenfalls nicht. P schreibt immer wieder vor, daß das Opfern und andere religiöse Zeremonien an der Stiftshütte stattfinden müssen. So wie D dem Volk immer wieder vorschreibt, zu ›der Stätte, daselbst Jahwe seinen Namen wohnen läßt‹, zu kommen, gebietet ihm P immer wieder, zur Stiftshütte zu kommen. Der Grund ist derselbe. Sie verwenden lediglich unterschiedliche Euphemismen für dieselbe Idee: es kann nur ein offizielles religiöses Zentrum geben.

P fordert das wiederholt in den ersten Kapiteln des 3 und 4. Buches Mose. Besonders klar sagt P es in 3. Mose 17:

> Welcher von dem Hause Israel einen Ochsen oder Lamm oder Ziege schlachtet in dem Lager oder außen vor dem Lager, und nicht vor die Thür der Hütte des Stifts bringt, daß es dem Herrn zum Opfer gebracht werde vor der Wohnung Jahwes, der soll des Bluts schuldig sein, als der Blut vergossen hat, und solcher Mensch soll ausgerottet werden aus seinem Volk.[24]

Wer nicht zu der zentralen Stätte kommt, wird ausgestoßen. Es ist, als hätte er einen Mord begangen (Blut vergossen). Das setzt wohl kaum eine Zentralisierung voraus. Es fordert sie.

Wie hat Wellhausen das erklärt? Er hat es so erklärt, daß dieser Abschnitt aus 3. Mose eigentlich nicht zu P gehört: Er habe in Stil und Sprache vieles mit P gemeinsam, sei aber ein älteres und ursprünglich separates Werk namens Heiligkeitskodex, das später in den Gesetzeskodex von P eingearbeitet worden sei. Diese Antwort löst aber genaugenommen nicht das Problem, Wellhausen behauptete nach wie vor, daß dieser ›Heiligkeitskodex‹ von jemandem nach Hesekiel geschrieben worden sei, so daß er nach wie vor zeitlich der Welt des Exils und des zweiten Tempels angehören würde. Und im übrigen gibt es da auch in P durchgängig all die anderen Gebote über die Stiftshütte. P setzt die zentralisierte

Religion keineswegs als selbstverständlich voraus. Und das bedeutet, daß P gar nicht so bequem in die Zeit des zweiten Tempels – die Zeit der erfolgreichen Zentralisierung der Religion – hineinpaßt, wie Wellhausen es dargestellt hat.

Wellhausens übrige Interpretationen der Beweise sind ebenfalls nicht überzeugend. Er verband P's Sünd- und Schuldopfer mit der Zeit nach dem Exil, als das Volk von Juda sich für sein Schicksal verantwortlich und schuldig fühlte. Das ist eine gefährliche Art zu argumentieren. Es ist äußerst bedenklich, ein literarisches Werk zu datieren auf der Basis eines Erratens von gewissen Lebensgefühlen, die die Gesellschaft, zu der der Autor gehörte, zu einem bestimmten Zeitpunkt gekennzeichnet haben sollen. Und es ist um so bedenklicher, wenn es sich bei den betreffenden Gefühlen um Schamgefühle handelt. Menschen können sich praktisch in jedem geschichtlichen Augenblick schuldig fühlen; das gilt für Individuen wie für Gruppen. Man könnte sich ohne Mühe vorstellen, daß ein judäischer Priester in Jerusalem, sagen wir 722 v. Chr., die religiösen Zeremonien durch Schuldopfer ergänzte, nachdem das nördliche Königreich Israel von den Assyrern zerstört worden war. Zu dieser Zeit muß es in Jerusalem israelitische Flüchtlinge gegeben haben, die sich mindestens so schuldig gefühlt haben könnten wie die Judäer nach 587 v. Chr.

Dasselbe gilt für die Einführung der Versöhnungsfeiertage in P. Die Zeit nach der Zerstörung Jerusalems ist wirklich der denkbar schlechteste Zeitpunkt für das Einführen eines solchen Feiertages; denn es gibt da mit seiner *Bekanntmachung* ein Problem. Angenommen, der Tag der Versöhnung wurde wegen der Schuldgefühle des Volkes nach seiner Niederlage eingeführt. Wie konnten die Verfasser der Gesetze von P sich in dem Fall erhoffen, auch nur einen einzigen Menschen davon zu überzeugen, daß es sich dabei um ein altes Gesetz handelte? Wer hätte ihnen denn geglaubt, daß es von Mose geschrieben wurde, aber genau bis zur Zeit nach 587 v. Chr., als sie sich eben schuldig fühlten, irgendwie unbekannt blieb? Die erfolgreiche Bekanntmachung neuer Gesetze kann man sich leichter zur Zeit des *ersten* Tempels vorstellen, als im Rahmen religiöser Reformen wie denen der Könige Hiskia und Josia neue Gesetze und neu entdeckte Dokumente präsentiert wurden.

Die Propheten *zitieren* aus P, und die priesterlichen Gesetze und Erzählungen halten die zentralisierte Religion keineswegs für selbstverständlich. Damit gerät das von Reuss, Graf und Wellhausen gemalte Bild ernsthaft ins Wanken. Wir können den Verfasser von P – dem größten Teil der Fünf Bücher Mose – nicht in der Zeit des zweiten Tempels suchen.

Damit wissen wir aber noch lange nicht, wo wir nach dieser Person suchen *sollen*. Das dritte Element im Aufbau dieses brillanten Irrtums gibt uns jedoch einen Anhaltspunkt dafür, wo wir nach diesem Autor zu suchen haben. In einem Punkt hatte Wellhausen recht: Der Schlüssel zu dem ganzen Puzzle war die Stiftshütte.

KAPITEL 10

Die heilige Hütte

Graf und Wellhausen dachten, daß das als P bekannte Werk, die umfangreichste Quelle des Pentateuch, auch die zuletzt verfaßte Quelle wäre. Sie behaupteten, daß der Verfasser von P zur Zeit des zweiten Tempels gelebt haben müsse. Der Tempel war das Zentrum des gesellschaftlichen Lebens dieser Zeit. Und doch wird in den Gesetzen und Erzählungen von P nie ein Tempel erwähnt. Und so wurde der Eckstein der Graf/Wellhausen-Hypothese die Annahme, daß immer dann, wenn in P die Stiftshütte erwähnt wird, der Tempel gemeint ist. Die Stiftshütte selbst hätte nie existiert. Sie sei eine Erfindung des priesterlichen Verfassers, der vermeiden wollte, daß in einem angeblich mosaischen Text das anachronistische Wort ›Tempel‹ auftaucht.

Sie hatten recht, sich so ausgiebig mit der Stiftshütte zu beschäftigen. Über die Stiftshütte steht in den Fünf Büchern Mose mehr als über irgendeinen anderen Gegenstand. Da sind zum einen all die Gebote über die Opfer und sonstigen Zeremonien, die dort ausgeführt werden müssen. Da sind ferner ganze Kapitel, in denen nur die Materialien beschrieben werden, aus denen sie besteht. Es gibt Erzählungen, die sich in ihr oder vor ihr abspielen. Nach dem Berg Sinai ist sie der Ort, an dem

Gott zu Mose spricht. Sie ist heilig; sie ist das Heiligtum, in dem sich die Bundeslade, die Tafeln mit den Zehn Geboten und die Cherubim befinden. Sie besteht aus wertvollen Hölzern, Gold, Messing, aus mit Gold, Scharlach und Purpur durchwirkter Wolle und Leinen sowie einer Decke aus rotem Leder. Nur Priester dürfen sie betreten; jeder andere, der sie betritt, muß getötet werden.

War all das eine Erfindung, erdacht von einem späten priesterlichen Autor als Symbol des zweiten Tempels?

Die priesterliche Quelle hebt jedoch im Zusammenhang mit der Stiftshütte die Bundeslade, die Tafeln, die Cherubim und die Urim und Thummim hervor; und nichts davon befand sich im zweiten Tempel. Warum wollte ein Priester des zweiten Tempels, der zum Zwecke eines frommen Betruges eine Schrift verfaßt, eigentlich genau die Teile der Stiftshütte hervorheben, die der zweite Tempel nicht besaß?

Rechnen mit Ellen

Bei der Beschreibung der Stiftshütte in P (2. Mose 26) fallen einige Besonderheiten auf. Die Anhänger der Thesen von Graf und Wellhausen haben behauptet, daß die Proportionen der Stiftshütte mit denen des zweiten Tempels übereinstimmten, aber das stimmt eigentlich nicht. Die von ihnen angegebenen Maße waren:

| Tempel: | Breite 20 Ellen | Länge 60 Ellen |
| Stiftshütte: | Breite 10 Ellen | Länge 30 Ellen |

Und deshalb meinten sie, die Stiftshütte sei offensichtlich ein Modell des Tempels im Maßstab eins zu zwei. Das ist gleich dreifach falsch. Erstens ist es so, daß Gebäude drei Dimensionen besitzen und nicht nur zwei, und die dritte Dimension lautet:

Tempel: Höhe 30 Ellen
Stiftshütte: Höhe 10 Ellen

Eins zu drei. Wenn die Stiftshütte eine maßstabgerechte Kopie des zweiten Tempels zum Zwecke eines frommen Betruges war, warum sollten dann nur zwei der drei Dimensionen kopiert worden sein?

Das ist aber bei der Gleichsetzung von Stiftshütte und Tempel noch das kleinste Problem. Das zweite Problem besteht darin, daß die vom Wellhausen-Lager benutzten Tempelabmessungen (zwanzig mal sechzig) nicht die Maße des zweiten Tempels sind. Die Abmessungen des zweiten Tempels werden in der Bibel nirgends angegeben. Um welche Maße handelt es sich also bei diesen zwanzig-mal-sechzig-Abmessungen? Es sind die Maße des *ersten* Tempels, wie sie in 1. Könige 6 angegeben sind.[1] Der Beweis, daß die Stiftshütte ein maßstabgerechtes Modell des zweiten Tempels darstellte, basierte auf den Abmessungen des ersten Tempels.

Das dritte Problem: die von Wellhausen und seinen Anhängern benutzten Abmessungen der Stiftshütte (zehn mal dreißig) sind überhaupt nicht die Abmessungen der Stiftshütte. Die Maße der Stiftshütte sind in der Bibel nämlich nicht genannt. Die biblische Stiftshütte ist im Grunde eines der größten Rätsel aller Zeiten. Das 2. Buch Mose (Kapitel 26) zählt sämtliche Materialien auf, aus denen sie errichtet wurde – Holzrahmen, Metallringe, Holzsäulen, Tücher –, sagt aber nicht, wie das alles zusammenzufügen ist. Das ist das Puzzle. Jahrhundertelang haben sich Theologiestudenten, Amateure und alle möglichen Zahlenfreaks daran versucht. Während meiner Studentenzeit kam mir der Gedanke: wenn ich je in der Lage wäre, diese Aufstellung von Materialien und Ellen-Maßen zu lesen und *mir* daran wirklich gelegen wäre, dann wäre ich wirklich ein Wissenschaftler. Jahre später stellte sich dann heraus, daß diese Ellen einen entscheidenden Hinweis für die Suche nach den Autoren der Bibel enthielten.

Die Stiftshütte ist ein Zelt, das aus einer Reihe von Holzrahmen besteht, die in einem Rechteck aufgestellt und mit einem Tuch verhängt werden (siehe Abb. nächste Seite).

Nach 2. Mose 26 ist jeder dieser Rahmen eineinhalb Ellen breit. Zwanzig Rahmen werden für den Aufbau jeder der beiden Seiten der Stiftshütte benötigt. Weiter heißt es, daß die Rückseite aus sechs Rahmen plus zwei Rahmen für die Ecken besteht. (Möglicherweise dienen die beiden zusätzlichen Rahmen in den Ecken einer größeren Stabilität.) Wie die Forscher annehmen konnten, die Stiftshütte sei dreißig Ellen lang, ist da leicht zu erkennen: zwanzig Rahmen mit jeweils eineinhalb Ellen Breite. Wie aber haben sie die Breite von zehn Ellen errechnet? Wenn sie die Hinterwand mit sechs Rahmen gerechnet haben, ergibt das nur neun Ellen. Haben sie acht Rahmen gerechnet, so macht das zwölf Ellen. Wie kamen sie auf zehn? Wahrscheinlich haben sie überhaupt nur geraten – und zwar mit einer vorgefaßten Meinung darüber, wie die Proportionen sein sollten.

Die Maße paßten nicht, die von ihnen benutzten Tempelmaße waren nicht die Maße des zweiten Tempels, und die von ihnen benutzten Stiftshüttenmaße waren nicht die Maße der Stiftshütte. Die architektonische Beweisführung, um die Stiftshütte als ein Symbol des zweiten Tempels darzustellen, war fehlerhaft.

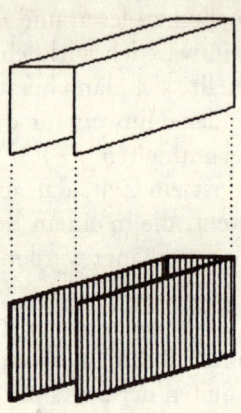

Und außerdem: warum sollte der biblische Autor so detailliert all diese genauen Maße angeben, wenn es das alles nie gegeben hat?

Rekonstruktion der Stiftshütte

Es reicht nicht aus, die Stiftshüttenkomponente des Schemas von Graf/Wellhausen zu verwerfen. Wir müssen immer noch der Tatsache Rechnung tragen, daß die Stiftshütte in der Bibel so wichtig ist. Falls sie kein Symbol des zweiten Tempels war, was war sie dann?

Haben Sie ein wenig Geduld mit mir, wenn ich mit dem Zählen von Ellen fortfahre. Zuerst einmal haben die Rahmen der Stiftshütte mit eineinhalb Ellen eine ungewöhnliche Breite. Die alten Israeliten besaßen vermutlich eine Meßschnur von einer Ellenlänge. Warum sollten sie dann einen Bau aus Elementen mit eineinhalb statt mit ein oder zwei Ellen Breite konstruieren? Warum sollten wir zweitens annehmen, daß diese Rahmen Schulter an Schulter, mit der flachen Seite aneinander standen, so wie hier:

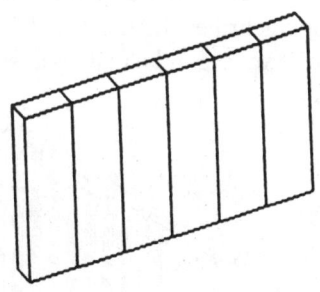

Vielleicht haben sie sich ja auch überlappt, so wie hier:

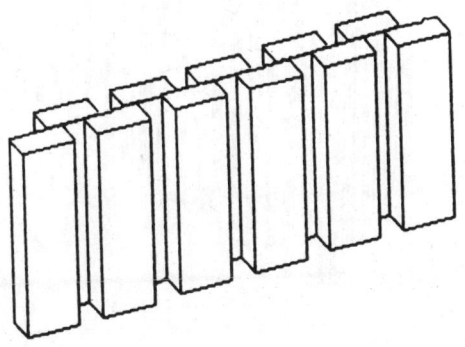

Architekten, die ich konsultierte, haben mir mitgeteilt, daß letztere Anordnung für die Stabilität und die Belüftung vorteilhafter sei. Damit ließe sich auch die Notwendigkeit der ungewöhnlichen Breite von eineinhalb Ellen erklären. Die zusätzliche halbe Elle ist zum Überlappen. Wenn das stimmt, wäre die aus zwanzig Rahmen bestehende Seite der Stiftshütte zwanzig Ellen lang. Und die aus sechs plus zwei Rahmen bestehende Rückseite der Stiftshütte würde sechs bis acht Ellen messen, je nachdem, wie die Rahmen an den Ecken angeordnet sind. Der Text sagt, daß die Rahmen zehn Ellen hoch sind. Maßstabgerecht gezeichnet würde das Gerüst der Stiftshütte also etwa folgendermaßen aussehen:

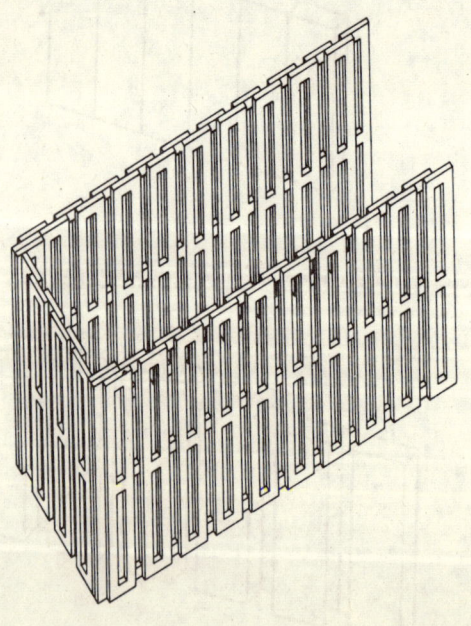

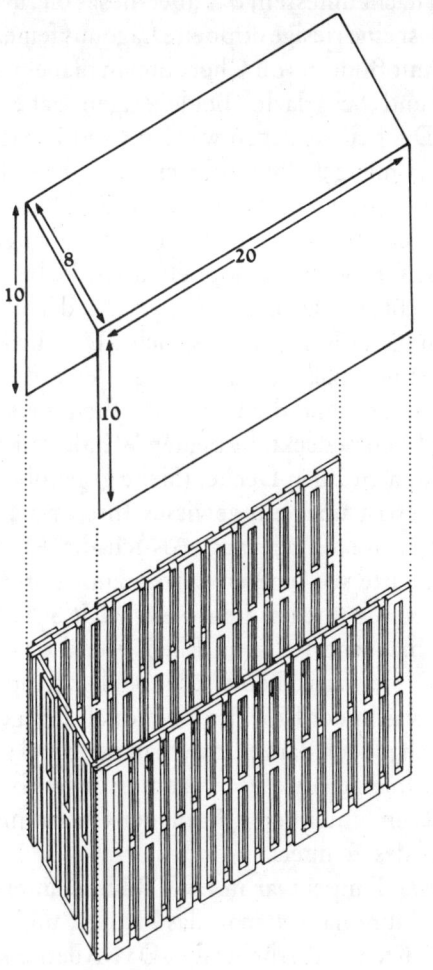

Es gibt eine Möglichkeit nachzuprüfen, ob diese Maße und diese Anordnung stimmen. Man braucht nur das Tuch nachzumessen, das über dieses Gerüst gebreitet wird. Es ist eine riesige doppelte Lage aus feinem Leinen, bestickt mit Bildern von Cherubim in blauem und rotem Purpur und Scharlach. Beide Lagen haben dieselbe Größe. Die beiden Lagen werden von fünfzig Goldringen zusammengehalten, die entlang ihrer Ränder in Schlaufen greifen. Wenn diese große Decke über die Rahmen gebreitet wird, rahmen die Goldringe den Eingang. Die Größe dieser doppelten Decke beträgt zwanzig mal achtundzwanzig Ellen – was der überlappten Anordnung der Rahmen entspricht. Die Tuchbreite von zwanzig Ellen paßt zu der Länge der Stiftshütte von zwanzig Ellen. Und die Länge des Tuches von achtundzwanzig Ellen bedeckt die beiden Wände von zehn Ellen Höhe plus acht Ellen Decke. (Siehe gegenüber.)

Das alles ist über ein gewisses Interesse am Aufbau von Zelten hinaus relevant. Als ich die Abmessungen der Stiftshütte vor einigen Jahren zum ersten Mal herausarbeitete, wußte ich nicht weiter. Die Stiftshütte maß zwanzig mal acht mal zehn Ellen – und was war damit bewiesen? Sie war zu keinem der beiden Tempel noch zu irgend etwas in der Bibel proportional. Einige Tage später kam ich jedoch darauf, daß es in der Bibel doch etwas gibt, das mit genau diesen Abmessungen beschrieben ist: der Raum unter den Flügeln der Cherubim im Allerheiligsten des Tempels.

Der *erste* Tempel war in zwei Räume unterteilt. Den äußeren Raum nannte man das Heilige, und der innere Raum hieß das Allerheiligste. Das Allerheiligste maß zwanzig Ellen im Quadrat:

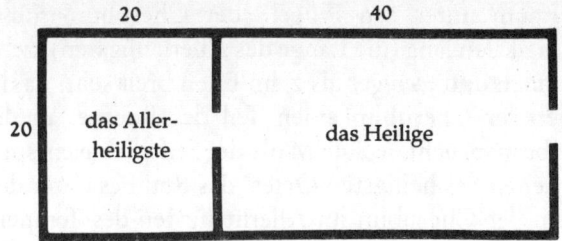

Im Allerheiligsten befanden sich die beiden goldenen Cherubim. Jeder von ihnen war zehn Ellen hoch. Cherubim besitzen im allgemeinen den Kopf eines Menschen, den Körper eines vierfüßigen Tieres und die Flügel eines Vogels. Bei erhaltenen Figuren sind die Flügel im allgemeinen gegen den Körper des Cherubs gefaltet. Die Flügel der Tempel-Cherubim sind jedoch ausgebreitet. Die Flügelweite beträgt bei jedem von ihnen zehn Ellen, so daß ihre Flügel in der Mitte einander und zu beiden Seiten die Wände berühren — etwa wie hier:

Der Raum unter den Flügeln der Cherubim müßte zwanzig Ellen lang (die Länge des Allerheiligsten), zehn Ellen hoch und *weniger* als zehn Ellen breit sein, da die Körper der Cherubim einen Teil des Raumes in der Mitte beanspruchten. Die Maße der Stiftshütte entsprechen denen des heiligsten Ortes, des Raumes unter den Flügeln der Cherubim im Allerheiligsten des Tempels. Das war der erste Hinweis, daß die *Stiftshütte* sich in Wahrheit *im ersten Tempel* befunden hatte.

Diese Funde über die Maße der Stiftshütte veröffentlichte ich zuerst 1980 in einem Artikel in der Zeitschrift *Biblical Archeologist.* Viele Wissenschaftler zeigten sich diesen Ergebnissen gegenüber aufgeschlossen, aber ein Gelehrter hielt dagegen, daß diese Maße ›willkürlich‹ seien. Einige Zeit später befaßte sich Baruch Halpern, dem meine Untersuchungen bekannt waren, mit den Forschungsberichten des israelischen Archäologen Yohanan Aharoni von der Universität Tel Aviv. Aharoni hatte die Stätte Arad ausgegraben, eine Stadt in der Wüste Juda. In Arad entdeckte er einen Tempel, der während der biblischen Zeit benutzt wurde. Halpern rief mich an, um mir mitzuteilen, daß der Tempel von Arad sechs Ellen breit und zwanzig Ellen lang war — was den Maßen der Stiftshütte entspricht. Es gab weitere Ähnlichkeiten, die den kürzlich entdeckten Tempel mit der Stiftshütte verbanden, und Aharoni hatte angemerkt: »Die Ähnlichkeit zwischen der Stiftshütte und dem Heiligtum von Arad ist wirklich bemerkenswert.« Bemerkenswert in der Tat — hier kam eine weitere Bestätigung, daß die von mir berechneten Maße der Stiftshütte wohl kaum willkürlich waren. Der Tempel von Arad, die Stiftshütte und das innere Heiligtum des ersten Tempels waren nach gleichartigen Plänen erbaut worden.

Weitere Beweise, daß die Stiftshütte im ersten Tempel gewesen war, kamen aus der Bibel selbst. Wenn wir uns in den Büchern 1. Könige und 2. Chronik den Bericht über die Ereignisse des Tages ansehen, an dem König Salomo den Tempel geweiht hat, dann heißt es dort:

> Und brachten sie [die Bundeslade Jahwes] hinauf, dazu die Hütte des Stifts und alles Geräte des Heiligtums, das in der Hütte war.[2]

Es heißt ausdrücklich, daß die Stiftshütte zusammen mit der Bundeslade und den Gerätschaften zum Tempel hinauf gebracht wurde. Möglicherweise wurde die Stiftshütte dann unter den Flügeln der Cherubim aufgestellt, oder aber sie wurde im Tempelbezirk aufbewahrt, während der entsprechend bemessene Raum unter den Flügeln sie symbolisierte. Wie auch immer, die Stiftshütte hatte mit dem ersten Tempel zu tun.

Josephus, der jüdische Historiker aus dem ersten Jahrhundert n. Chr. hält ebenfalls ausdrücklich fest, daß die Stiftshütte in den Tempel gebracht wurde. Und er stellt fest, daß die Wirkung der ausgebreiteten Flügel der Cherubim so berechnet war, daß sie wie ein Zelt aussahen.[3]

Auch der babylonische Talmud, der im fünften Jahrhundert n. Chr. zusammengestellt wurde, berichtet, daß die Stiftshütte unterhalb des Tempels aufbewahrt wurde.[4]

Was haben die Wissenschaftler mit diesen klaren Aussagen angefangen, die die Stiftshütte mit dem Tempel zusammenbringen? Die Hinweise bei Josephus und im Talmud werden, sofern sie überhaupt Beachtung finden, mit Skepsis betrachtet, da es sich um relativ späte Quellen handelt. Was die biblische Feststellung anbetrifft, so haben die meisten Wissenschaftler sie nur für eine ›Erläuterung‹ gehalten, die von einem späteren Redaktor hinzugefügt wurde, um den *Eindruck* zu erwecken, als habe die Stiftshütte mit dem Tempel zu tun. Es gibt in der Bibel jedoch noch mehr Bezüge auf das Vorhandensein der Stiftshütte innerhalb des Tempels; einige davon in Gedichten, die dieses Vorhandensein eher als selbstverständlich voraussetzen als daß sie es als etwas betrachten, das die Leser beeindrucken soll. Beispielsweise heißt es im Psalm 26,8:

Jahwe, ich habe lieb die Stätte deines Hauses,
und den Ort der Stiftshütte deiner Herrlichkeit.

Mit ›Jahwes Haus‹ ist normalerweise der Tempel gemeint. Hier wird Jahwes Haus als der Ort identifiziert, wo sich die Stiftskirche befindet. Die meisten Übersetzer haben nicht gewußt, was sie mit dieser Stelle machen sollen und geben die zweite Zeile ähnlich wie Luther wieder, mit ›der Ort, da deine Herrlichkeit wohnt‹. Aber der Hinweis auf die Stiftshütte ergibt durchaus einen Sinn, wenn er sich auf die Stiftshütte im Tempel bezieht.

Psalm 27,4-5 stellt ebenfalls eine Verbindung zwischen Stiftshütte und dem heiligen Zelt her:

Eins bitte ich von Jahwe, das hätte ich gern:
daß ich im Hause Jahwes bleiben möge mein Leben lang.
zu schauen die schönen Gottesdienste Jahwes, und seinen Tempel zu betrachten.
Denn er deckt mich in seiner Hütte zur bösen Zeit,
er verbirget mich heimlich in seinem Gezelt.

Man mag darauf erwidern, daß das ja schließlich Dichtung ist, und daß die Stiftshütte in diesen Psalmen ja vielleicht nur im übertragenen Sinne zu verstehen ist, als eine symbolische Parallele zum Tempel. Aber betrachten wir eine andere Parallele im Psalm 61,5:

> *Laß mich wohnen in deiner Hütte ewiglich,*
> *und Zuflucht haben unter deinen Fittichen.*

Hier wird eine Parallele zwischen der Hütte Gottes und nicht dem Tempel, sondern mit dem hergestellt, was von den Fittichen verborgen wird – und das entspricht der Plazierung der Stiftshütte unter den Flügeln der Cherubim.

Selbst der Psalm, der die Zerstörung des Tempels betrauert, Psalm 74,7, erwähnt die Stiftshütte:

> *Sie verbrennen dein Heiligtum, sie entweihen*
> *und werfen zu Boden die Stiftshütte deines Namens.*
> [bei Luther: die Wohnung deines Namens – Anm. d. Übers.]

Und wieder machen die Übersetzer, wie auch Luther daraus ›Sie entweihen und werfen zu Boden *die Wohnung deines Namens*‹, weil sie nicht wissen, was sie mit einem Bezug auf eine Stiftshütte zur Zeit der Zerstörung Jerusalems anfangen sollen. Aber auch das Buch der Klagelieder bezieht sich auf die Zerstörung der Stiftshütte zu dieser Zeit:

> *Er hat sein Gezelt zerwühlet wie einen Garten,*
> *und seine Stiftshütte verderbet*
> [bei Luther: Wohnung – Anm. d. Übers.]

Jahwe hat zu Zion beide, Feiertag und Sabbath, lassen ver-
gessen,
und in seinem grimmigen Zorn beide, König und Priester,
schänden lassen.
Der Herr hat seinen Altar verworfen, und sein Heiligtum ver-
bannet;
er hat die Mauern ihrer Paläste in des Feindes Hände gegeben,
daß sie im Hause Jahwes geschrien haben wie an einem Feier-
tage.

Es dürfte schwer fallen zu behaupten, daß die Bezugnahme auf das Gezelt an dieser Stelle nur im übertragenen Sinn erfolgt. Alles Übrige in diesem Abschnitt ist
wörtlich und real zu verstehen: Feiertag, Sabbath,
König, Priester, Altar, Heiligtum, Mauern.

Außerdem wird das Vorhandensein der Stiftshütte im
Tempel in nicht-figurativen Prosastellen der Bibel
erwähnt. Das Buch der Chronik spricht vom Tempel als

[am] Hause Jahwes, nämlich an dem Hause der Hütte.[5]

An einer anderen Stelle wird gesagt, daß die Leviten
dienen

an der Stiftshütte des Hauses Gottes.
[bei Luther: Wohnung — Anm. d. Übers.][6]

An anderer Stelle zitiert das Buch der Chronik eine Rede
von König Hiskia, in der der König im Zusammenhang
mit Bemerkungen über den Tempel sagt, vorangegan-
gene Generationen

haben ihr Angesicht von der Stiftshütte Jahwes gewandt
und den Rücken zugekehret.
[bei Luther: Wohnung — Anmerkung des Übers.][7]

264

Und schließlich lautet in der priesterlichen Quelle selbst, in der Aufzählung der Bundessegnungen des Landes, eine der Segnungen folgendermaßen:

Und ich will meine Stiftshütte unter euch haben.
[bei Luther: Wohnung – Anm. d. Übers.][8]

Das 3. Buch Mose, die Chronik, die Klagelieder, die Psalmen, die Könige, der Talmud und Josephus – sie alle liefern Beweise dafür, daß die Stiftshütte sich im Tempel befand. Und die Architektur der Stiftshütte und des Tempels weisen ebenfalls darauf hin. Die Stiftshütte war kein Symbol des zweiten Tempels. Sie war überhaupt kein Symbol. Sie war Realität. Und sie war im ersten Tempel untergebracht.

Ein Zelt im Innern eines Gebäudes ist nicht so merkwürdig, wie es vielleicht den Anschein hat. Wenn das alte Israel eine Stiftshütte besaß, die lange Zeit sein Heiligtum gewesen war und der Überlieferung nach mit Mose in Verbindung gebracht wurde, konnten sie sie kaum einfach ausrangieren, als der Tempel gebaut war. Was macht man also mit einem Gebilde, das in der eigenen Überlieferung hoch geachtet wird und als der angemessene Ort für religiöse Zermonien angesehen wird? Eine ziemlich enge Analogie ist vielleicht der bei jüdischen Hochzeiten übliche Brauthimmel. Braut und Bräutigam stehen während der Zeremonie unter einem Baldachin. Wahrscheinlich wurde dieser Brauch eingeführt, als die Hochzeiten im Freien durchgeführt wurden, wie es in Israel noch heute Brauch ist. In den Vereinigten Staaten finden Hochzeiten jedoch in den Synagogen statt; trotzdem wird in der Synagoge, entsprechend der Tradition und dem Gesetz, noch immer ein Baldachin aufgestellt. Versuchte man, den Baldachin in dem Gebäude wegzulassen, käme mit Sicherheit eine wütende Großmutter, die darauf bestehen würde, daß sie unter einem Baldachin geheiratet hat, daß ihre Mutter unter einem Baldachin geheiratet hat und daß ihre Enkelin mit Sicherheit auch unter einem Baldachin heiraten wird. Um die Analogie noch ein wenig deutlicher zu machen, stellen Sie sich vor, es handle sich um einen bestimmten Baldachin, der seit zweihundert Jahren in dieser Familie verwendet wird. So war es mit der Stiftshütte. Und anders als bei dem Brauthimmel wurde die Stiftshütte außerdem noch als einzige ihrer Art angesehen, als mit Mose selbst verbunden.

Das ist vielleicht auch der Grund, warum der Ort, an dem die Bundeslade zur Zeit Samuels in Silo aufbewahrt wurde, in der Bibel sowohl als ein Tempel wie auch als eine Stiftshütte bezeichnet wird.[9] Die Stiftshütte befand sich wahrscheinlich innerhalb des Gebäudes von Silo. Und dann wurde sie im ersten Tempel aufbewahrt, bis der Tempel niedergebrannt wurde.

Was hat das alles mit der Suche nach dem Autor von P zu tun? Ich glaube, es beweist, daß P geschrieben worden sein muß, bevor der erste Tempel zerstört wurde. Sämtliche Gesetze in P besagen, daß Opfer und andere Zeremonien am Eingang der Stiftshütte stattzufinden haben, und nirgendwo sonst – und so lautet *auf ewig* das Gesetz. Wie könnte jemand so etwas geschrieben haben, nachdem die Stiftshütte zerstört worden war? Warum sollte ein Priester einen Gesetzeskodex schreiben, der besagte, daß Opfer nur an einem Ort gebracht werden können, der nicht mehr existierte? Das wäre kein frommer Betrug. Das wäre die Vernichtung seines eigenen Lebensunterhaltes. Wenn in den Vereinigten Staaten das Capitol abbrennen sollte, würde der Congress im darauffolgenden Jahr kein Gesetz verabschieden, das besagt, die Bürger könnten ihre Steuern nur im Capitol zahlen. Und es war ja nicht so, daß man eine neue Stiftshütte hätte bauen können. Die Stiftshütte konnte es nur einmal geben, sie war einzigartig und aufgrund ihrer Geschichte und der Überlieferung heilig.

Die Hinweise zur Stiftshütte zeigten in dieselbe Richtung wie der sprachwissenschaftliche Beweis, daß nämlich die Wissenschaftler seit Reuss den Autor von P zwar am richtigen Ort, aber in der falschen Epoche gesucht haben. Der Ort war Juda, wahrscheinlich sogar Jerusalem, aber die Zeit, in der sie gesucht haben, war *mindestens* eineinhalb Jahrhunderte zu spät. Die Person, die P geschrieben hat, stellte die Stiftshütte in das Zentrum des religiösen Lebens in Israel, von Mose her bis auf ewig in die Zukunft. Diese Person mußte gelebt und geschrieben haben, bevor

Sie verbrennen dein Heiligtum, sie entweihen
und werfen zu Boden die Stiftshütte deines Namens.

KAPITEL 11

P

Wer schrieb P?

Was können wir bis jetzt über den Autor der umfang-
reichsten Quelle der Fünf Bücher Mose sagen? Diese
Person war ein aaronitischer Priester oder zumindest
jemand, der die Interessen der aaronitischen Priester vertrat. Es handelte sich daher wahrscheinlich um einen
Mann. Er stammte aus Juda, höchstwahrscheinlich aus
Jerusalem. Es war jemand, der sich mit den priesterlichen Praktiken in Jerusalem gut auskannte und der
wahrscheinlich Zugang zu Dokumenten hatte, da er
eine eingehende Beschreibung der Opferpraxis, des Räu-
cherns der Priesterkleidung sowie der Stiftshütte und
ihrer Ausstattung gibt. Es war jemand, der vor der
Eroberung Jerusalems durch die Babylonier im Jahre
587 v. Chr. lebte und schrieb.

Und noch etwas: es war jemand, der mit dem JE-Text
in seiner Mischform bestens vertraut war. 1964 wies ein
Alttestamentler in Norwegen nach, daß P nicht einfach
nur Ähnlichkeit mit JE hatte und nicht bloß nur eine
unheimlich große Zahl von Dubletten von JE-Erzählungen aufwies. P *folgte* JE. P erzählte dieselben oder ähnliche Geschichten in fast derselben Reihenfolge.

Nicht nur, daß P wie JE mit einer Schöpfungsgeschichte und einer Sintflutgeschichte begann und dann mit den Hauptpunkten vom Bund Abrahams, vom Auszug aus Ägypten und vom Bund am Sinai fortfuhr. P bezog sich auf alle möglichen im JE-Text auftauchenden besonderen Details, wichtige wie nebensächliche. JE erzählt von Abrahams Neffen Lot; P erzählt von Lot. JE erzählt eine Geschichte über Mose, wie er in der Wüste auf einen Felsen schlägt und Wasser hervorbringt; P erzählt eine Geschichte über Mose, wie er in der Wüste auf einen Felsen schlägt und Wasser hervorbringt. JE erzählt von einer Abtrünnigkeit in Peor; P ebenfalls. JE erzählt von einem Aufruhr, nachdem eine Gruppe von Kundschaftern Mose Bericht erstattet hat; P ebenfalls. Es gibt über fünfundzwanzig Fälle solcher parallelen Berichte. Das sind zu viele, als daß man sie einfach als Ergebnis einer allgemein gleichen Interessenlage von P und JE erklären könnte. Die Ähnlichkeiten sind unübersehbar. Die Unterschiede sind faszinierend.

Der norwegische Wissenschaftler Sigmund Mowinckel hatte recht, als er einen Zusammenhang zwischen P und JE feststellte — ich werde Ihnen die Beweise vorlegen —, aber er hatte lediglich die Spitze des Eisberges berührt. Mowinckel zog einen sehr vorsichtigen Schluß. Er formulierte es lediglich so, daß P ›direkt oder indirekt‹ von JE abhängig war. Das ist verantwortungsbewußt gefolgert, aber etwas frustrierend. Damit wird uns gesagt, daß der Autor von P nach dem Untergang des nördlichen Königreiches Israel im Jahre 722 v. Chr. geschrieben hat, als E bereits in den Süden gelangt und mit J vermischt worden war. Damit wird uns allerdings nicht gesagt, was dort dann weiter passiert. Warum verschafft sich diese Person ein Exemplar der JE-Erzählungen, erzählt es in einigen Punkten nach und arbeitet in anderen Punkten Änderungen ein? Wenn sie mit JE zufrieden war, warum macht sie sich dann die Mühe, eine andere Version derselben Erzählungen zu schreiben? Wenn sie nicht damit zufrieden war, warum schreibt sie nicht einen völlig neuen geschichtlichen Bericht? Das war das Geheimnis, das es zu lösen galt: Worin bestand der Zusammenhang zwischen JE und P?

Ihre eigene Thora

Stellen Sie sich vor, Sie wären in den Jahren nach dem Untergang des nördlichen Königreiches ein Priester in Jerusalem. Sie erfreuen sich einer einflußreichen und geachteten Stellung. Als ein religiöses Oberhaupt haben Sie die Sonderprivilegien des Zuganges zum Tempel. Sie führen Ihre Abstammung auf Aaron zurück, den ersten Hohepriester Israels.

Mit dem Eintreffen von Flüchtlingen aus dem untergegangenen nördlichen Königreich wächst Ihr Einflußbereich dramatisch an. Die Religion der Neuankömmlinge entspricht weitgehend Ihrer eigenen. Sie glauben an denselben Gott. Sie pflegen die Überlieferungen von den Patriarchen, dem Auszug aus Ägypten, der Offenbarung am Sinai. Andererseits gehören Mitglieder rivalisierender Priestergruppen zu ihnen, von denen einige sogar ihre Abstammung auf Mose selbst zurückführen. Sie bringen Dokumente mit, darunter den E-Text, die heilige Erzählung vom Ursprung Ihres Volkes. Sie widerspricht J, der judäischen Version derselben Geschichte, aber irgendwie werden beide miteinander kombiniert. Vielleicht ist ihre Verschmelzung ein literarischer Kompromiß, vielleicht auch eine politische Versöhnung. Was aber auch der Anlaß für ihre Zusammenführung gewesen sein mag, jetzt sind sie als ein Text bekannt.

Was sagt dieser bekannte Text aus? Er besagt, daß Aaron, Ihr Vorfahre, das goldene Kalb gemacht hat.

Was noch? Er besagt, daß Aaron und seine Schwester Mirjam Mose seiner Frau wegen getadelt haben. Er besagt, daß Gott selbst Aaron und Mirjam dafür bestraft hat. In beiden Fällen redet Aaron in diesem Text Mose unterwürfig mit ›mein Herr‹ an. Aarons Rolle ist in diesem Text generell unbedeutend. Mose, der große Vorfahr der rivalisierenden Priestergruppe, wird in diesem Text jedoch erhöht. Das Opfern − von dem sie ihren Lebensunterhalt bestreitet − wird in diesem Abschnitt nicht besonders betont und wird auch nicht zum alleinigen Vorrecht der Priester erklärt. Die Schlüsselfigur in der JE-*Thora* ist nicht der Priester, sondern der Prophet.

Den Aaroniten mußte das zum größten Teil unangenehm sein. Der Abschnitt über das goldene Kalb war für sie schlicht untragbar. Was sollten die aaronitischen Priester machen?

Sie schrieben ihre eigene *Thora*.

Eine alternative Version

P wurde als Alternative zu JE geschrieben. In den JE-Erzählungen heißt es regelmäßig: ›Und Jahwe sprach zu Mose …‹[1] Der Autor von P machte daraus oftmals: ›Und Jahwe sprach zu Mose *und Aaron* …‹[2] In JE werden in Ägypten mit Moses Stab Wunder getan.[3] Der Autor von P machte daraus jedoch Aarons Stab.[4] In JE wird Aaron als Moses ›Bruder aus dem Stamm Levi‹ eingeführt.[5] Das würde bedeuten, daß beide lediglich Mitglieder des Stammes Levi sind, nicht aber Brüder im wörtlichen Sinne. Der Autor von P stellt dagegen kategorisch fest, daß Aaron und Mose Brüder waren, Söhne derselben Eltern, und daß *Aaron der Erstgeborene war*.[6] In einer Genealogie der Leviten in P wird Aarons Familie genannt, nicht aber die von Mose.[7]

In P gibt es in keiner Erzählung vor dem letzten Kapitel des 2. Buches Mose Opfer. Dort steht als erste Opferung in P die Erzählung vom Opfer an dem Tag, als Aaron zum Hohenpriester geweiht wird.[8] Schließlich werden in P sämtliche Opfer von Aaron oder seinen Söhnen durchgeführt. Es sieht ganz so aus, als wollte der Verfasser von P auf keinen Fall dem Gedanken Vorschub leisten, es könnte einen Präzendenzfall dafür geben, daß je eine Opferhandlung durch andere als aaronitische Priester durchgeführt wurde. In JE gibt es Erzählungen, in denen unter anderem Kain, Abel, Noah, Abraham, Isaak und Jakob geopfert haben. Aber der Verfasser von P läßt entweder das Opfer aus der Geschichte aus, oder in einigen Fällen läßt er die Geschichte ganz weg.

Bitte erinnern Sie sich, daß in den beiden Parallelgeschichten von der Sintflut, die ich in Kapitel 2 isoliert habe, die J-Version davon sprach, daß Noah sieben Paare aller reinen (d. h. zum Opfern geeigneten) Tiere und ein Paar von den unreinen Tieren in die Arche mitnahm. P aber berichtet bloß von einem Paar jeder Tierart. Warum? Weil Noah in J am Ende der Geschichte ein Opfer bringt. Daher braucht er von den reinen Tieren mehr als ein paar von jeder Gattung, oder sein Opfer würde eine Gattung vernichten. Aus der Sicht von P sind jedoch zwei Schafe und zwei Kühe genug, denn bis zur Priesterweihe von Aaron wird es keine Darstellung von Opferhandlungen geben.

Es geht nicht einfach um das Opfer. Für den Autor von P geht es um das höhere Prinzip, daß die geweihten Priester die einzigen Mittler zwischen den Menschen und Gott sind. In den P-Versionen der Erzählungen gibt es keine Engel. Es gibt keine sprechenden Tiere. Es gibt keine Träume. Selbst das Wort ›Prophet‹ taucht nur einmal in P auf, und da bezieht es sich auf Aaron.[9] In P gibt es keine ausgesprochenen Anthropomorphismen. In JE wandelt Gott im Garten Eden, Gott selbst macht Adams und Evas Kleidung, er schließt persönlich Noahs Arche, riecht Noahs Opfer, ringt mit Jakob und spricht aus dem brennenden Busch heraus mit Mose. Nichts davon erscheint bei P. In JE verkündet Gott selbst die Zehn Gebote laut aus dem Himmel über dem Sinai. In P nicht. P beschreibt Jahwe kosmischer, weniger persönlich als JE. Vielleicht ist es ein bloßer Zufall, aber es ist interessant, daß die Schöpfungsgeschichte in JE so beginnt:

Zu der Zeit, da Gott Jahwe *Erde und Himmel* machte ...[10]

Während die Schöpfungsgeschichte bei P so anfängt:

Am Anfang schuf Gott *Himmel und Erde* ...[11]

JE's Geschichte beginnt mit der Erde, die von P beginnt mit den Himmeln. Ob nun die Umkehrung beabsichtigt war oder nicht, sie gibt die unterschiedlichen Perspektiven der beiden Autoren korrekt wieder. Auch in den Geschichten von der Sintflut, die im Kapitel 2 isoliert worden sind, handelt die P-Geschichte von einer kosmischen Krise. Die Fenster der Himmel und die Brunnen der Tiefe tun sich auf, und die Wasser, die unsere bewohnbare Blase umgeben, dringen herein. In JE regnet es.

Und so lesen wir im gesamten P über den kosmischen Gott eines großen, geordneten Universums. Die Kommunikation mit diesem Gott geschieht durch die formalen, geordneten Strukturen, die er als die einzigen Kanäle zu ihm eingesetzt hat. Sie geschieht nicht durch sprechende Schlangen oder sprechende Esel; nicht durch Versammlungen von Engeln; nicht durch Träume oder Propheten. Sie geschieht durch vorgeschriebene Opfer zu vorgeschriebenen Zeiten, die durch eine vorgeschriebene Priesterschaft auf eine vorgeschriebene Art und Weise durchgeführt werden.

So enthält P eine Erzählung, in der zwei von Aarons Söhnen, Nadab und Abihu, ein Opfer bringen, das Gott nicht vorgeschrieben hatte. Das Ergebnis ist, daß ›da fuhr ein Feuer aus von Jahwe und verzehrte sie, daß sie starben ...‹[12]

Aufruhr in der Wüste

Noch aufschlußreicher ist die Art und Weise, wie der Verfasser von P eine JE-Erzählung über einen Aufruhr in der Wüste umformte. In der uns bekannten Bibel sind beide Fassungen so miteinander verquickt wie die beiden Erzählungen von der Sintflut. Ich werde sie auch

hier wieder durch unterschiedliche Schrifttypen voneinander abheben und trennen. Die JE-Erzählung erscheint in Normalschrift, P in Kapitälchen. Lesen Sie
zuerst die JE-Erzählung; dann blättern Sie zurück und
schauen sich an, wie die Erzählung von einem Aufruhr
aussieht, wenn der Autor von P sie wiedergibt.

Der Aufruhr, 4. Mose 16

(Priesterlicher Text in KAPITÄLCHEN, Text J normal)

1 UND KORAH, DER SOHN JIZARS, DES SOHNS
   KAHATHS, DES SOHNS LEVIS, samt Dathan und
   Abiram, den Söhnen Eliabs, und On, dem Sohn
   Peleths, den Söhnen Rubens,
2 Die empöreten sich wider Mose SAMT ETLICHEN
   MÄNNERN UNTER DEN KINDERN ISRAEL, ZWEI
   HUNDERT UND FÜNFZIG, VORNEHMSTE IN DER
   GEMEINE, RATSHERREN UND NAMHAFTE LEUTE.
3 UND SIE VERSAMMELTEN SICH WIDER MOSE UND
   AARON, UND SPRACHEN ZU IHNEN: IHR MACHT'S ZU
   VIEL. DENN DIE GANZE GEMEINE IST ÜBERALL
   HEILIG, UND JAHWE IST UNTER IHNEN; WARUM
   ERHEBT IHR EUCH ÜBER DIE GEMEINE JAHWES?
4 DA DAS MOSE HÖRTE, FIEL ER AUF SEIN ANGESICHT.
5 UND SPRACH ZU KORAH UND ZU SEINER GANZEN
   ROTTE: MORGEN WIRD JAHWE KUND THUN, WER
   SEIN SEI, WER HEILIG SEI, UND ZU IHM NAHEN SOLL;
   WELCHER ER ERWÄHLET, DER SOLL ZU IHM NAHEN.
6 DAS THUT: NEHMET EUCH PFANNEN, KORAH UND
   SEINE GANZE ROTTE,
7 UND LEGT FEUER DREIN, UND THUT RÄUCHERWERK
   DRAUF VOR JAHWE MORGEN. WELCHEN JAHWE

ERWÄHLET, DER SEI HEILIG. IHR MACHT'S ZU VIEL,
IHR KINDER LEVI.

8 UND MOSE SPRACH ZU KORAH: HÖRET DOCH, IHR
KINDER LEVI,

9 IST'S EUCH ZU WENIG, DASS EUCH DER GOTT ISRAELS
AUSGESONDERT HAT VON DER GEMEINE ISRAEL,
DASS IHR ZU IHM NAHEN SOLLET, DASS IHR DIENET
IM AMT DER STIFTSHÜTTE [bei Luther: Wohnung —
Anm. d. Übers.] JAHWES, UND VOR DIE GEMEINE
TRETET, IHR ZU DIENEN?

10 ER HAT DICH UND ALLE DEINE BRÜDER, DIE KINDER
LEVI, SAMT DIR ZU SICH GENOMMEN; UND IHR
SUCHT NUN AUCH DAS PRIESTERTUM.

11 DU UND DEINE GANZE ROTTE MACHT EINEN
AUFRUHR WIDER JAHWE. WAS IST AARON, DASS IHR
WIDER IHN MURRET?

12 Und Mose schickte hin, und ließ Dathan und
Abiram rufen, die Söhne Eliabs. Sie aber sprachen:
Wir kommen nicht hinauf.

13 Ist's zuwenig, daß du uns aus dem Lande geführt hast,
da Milch und Honig ihnen fleußt, daß du uns tötest in
der Wüste? Du mußt auch noch über uns herrschen?

14 Wie fein hast du uns gebracht in ein Land, da Milch
und Honig innen fleußt, und hast uns Äcker und
Weinberge zu Erbteil gegeben! Willst du den Leuten
auch die Augen ausreißen? Wir kommen nicht hinauf.

15 Da ergrimmte Mose sehr, und sprach zu Jahwe:
Wende dich nicht zu ihrem Speiseopfer. Ich habe
nicht einen Esel von ihnen genommen, und habe
ihrer keinem nie kein Leid gethan.

16 UND ER SPRACH ZU KORAH: DU UND DEINE GANZE
ROTTE SOLLT MORGEN VOR JAHWE SEIN; DU, SIE
AUCH UND AARON.

17 Und ein jeglicher nehme seine Pfanne, und lege Räucherwerk drauf, und tretet herzu vor Jahwe, ein jeglicher mit seiner Pfanne, das sind zwei hundert und fünfzig Pfannen; auch du und Aaron, ein jeglicher mit seiner Pfanne.

18 Und ein jeglicher nahm seine Pfanne, und legte Feuer drein, und that Räucherwerk drauf, und traten vor die Thür der Hütte des Stifts, und Mose und Aaron auch.

19 Und Korah versammelte wider sie die ganze Gemeine vor der Thür der Hütte des Stifts. Aber die Herrlichkeit Jahwes erschien vor der ganzen Gemeine.

20 Und Jahwe redete mit Mose und Aaron und sprach:

21 Scheidet euch von dieser Gemeine, dass ich sie plötzlich vertilge.

22 Sie fielen aber auf ihr Angesicht und sprachen: Ach Gott, der du bist ein Gott der Geister alles Fleisches, ob ein Mann gesündiget hat, willst du darum über die ganze Gemeine wüten?

23 Und Jahwe redete mit Mose und sprach:

24 Sage der Gemeine und sprich: Weichet rings herum von der Stiftshütte [bei Luther: Wohnung – Anm. d. Übers.] Korahs [und Dathans und Abirams[13]].

25 Und Mose stund auf, und ging zu Dathan und Abiran, und die Ältesten Israels folgeten ihm nach;

26 Und redete mit der Gemeine und sprach: Weichet von den Hütten dieser gottlosen Menschen, und rühret nichts an, was ihr ist,

DASS IHR NICHT VIELLEICHT UMKOMMET IN IRGEND
IHRER SÜNDEN EINER.

27 UND SIE GINGEN HINWEG VON DER STIFTSHÜTTE [bei
Luther: Wohnung – Anm. d. Übers.] KORAHS [und
Dathans und Abirams]. Dathan aber und Abriam
gingen heraus, und traten an die Thür ihrer Hütten
mit ihren Weibern und Söhnen und Kindern.

28 Und Mose sprach: Dabei sollt ihr merken, daß mich
Jahwe gesandt hat, daß ich alle diese Werke thäte,
und nicht aus meinem Herzen:

29 Werden sie sterben, wie alle Menschen sterben, oder
heimgesucht, wie alle Menschen heimgesucht
werden, so hat mich Jahwe nicht gesandt.

30 Wird aber Jahwe etwas Neues schaffen, daß die Erde
ihren Mund aufthut, und verschlinget sie mit allem,
das sie haben, daß sie lebendig hinunter in die
Hölle[14] fahren, so werdet ihr erkennen, daß diese
Leute Jahwe gelästert haben.

31 Und als er diese Worte hatte alle ausgeredet, zerriß
die Erde unter ihnen,

32 Und that ihren Mund auf, und verschlang sie mit
ihren Häusern, MIT ALLEN MENSCHEN, DIE BEI
KORAH WAREN, UND MIT ALLER IHRER HABE;

33 Und fuhren hinunter lebendig in die Hölle mit
allem, das sie hatten, und die Erde deckte sie zu, und
kamen um aus der Gemeine.

34 Und ganz Israel, das um sie her war, floh vor ihrem
Geschrei; denn sie sprachen: Daß uns die Erde nicht
auch verschlinge!

35 DAZU FUHR DAS FEUER AUS VON JAHWE, UND FRASS
DIE ZWEI HUNDERT UND FÜNFZIG MÄNNER, DIE DAS
RÄUCHERWERK OPFERTEN.

Zweitausend Jahre lang haben die Menschen diesen Text als eine Erzählung gelesen, und er war verwirrend. Sie schien gleichzeitig an zwei verschiedenen Orten zu spielen. An einigen Stellen waren es die Zelte der Aufrührer. An anderen Stellen war es die Stiftshütte. An einigen Stellen waren die Anführer nur Dathan und Abiram. An anderen Stellen war es Korah und seine Rotte. Wenn man die Erzählungen voneinander trennt, lösen sich diese Probleme und man erkennt die Zusammenhänge.

Die erste Erzählung, aus JE, behandelt den Aufruhr von Dathan und Abiram (und On) aus dem Stamm Ruben. Sie lehnen Moses Führung ab. Mit so ziemlich der größten Undankbarkeit aller Zeiten beklagen sie sich, daß er sie aus einem Land *heraus*geführt hat, in dem Milch und Honig fließen – Ägypten! Mose beschwört sie, daß er niemandem Unrecht getan hat, daß er nichts aus eigenem Willen getan, sondern in allem nur Gottes Anweisungen befolgt hat. Er ist gerechtfertigt, als ein Erdbeben die Aufrührer verschlingt.

In der zweiten Erzählung, aus P, sind die Aufrührer eine Gruppe von *Leviten*, die von namhaften Leuten in der Gemeinde unterstützt werden. Ihr Anführer ist Korah. Wer ist Korah? Nach der Genealogie von P ist er Moses und Aarons Cousin.[15] Seine Ablehnung richtet sich nicht gegen die Führung Moses. Sie richtet sich gegen die Ausschließlichkeit, mit der Aaron das Priesteramt beansprucht: warum kann sonst niemand priesterliche Aufgaben wahrnehmen, da doch das *ganze* Volk heilig ist? Mose verteidigt Aaron. Wer heilig ist, soll sich durch eine Probe erweisen. Die Probe besteht im Opfern von Räucherwerk. Überall in P ist es außer Priestern jedermann verboten, Räucherwerk zu verbrennen. Als die Aufrührer es versuchen, überschreiten sie die ihnen gesetzten Grenzen. Ihr Schicksal gleicht dem der Söhne Aarons, die diese Grenzen in der anderen Erzählung überschritten: ›Feuer fuhr aus von Jahwe und fraß sie.‹

Die JE-Erzählung des Aufruhrs war eine Rechtfertigung Moses. Aber die priesterliche Version ist eine Rechtfertigung Aarons. Es vermittelt die Botschaft, daß die Ansprüche anderer Leviten auf das Priestertum unrecht und falsch sind – selbst wenn sie von namhaften Leuten unterstützt werden. Das Priesteramt des Volkes ist das Priesteramt Aarons.

Das Gottesverständnis

Immer wieder entwickelt P die Auffassung, daß der aaronitische Priester am Opferaltar die ordnungsgemäße Verbindung des Volkes zur Gottheit darstellt. Wenn man gesündigt hat und Vergebung erlangen will, muß man ein Opfer zu einem Priester an der Stiftshütte bringen. Im P-Text findet sich nicht ein einziger Hinweis darauf, daß Gott *barmherzig* ist. Die Worte ›Barmherzigkeit‹, ›Gnade‹, ›Treue‹ und ›bereuen‹ kommen nie vor. Offenbar geht es darum, zu unterstreichen, daß Vergebung nicht einfach durch Reue erlangt werden kann. Bereuen kann man etwas, ohne sich an einen Priester zu wenden – und ohne daß man dem Priester ein Opfer bringt. In P ist Gott vielmehr *gerecht*. Er hat ein Regelwerk aufgestellt, nach dem man Vergebung erlangen kann, und diese Regeln müssen eingehalten werden. Das ist ein krasser Gegensatz zu dem JE-Bild von Gott als

> barmherzig und gnädig und geduldig und von großer Gnade und Treue. Der da bewahret Gnade in tausend Glieder, und vergiebt Missethat, Übertretung und Sünde ... [16]

Der Verfasser von P hat nicht nur Einzelheiten der Erzählungen verändert. Er entwickelte eine Vorstellung von Gott. Sein Werk war literarisch, seine Motivation hatte jedoch nicht nur künstlerische, sondern auch theologische, politische und wirtschaftliche Gründe. Er hatte sich der Herausforderung anderer Priester und anderer religiöser Zentren zu stellen. Er mußte die Rechtmäßigkeit seiner Gruppe verteidigen und ihre Autorität schützen. Und er mußte ihren Lebensunterhalt sichern.

Außerdem hatte er der Beleidigung seines Vorfahren Aaron entgegenzutreten. Es ist keine Überraschung, daß P die Erzählungen vom goldenen Kalb oder von der schneeweißen Mirjam nicht enthält. Aber dieser Autor war offenbar auch der Ansicht, daß Angriff die beste Verteidigung ist. Sie hatten seinen Vorfahren Aaron angegriffen. Er griff ihren Vorfahren Mose an.

Herabsetzung Moses

Das vielleicht Außergewöhnlichste an P ist die Art und Weise, wie sein Verfasser mit Mose umgeht. Dieser Autor befand sich in einer außerordentlich heiklen Lage. Die rivalisierende Priestergruppe, die höchstwahrscheinlich aus Nachkommen Moses bestand, brachte eine

Thora mit, die ein schlechtes Licht auf Aaron warf. Dieser Autor konnte darauf nicht einfach mit einem Werk antworten, das aus Mose einen Ketzer oder einen ungerechten Ankläger machte. Es handelte sich immerhin um Mose. Mose war der Held und Begründer der Nation, der die Befreiung aus der Knechtschaft angeführt und den Bund am Sinai vermittelt hatte. Es war eine Sache zu behaupten, daß Aaron Moses älterer Bruder war. Das war für sich genommen nicht anstößig. Schließlich waren auch Jakob und Joseph keine erstgeborenen Söhne. Es war aber eine andere Sache, eine Erzählung zu schreiben, in der Mose verunglimpft wurde.

Übrigens war es, wie wir gesehen haben, sowieso nicht die Art dieses Autors, völlig neue Geschichten einfach aus der Luft zu greifen. Vielmehr formte er aus einer Reihe bekannter Erzählungen eine eigene Fassung. Das, womit er sich beschäftigte, war Kunst, aber nicht im Sinne erfundener Geschichte. Es war eine Geschichte. Ihm mußte es auf eine erfolgreiche Verbreitung ankommen, d. h. auf die Bereitschaft des Publikums, dies Werk als einen glaubwürdigen Bericht über die eigene Vergangenheit zu akzeptieren. Seine Kunst erforderte ein ständiges Balancieren zwischen Überlieferung und schöpferischer Kreativität. Daher respektierte er Moses Platz in der Überlieferung zumeist. Mose bleibt in P eine bedeutende Persönlichkeit. Aber Moses Persönlichkeit wird hier viel weniger weiterentwickelt als es in JE der Fall war, und in einigen Fällen wagte der Autor es tatsächlich, Erzählungen zum Nachteil von Mose umzuschreiben.[17]

Das beeindruckendste Beispiel ist die Erzählung vom Wasser aus einem Felsen. Eine Erzählung darüber, wie

Mose mit einem Stock an einen Felsen schlägt und wie aus diesem Felsen Wasser kommt, findet sich an zwei verschiedenen Stellen, einmal im 2. Buch Mose, die andere im 4. Buch Mose. Im Erzählverlauf der Bibel, so wie wir sie heute kennen, liegen diese beiden ähnlichen Ereignisse Jahre und meilenweit auseinander. Beide aber finden an einer Stelle gleichen Namens statt: in Meriba. Jede Erzählung ist nur einige Verse lang, es lohnt sich also, einmal beide anzuschauen. Hier ist zunächst die Erzählung, die der Autor von P im JE-Text gelesen hat:

Wasser aus dem Fels, 2. Mose 17,2-7
(E-Text *kursiv*)

2   *Und sie zankten mit Mose, und sprachen: Gebt uns Wasser, daß wir trinken. Mose sprach zu ihnen: Was zanket ihr mit mir? Warum versucht ihr Jahwe?*

3   *Da aber das Volk daselbst dürstete nach Wasser, murreten sie wider Mose, und sprachen: Warum hast du uns lassen aus Ägypten ziehen, daß du uns, unsere Kinder und Vieh Durstes sterben ließest?*

4   *Mose schrie zu Jahwe und sprach: Wie soll ich mit dem Volk thun? Es fehlet nicht weit, sie werden mich noch steinigen.*

5   *Jahwe sprach zu ihm: Gehe hin vor dem Volk, und nimm etliche Älteste von Israel mit dir, und nimm deinen Stab in deine Hand, damit du den Strom schlugest, und gehe hin.*

6   *Siehe, ich daselbst werde stehen vor dir auf einem Fels in Horeb; da sollst du den Fels schlagen, so wird Wasser herauslaufen, daß das Volk trinke. Mose that also vor den Ältesten von Israel.*

7 *Da hieß man den Ort Massa und Meriba um des*
  Zanks willen der Kinder Israel, und daß sie Jahwe
  versucht und gesagt hatten: Ist Jahwe unter uns oder
  nicht?

Das Volk in der Wüste ist ohne Wasser. Sie hadern. Jahwe
steht auf einem Fels (gemeint ist: die Felsspitze eines Ber-
ges, nicht etwa ein Stein). Mose schlägt mit seinem Stab
an den Felsen, und es fließt Wasser heraus. Das war die
Erzählung, die der Autor von P las. Und so liest es sich
in seiner Version:

Wasser aus dem Fels, 4. Mose 20,2-13
(Priesterlicher Text in KAPITÄLCHEN)

2 UND DIE GEMEINE HATTE KEIN WASSER, UND
  VERSAMMELTEN SICH WIDER MOSE UND AARON.

3 UND DAS VOLK HADERTE MIT MOSE, UND
  SPRACHEN: ACH, DASS WIR UMGEKOMMEN WÄREN,
  DA UNSERE BRÜDER UMKAMEN VOR JAHWE!

4 WARUM HABT IHR DIE GEMEINE JAHWES IN DIESE
  WÜSTE GEBRACHT, DASS WIR HIE STERBEN MIT
  UNSEREM VIEH?

5 UND WARUM HABT IHR UNS AUS ÄGYPTEN GEFÜHRT
  AN DIESEN BÖSEN ORT, DA MAN NICHT SÄEN KANN,
  DA WEDER FEIGEN NOCH WEINSTÖCKE, NOCH
  GRANATÄPFEL SIND, UND IST DAZU KEIN WASSER ZU
  TRINKEN?

6 MOSE UND AARON GINGEN VON DER GEMEINE ZUR
  THÜR DER HÜTTE DES STIFTS, UND FIELEN AUF IHR
  ANGESICHT, UND DIE HERRLICHKEIT JAHWES
  ERSCHIEN IHNEN.

7 Und Jahwe redete mit Mose und sprach:
8 Nimm den Stab, und versammle die Gemeine, du und dein Bruder Aaron, und redet mit dem Fels vor ihren Augen; der wird sein Wasser geben. Also sollst du ihnen Wasser aus dem Fels bringen, und die Gemeine tränken und ihr Vieh.
9 Da nahm Mose den Stab vor Jahwe, wie er ihm geboten hatte.
10 Und Mose und Aaron versammelten die Gemeine vor dem Fels, und er sprach zu ihnen: Höret, ihr Ungehorsamen, werden wir euch auch Wasser bringen aus diesem Fels?
11 Und Mose hub seine Hand auf, und schlug den Fels mit dem Stab zweimal. Da ging viel Wassers heraus, dass die Gemeine trank und ihr Vieh.
12 Jahwe aber sprach zu Mose und Aaron: Darum dass ihr nicht an mich geglaubt habt, mich zu heiligen vor den Kindern Israel, sollt ihr diese Gemeine nicht ins Land bringen, das ich ihnen geben werde.
13 Das ist das Wasser von Meriba [bei Luther: Haderwasser – Anm. d. Übers.], darüber die Kinder Israel mit Jahwe haderten, und er geheiligt ward an ihnen.

Die Sprache dieses Textes hat so viele Gemeinsamkeiten mit der P-Sprache in der Erzählung von Korah, daß die Ähnlichkeit sogar in der Übersetzung auffällt und selbst für jemanden sichtbar wird, der zuvor noch nie etwas über die biblischen Quellen gehört hat. Es wird von der

Gemeine und von der *Gemeinschaft* [bei Luther nur: *Gemeine* — Anm. d. Übers.] gesprochen. Jahwe spricht zu Mose *und Aaron*. Es wird gesagt, daß die *Herrlichkeit Jahwes erschien*. Es wird gesagt, als Zeichen des Schmerzes *fielen [sie] auf ihr Angesicht*. Das Ganze spielt sich vor der *Stiftshütte* ab. Es geht um Zeichen der *Heiligkeit*. Außerdem wird im Zusammenhang mit dem Tod das Wort ›umkommen‹ verwendet, was ich bereits zur P-Version der Sintflut-Erzählung in Kapitel 2 angemerkt habe. [Luther verwendet in der Sintflut-Erzählung das Wort ›untergehen‹, auf das sich auch die Anmerkung des Verfassers in Kapitel 2 bezieht — Anm. d. Übers.] Tatsächlich ist die Sprache von P so charakteristisch, daß Studenten im allgemeinen innerhalb weniger Wochen, nachdem sie an diese Studie herangeführt worden sind, eine P-Passage in der Bibel auf den ersten Blick erkennen können. Hier geht es nun darum, daß wir den priesterlichen Autor bei der Arbeit beobachten können. Wir können sehen, was er von der Geschichte beibehielt, wir können beobachten, wie er sie in seine eigene Sprache umwandelte, und wir können feststellen, was er verändert hat.

Der Hauptunterschied besteht darin, daß das Schlagen an den Felsen im 2. Buch Mose für gut und im 4. Buch Mose für schlecht befunden wird. Im 2. Buch Mose war es ein Akt des Gehorsams. Im 4. Buch Mose ist es letztendlich Ungehorsam. Es ist Moses schlimmste Übertretung. Die Strafe ist wahrscheinlich die schlimmste, die ihm widerfahren konnte: Er sollte nicht lang genug leben, um das Volk in das gelobte Land führen zu können. Und Aaron, der selbst anscheinend nichts falsch gemacht hat, erleidet aufgrund dessen, was Mose getan hat, dieselbe Strafe. Die Strafen werden an späterer Stelle im P-Text vollzogen: Aaron wie Mose sterben kurz vor dem Einzug des Volkes in das gelobte Land.

Jahrhundertelang haben Theologen deutend über diese Stelle gegrübelt und sich zu verstehen bemüht, worin eigentlich Moses Übertretung genaugenommen bestanden hat. Bestand sie darin, daß er an den Felsen geschlagen hat, statt zu ihm zu reden? Bestand sie darin, daß er das Volk als ›Ungehorsame‹ bezeichnet hatte? Bestand sie darin, daß er sagte: »Werden *wir* euch Wasser bringen aus diesem Fels?« statt »Wird *Gott* …?« Worin die Übertretung aber auch bestanden haben mag, für unsere augenblicklichen Zwecke ist nur eines interessant: Vor ihr ist in der früheren Version der Erzählung nicht die Rede. Der P-Autor hat sich die größten Umstände gemacht, um sie in die Erzählung einzuarbeiten. (Und er nimmt in seinen Erzählungen auf sie später noch einmal Bezug.[18]) Und er hat Aaron als den Unschuldigen dargestellt, der unter Moses Sünde zu leiden hat.

Der Schleier Moses

Der Verfasser von P hat auch eine eigene Version der Geschichte von der Offenbarung am Berg Sinai erzählt. Sie ähnelte in vielem der JE-Version. Der Berg ist feurig. Mose steigt allein hinauf. Aber ein Detail über Mose fügte der priesterliche Autor zum Schluß der Erzählung hinzu. Er schrieb, daß Moses Gesicht ungewöhnlich ist, als er wieder vom Berg herunterkommt. Als die Menschen ihn sehen, fürchten sie sich, ihm nahezukommen.

Seitdem trägt Mose immer einen Schleier [bei Luther: Decke – Anm. d. Übers.], wenn er zu dem Volk spricht.[19] Der Quelle P zufolge bedeutet das: wann immer wir Mose in den letzten vierzig Jahren seines Lebens vor uns sehen, müßten wir ihn uns mit einem Schleier vor dem Gesicht vorstellen.

Was soll diese Sache mit Moses Gesicht in der priesterlichen Quelle bedeuten? Der Sinn des hebräischen Ausdrucks im Text ist unklar. Lange Zeit hindurch wurde er in dem Sinne verstanden, daß Mose Hörner hat. Das gab in der Kunst Anlaß zu Hunderten von Bildern, die einen gehörnten Mose zeigen. Das berühmteste dieser Bilder ist der Mose von Michelangelo. Später wurde der Ausdruck dann so gedeutet, daß Moses Haut irgendwie hell leuchtet. Vor kurzem hat William Propp, ein amerikanischer Bibelgelehrter, Hinweise zusammengetragen, denen zufolge der Ausdruck wahrscheinlich bedeutet, daß Moses Gesicht entstellt ist. Das erscheint im Kontext von P durchaus sinnvoll, denn Mose ist gerade aus der Wolke herausgetreten, die die ›Herrlichkeit Jahwes‹ umgibt. Das letzte vorausgegangene Erzählstück von P im Text teilt uns mit, daß die Erscheinung dieser ›Herrlichkeit Jahwes‹ ›wie ein verzehrend Feuer‹ ist.[20] Mose hat sich in einer feurigen Zone aufgehalten, die den Menschen sonst verboten ist. Die Folge dessen ist eine erschreckende Veränderung seiner Haut, die anzusehen die Menschen nicht ertragen können. In P ist Mose vielleicht zu häßlich, als daß man ihn ansehen könnte. Zumindest ist er nicht zu beschreiben. Das ist genaugenommen keine Herabsetzung von Mose. Aber es macht ihn auch nicht gerade attraktiv.

Versuchung und Anbetung

Lassen Sie mich noch ein Beispiel dafür anführen, wie dieser Autor, von den JE-Erzählungen ausgehend, zu seinen eigenen fand. Es geht um eine Erzählung, die sowohl in der JE-Fassung als auch in der P-Version Sex und Gewalt berührt. Frauen eines anderen Volkes ziehen die israelischen Männer an, zunächst sexuell, dann auch mit ihrer Götzenverehrung. In beiden Quellen werden als Reaktion auf solche Ketzerei strenge Maßnahmen ergriffen. Die Erzählung, wie sie heute in der Bibel steht, geht etwa in der Mitte von JE zu P über:

Die Ketzerei von Peor, 4. Mose 25
(Priesterlicher Text in KAPITÄLCHEN, JE-Text normal)

1 Und Israel wohnte in Sittim. Und das Volk hub an, zu huren mit der Moabiter Töchter.

2 Welche luden das Volk zum Opfer ihrer Götter. Und das Volk aß, und betete ihre Götter an.

3 Und Israel hängete sich an den Baal-Peor. Da ergrimmte Jahwes Zorn über Israel,

4 Und er sprach zu Mose: Nimm alle Obersten des Volkes, und hänge sie Jahwe an die Sonne, auf daß der grimmige Zorn Jahwes von Israel gewandt werde.

5 Und Mose sprach zu den Richtern Israels: Erwürge ein jeglicher seine Leute, die sich an den Baal-Peor gehängt haben.

6 UND SIEHE, EIN MANN AUS DEN KINDERN ISRAEL KAM, UND BRACHTE UNTER SEINE BRÜDER EINE

Midianitin vor den Augen Moses und der
ganzen Gemeine der Kinder Israel, die da
weineten vor der Thür der Hütte des
Stifts.

7 Da das sah Pinehas, der Sohn Eleasars, des
Sohns Aarons, des Priesters, stund er auf aus
der Gemeine, und nahm einen Spiess in seine
Hand.

8 Und ging dem israelitischen Mann nach
hinein in die Kammer, und durchstach sie
beide, den israelitischen Mann, und das Weib
durch ihren Bauch. Da hörte die Plage auf
von den Kindern Israel.

9 Und es wurden getötet in der Plage vier und
zwanzig Tausend.

10 Und Jahwe redete mit Mose und sprach:

11 Pinehas, der Sohn Eleasars, des Sohns Aarons,
des Priesters, hat meinen Grimm von den
Kindern Israel gewendet durch seinen Eifer
um mich, dass ich nicht in meinem Eifer die
Kinder Israel vertilgete.

12 Darum sage: Siehe, ich gebe ihm meinen Bund
des Friedens;

13 Und er soll haben und sein Same nach ihm den
Bund eines ewigen Priestertums, darum dass
er für seinen Gott geeifert, und die Kinder
Israel versöhnet hat.

14 [bei Luther sind die Verse 14 − 16 als 16 − 18
numeriert − Anm. d. Übers.] Und Jahwe redete
mit Mose und sprach:

15 Thut den Midianitern Schaden, und schlaget
sie;

16 Denn sie haben euch Schaden gethan mit
   ihrer List, die sie euch gestellet haben durch
   den Peor ...

Dieser Text ist insofern merkwürdig, als beide Hälften unvollständig sind. Die erste Hälfte, die aus JE stammt, handelt von der Anziehungskraft, die die moabitischen Frauen – und dann die Götter dieser Frauen – auf die israelitischen Männer ausüben. Mose befiehlt, diese Männer ›aufzuhängen‹. Hier bricht die Erzählung ab; von der Ausführung des Befehls hören wir nichts. Statt dessen setzt plötzlich das vertraute P-Vokabular ein: ›bringen unter‹, ›Gemeine‹, ›Stiftshütte‹, ›Aaron‹. Und aus den Frauen, die im ersten Teil Moabiterinnen waren, sind Midianitinnen geworden. Der zweite Teil der Erzählung endet mit dem Bannen einer Plage – aber bis zu dieser Stelle ist gar keine Plage erwähnt worden.

Aaron selbst ist in der vorausgegangenen P-Erzählung gestorben (deswegen weint das Volk an der Stiftshütte)[21], nunmehr ist sein Enkelsohn Pinehas der Held. Ein israelischer Mann und eine midianitische Frau sind ›vor den Augen Moses‹ in die Stiftshütte gegangen, aber es ist nicht Mose, der handelt, sondern Pinehas. Er folgt dem Mann und der Frau in die Hütte. Sie sind auf eine solche Weise beschäftigt, daß es möglich ist, einen Speer durch den Mann wie die Frau zu stoßen, der im Leib der Frau stecken bleibt. Die Hinrichtung ohne Prozeß ist möglich, weil ohne jede Frage der Tod den Menschen treffen muß, der, ohne ein Priester zu sein, die Stiftshütte betritt. Pinehas Belohnung ist ein *ewiger* Bund des Priestertums. Die priesterliche Erzählung besagt also, daß die Priesterschaft auf ewig den Aaroniten zukommt.

Es ist schwer zu sagen, bis zu welchem Grade die Erzählung Mose herabsetzt, weil er nicht gehandelt hat. Wir können dazu lediglich festhalten, daß der priesterliche Autor es besonders hervorhebt, daß die Blasphemie vor Moses Augen geschah, daß es aber Pinehas war, der handelte. Und es ist interessant zu vermerken, daß dieser Autor sich die Mühe gemacht hat, die moabitischen Frauen in Midianitinnen zu verwandeln. *Moses Frau ist Midianitin.*

Einfügungen und Auslassungen

Wir lernen den Autor nicht nur durch die Art und Weise kennen, wie er alte Erzählungen neu erzählt, sondern auch durch eine Betrachtung dessen, was er einkürzte oder überhaupt ausließ. Insbesondere die Erzählungen des 1. Buches Mose hat er auf ein absolutes Minimum zusammengestrichen. Erzählungen, die in JE Seiten oder gar Kapitel ausmachen, sind in P zu Versen reduziert. Beispielsweise ist die Erzählung von Joseph in JE ungefähr zehn Kapitel lang, in P umfaßt sie nur ein paar Sätze.[22]

Wir können das zum Teil damit erklären, daß der Autor von P die Engel, Träume, sprechenden Tiere und Anthropomorphismen in JE ablehnte. Und so strich er den größten Teil der Joseph-Erzählung, in der bei der JE-Version sechs Träume vorkommen. Die Erzählung von Adam und Eva und der sprechenden Schlange in Eden nahm er nicht auf. Die Erzählung von den Engeln, die die Städte Sodom und Gomorra aufsuchen, bevor Gott sie zerstört, nahm er nicht auf. Und natürlich erzählte er auch nicht die Geschichte, wie Jakob in Pniel mit Gott von Angesicht zu Angesicht rang — so wie er Gott auch nicht auf dem Felsen stehen läßt, an den Mose in Meriba schlägt. Da er auch keine Geschichten von Opferungen erzählt, die vor der Priesterweihe Aarons stattfanden, nahm er auch die berühmte Erzählung nicht auf, in der Abraham (beinahe) seinen Sohn Isaak opfert, die etwa vierhundert Jahre vor Aaron stattfindet.

P's Kürzungen und Auslassungen haben aber noch einen anderen Aspekt. Dieser Autor strich nicht nur Textstellen, die er aus konkreten theologischen oder politischen Gründen ablehnte. Er strich die langen, anekdotenhaften Erzählungen des älteren Textes heraus. Wenn man die P-Geschichten aus dem 1. Buch Mose herauszieht und dann für sich liest, gewinnt man den Eindruck, daß dieser Autor einfach schnell zur Sache kommen will. Und das heißt: zur Zeit von Aaron. Dieser Autor zeigt keinerlei Interesse an den Nebenfiguren des 1. Buches Mose oder an den literarischen Formen, die auf geschickten Wortspielen und kunstvoll gestalteten Ironien basieren. Im ganzen 1. Buch Mose gibt es nur vier P-Geschichten von einiger Länge: die Schöpfung; die Sintflut mit Noahs Bund als Höhepunkt; der Bund mit Abraham, und eine weitere Erzählung (siehe unten). Er hatte es offenbar eilig, nach Sinai zu kommen.

Neben den Kürzungen und Streichungen vermittelt uns ein übriges Element Aufschluß über die Arbeitsweise dieses Autors: seine Ergänzungen. Am auffälligsten ist die extreme Betonung des Gesetzes. Quantitativ erdrückt sie alles sonst: die Hälfte des 1. Buches Mose, die Hälfte des 4. Buches Mose und fast das gesamte 3. Buch Mose sind dem Gesetz gewidmet. Er war aber auch fähig, einer Erzählung eine Figur und, allerdings selten, eine völlig neue Geschichte hinzuzufügen, die keinerlei Parallele in JE hat.

Eine solche Geschichte ist die P-Geschichte vom Tod der Söhne Aarons, Nadab und Abihu. Sie ist im Kern eine priesterliche Geschichte. Ihre Botschaft lautet, daß Opfer nur so gebracht werden dürfen, wie Gott es geboten hat. Niemand darf von sich aus irgendeinen Dienst einführen, der nicht im priesterlichen Gesetz befohlen wird.

Ein Beispiel für das Einfügen einer völlig neuen Figur ist die Kundschafter-Erzählung dieses Autors. Die JE-Version dieser Geschichte habe ich in Kapitel 2 erwähnt, in dieser früheren Version sendet Mose eine Gruppe von Kundschaftern von der Wüste aus, um über das Land zu berichten. Alle − bis auf einen − melden, das Land sei uneinnehmbar. Die eine Ausnahme ist Kaleb, der dem Volk Mut zuspricht.[23] Aber das Volk hört auf die anderen Kundschafter und rebelliert. Jahwe antwortet darauf, indem er das ganze Volk dazu verdammt, in der Wüste umherzuirren, bis sie alle gestorben sind und eine neue Generation heranwächst, um das Land zu ererben − vierzig Jahre lang. Von der Verdammung ist nur Kaleb ausgenommen, der einzige treue Kundschafter.[24] Er wird die Ankunft im gelobten Land erleben.

Nun, in der P-Version ist die Geschichte im Grunde genommen dieselbe, außer daß es jetzt zwei treue Kundschafter gibt, die das Volk ermutigen: Kaleb und *Josua*.[25] Warum Josua? Damit löste der P-Autor auf seine Weise ein recht delikates Problem. Er wußte, daß Josua der Nachfolger Moses als Anführer des Volkes war. Das war die bekannte Überlieferung, und daran konnte der Autor nichts ändern. Aber worin bestand nun Josuas besonderes Verdienst? Was zeichnete ihn aus, um als einziger in Ägypten geborener erwachsener Israelit außer Kaleb die Ankunft im gelobten Land zu erleben? JE zufolge war Josua der einzige Israelit, der sich nicht an der Ketzerei mit dem goldenen Kalb beteiligte. Er stand oben auf dem Berg und wartete auf Mose. Aber die Geschichte vom goldenen Kalb durfte der Autor von P nicht erzählen, weil in ihr Aaron der Bösewicht war! In JE war außerdem Josua der treue Helfer Moses, der in der Stiftshütte auf Wache stand.[26] Aber auch das konnte der P-Autor nicht erzählen, weil gemäß P nur ein Priester die Stiftshütte betreten darf. Nach den Regeln von P würde Josua dafür hingerichtet werden. Dieser Autor mußte also, um Josuas Verdienste zu erklären, einen anderen Weg finden. Er hat dieses Dilemma dadurch gelöst, daß er Josua in die Kundschafter-Erzählung einbrachte.

Ich habe oben eine andere vollständige P-Geschichte im 1. Buch Mose erwähnt. Sie ist ein weiteres Beispiel für eine völlig neue Geschichte, für die es in JE keine Entsprechung gibt. Es ist die Geschichte von der Höhle von Machpelah.[27] Sie liefert eine lange Beschreibung der Verhandlungen zwischen Abraham und einem Hethiter um ein Stück Land mit einer Höhle, das Abraham als Erbbegräbnis kauft. Warum macht sich P, eine Quelle, die im 1. Buch Mose so viele und wichtige JE-Geschichten ausläßt, die Mühe, einen langen Bericht über den Kauf dieser Höhle zu geben? Weil das Land und die Höhle, die Abraham kauft, in Hebron liegen. Die Erzählung begründet einen Anspruch auf einen rechtmäßigen Besitz in diesem Land. Und Hebron war eine aaronitische Priesterstadt.[28]

Das Entscheidende ist folgendes: bei P — genau wie bei J, E und D — läßt sich die Beziehung zwischen dem biblischen Text und den Ereignissen in der Welt des Verfassers erkennen. Jede biblische Geschichte spiegelt etwas wider, das für ihren Autor *wichtig* war. Wann immer wir herausbekommen, was das war und warum es wichtig war, sind wir der Antwort auf die Frage, wer einen Teil der Bibel geschrieben hat, einen Schritt näher gekommen. Und wenn wir die Teile zusammensetzen können und zu erkennen vermögen, in welcher Beziehung sie zueinander stehen, kommen wir der Antwort noch näher.

Wir besitzen inzwischen genügend Hinweise aus P, um seinen Verfasser in der biblischen Welt zu lokalisieren.

KAPITEL 12

An König Hiskias Hof

JE wird zitiert

Wir wissen nun, daß die Sammlung der priesterlichen Gesetze und Geschichten als eine Alternative zu JE entworfen und geschrieben wurde. JE's Erzählungen beleidigten den Vorfahren des priesterlichen Autors, nämlich Aaron. Sie hoben das Gesetz nicht hervor. Sie hoben die Priester nicht hervor. Sie enthielten Elemente, die der priesterliche Autor ablehnte: Engel und Anthropomorphismen, Träume und sprechende Tiere. Der priesterliche Autor war – gelinde gesagt – nicht gerade glücklich mit JE.

Müssen wir annehmen, daß ein Priester solche Erzählungen automatisch so empfinden muß? Der deuteronomische Verfasser war ebenfalls Priester, und ihm gefielen die alten JE-Erzählungen – um es milde auszudrücken. Er zitierte JE ununterbrochen. Die ersten Kapitel des 5. Buch Mose sind voll von Anspielungen auf die JE-Erzählungen. Das. 5. Buch Mose ist Moses Abschiedsrede, und er erwähnt viele Ereignisse aus den vierzig Jahren, die er mit dem Volk zusammen verbracht hat. Mit einer Ausnahme beziehen sich alle seine Erinnerungen auf Ereignisse aus JE-Erzählungen, nicht auf P-Erzählungen. Als er den großen Aufruhr anspricht, nennt er Dathan und Abiram, die Bösewichte aus der JE-Version, nicht aber Korah, den Bösewicht aus P.[1] Als er von der Kundschafter-Erzählung spricht, nennt er Kaleb als den einzigen treuen Kundschafter, nicht P's zusätzlichen Helden Josua.[2] Er erwähnt das goldene Kalb und die schneeweiße Mirjam.[3]

Der Verfasser des 5. Buches Mose spricht von diesen Dingen in der Tat wie von vertrauten Geschichten. Als er beispielsweise Anweisungen gibt, was bei Aussatz zu tun ist, unterbricht er sich und sagt:

> Bedenke, was Jahwe, dein Gott, that mit Mirjam auf dem Wege, da ihr aus Ägypten zoget.[4]

Der Autor setzt die Bekanntschaft des Lesers mit der Geschichte von Mirjam voraus — daß sie mit Aussatz geschlagen wurde. Wenn diese Art von Anspielung im 5. Buch Mose möglich war, so heißt das, daß die JE-Erzählungen damals bereits wohlbekannt waren. Oder es heißt, daß sich die JE-Erzählungen auf der gleichen Schriftrolle befanden. Das heißt, daß der deuteronomische Autor seiner eigenen Historie möglicherweise eine Abschrift der JE-Erzählungen vorangestellt hat.

Man kann eine ganze Menge über einen Menschen erfahren, wenn man darauf achtet, wen er zitiert. Der deuteronomische Autor, den ich als Jeremia identifiziert habe, akzeptierte JE und zitierte gern daraus. Aus P aber zitierte er nicht gern. Warum nicht?

Kannte er P vielleicht gar nicht? Waren die P-Erzählungen vielleicht noch gar nicht geschrieben? Oder waren sie geschrieben, er hatte sie jedoch nie gelesen?

Nein. Er kannte die priesterlichen Texte sehr wohl.

P wird zitiert

P mußte zur Zeit des deuteronomischen Autors bereits geschrieben sein. Und der deuteronomische Autor mußte damit vertraut sein.

Ich habe oben gesagt, daß sich mit einer Ausnahme alle Hinweise auf Mose im Deuteronomium auf Erzählungen aus JE beziehen. Die eine Ausnahme ist eine Erzählung aus P: die Erzählung von den Kundschaftern. Der Verfasser dieses Teiles des 5. Buches Mose (Dtr[1]) mußte P gekannt haben, da er die Kundschafter-Erzählung von P Wort für Wort zitiert.

In der P-Version dieser Erzählung kehren die Kundschafter mit ihrem entmutigenden Bericht über das Land zurück. Das Volk murrt und sagt, daß es wohl besser dran wäre, wenn man wieder nach Ägypten zurückkehrte. Zu ihren Beschwerden über das gelobte Land gehört auch, daß ›... unsere Kinder ein Raub werden‹.[5] Jahwes Reaktion auf ihr Murren ist wie üblich die Strafe, die dem Verbrechen angemessen ist: die gesamte ältere Generation wird in der Wüste sterben, aber ›eure Kinder, davon ihr sagtet: Sie werden ein Raub sein, *die* will ich hineinbringen, daß *sie* erkennen sollen das Land, das *ihr* verwerft.‹[6]

Jetzt, in Moses Erinnerungen an die Kundschafter-Geschichte im 5. Buch Mose, zitiert Mose genau diese Worte. Er sagt, daß die ältere Generation das Land nicht sehen wird, aber ›eure Kinder, davon ihr sagtet, sie würden ein Raub werden‹, werden es besitzen.[7] Das ist zu ähnlich, um ein Zufall zu sein — der Deuteronomiker kannte P.

Falls aber Jeremia (oder sein Schreiber Baruch) der

Deuteronomiker war, dann sollte uns das eigentlich nicht überraschen. Bereits im Buch Jeremia selbst haben wir ja schon Zitate aus P kennengelernt.[8] Jeremia spielt mit P-Ausdrücken, verdreht die Sprache der P-Schöpfungsgeschichte, stellt in Abrede, daß Gott an dem Tag, als Israel aus Ägypten auszog, das Opfern betonte. Jeremia kannte die priesterlichen Gesetze und Erzählungen. Er mochte sie nicht, aber er kannte sie. Wie wenig er sie mochte, läßt sich an einer ungewöhnlichen Stelle im Buch Jeremia ersehen. Jeremia sagt dem Volk:

> Wie möget ihr doch sagen: »Wir wissen, was Recht ist, und haben Jahwes *Thora* vor uns?« Ist's doch eitel Lüge, was die Schreiber setzen. [Bei Luther: ... haben die heilige Schrift vor uns ..., was die Schriftgelehrten setzen. – Anm. d. Übers.][9]

Eitel Lüge, was die Schreiber setzen! Jeremia verwendet eine noch härtere Sprache als die modernen Bibelkritiker (›frommer Betrug‹). Jeremia behauptet, daß eine *Thora*, die das Volk besitzt, eitel Lüge ist, von Schreibern erlogen. Um was für eine *Thora* handelt es sich da? Die meisten Forscher haben behauptet, daß es sich um das Deuteronomium handelt. Sie nahmen an, daß es das Deuteronomium sein mußte, weil sie Wellhausens Hypothese aktzeptierten, daß P zu Jeremias Zeit noch nicht geschrieben war. Das aber bedeutete, daß Jeremia ein Buch angegriffen haben sollte, das im selben Stil wie sein eigenes Buch geschrieben war. Es bedeutete, daß Jeremia ein Buch angegriffen haben sollte, mit dem er praktisch in jedem wichtigen Punkt übereinstimmte. Und es bedeutete nach meiner Auffassung, daß Jeremia ein Buch angegriffen haben sollte, das er (oder sein

Schreiber) geschrieben hat. Und alles nur, weil diese Wissenschaftler dachten, daß P noch nicht geschrieben war. Es war aber bereits geschrieben.

Es überrascht keineswegs, daß Jeremia der priesterlichen *Thora* so feindselig gegenüberstand. Die priesterlichen Erzählungen griffen seinen Helden, Mose, an. Die priesterlichen Gesetze schlossen ihn und seine Familie vom Priestertum aus. Im Deuteronomium finden wir genau das, was wir erwarten konnten: einen Hinweis, daß sein Autor P zwar kannte, aber kein Anzeichen dafür, daß er P als eine Geschichts- oder Gesetzesquelle anerkannte.

Schlußfolgerung: Die Gesetze und Erzählungen von P waren zur Zeit von Jeremia und Dtr[1] in Juda bereits vorhanden; d. h. vor dem Tode König Josias im Jahre 609 v. Chr.

Am Hofe von König Hiskia

P wurde nach 722 und vor 609 v. Chr. geschrieben. Ließe es sich noch genauer bestimmen? Ließe sich feststellen, unter welchem König? Ich glaube ja. Das Beweismaterial deutet auf Josias Urgroßvater hin, auf den König Hiskia.

P betont die Zentralisierung der Religion: ein Zentrum, ein Altar, eine Stiftshütte, eine Opferstätte. Wer war der König, der mit der Zentralisierung begann? König Hiskia. Die Bücher der Könige wie auch die Bücher der Chronik bestätigen, daß es vor ihm keine wirksame Zentralisierung gegeben hat.

P ist ein Werk der aaronitischen Priesterschaft. Sie

sind die Priester, die am zentralen Altar Autorität besitzen – nicht Mose, nicht Korah, kein anderer Levit. Nur diejenigen, die von Aaron abstammen, können Priester sein. Alle anderen Leviten sind nur Kleriker zweiter Klasse. Unter den biblischen Quellen betrachtete nur P die ›Priester‹ als etwas Besonderes unter den ›Leviten‹. D spricht von Priestern generell als von den ›Priestern, den Leviten‹.[10] P dagegen spricht von zwei verschiedenen Gruppen, den Priestern und den Leviten. Wer war der König, der eine formale Trennung von Priestern und Leviten einführte? König Hiskia. Die Chronik berichtet ausdrücklich:

> Hiskia aber stellte die Priester und Leviten in ihre Ordnungen, einen jeglichen nach seinem Amt, beide, der Priester und Leviten.[11]

Die aaronitische Priesterschaft, die P hervorbrachte, hatte Gegner, nämlich Leviten, die Mose und nicht Aaron als ihr Vorbild ansahen. Was war die offenkundigste Erinnerung an Moses Macht in Juda? Die eherne Schlange ›Nehusthan‹. Nach der Überlieferung, wie sie in E ganz klar zum Ausdruck kommt, hatte Mose selbst sie gemacht.[12] Sie hatte die Macht, Menschen vor dem Tod durch Schlangenbisse zu retten. Wer war der König, der Nehusthan zerstörte? König Hiskia.[13]

König Hiskia war für die aaronitischen Priester ein idealer Herrscher. Vor seiner Regierungszeit waren sie von allen Königen am meisten durch Salomo gefördert worden. Salomo hatte den Silo-Priester Abjarthar aus Jerusalem entfernt und die Macht im Tempel ausschließlich dem aaronitischen Priester Zadok übertragen. Hiskia übernahm in Priesterfragen Salomos Haltung.

Es ist übrigens hochinteressant, sich daran zu erinnern, daß Salomo außer dem Tempelaltar in Jerusalem verschiedene andere Altäre errichtet hatte. Obwohl aber Hiskia an der Zentralisierung interessiert war, rührte Hiskia Salomos Altäre nicht an. Was geschah mit den Altären? *Josia* entweihte sie.[14]

Josia, der Liebling der Priester von Silo, zerstörte die Altäre Salomos. Hiskia, der Liebling der aaronitischen Priester, zerstörte Nehusthan.

Die Verbindungen zwischen den beiden Lieblingskönigen und den beiden großen Dokumenten der Priesterschaft, D und P, sind faszinierend. Es gab zwei Könige, die die religiöse Zentralisierung einführten, und es gab zwei Werke, die die Zentralisierung artikulierten. Die Gesetze und Erzählungen von P widerspiegeln die Interessen, die Handlungen, die Politik und den Geist der Zeit von Hiskia, wie D die Zeit von Josia widerspiegelt.

Die Verbindung zur Chronik

Die Bibel enthält zwei Werke, die die Geschichte des Volkes in seinem Land erzählen. Das erste ist die Deuteronomische Historie, und das zweite ist das 1. und 2. Buch der Chronik. Die Deuteronomische Historie stammte aus den Priesterkreisen von Silo. Die Historie der Chronik stammt ebenfalls aus Priesterkreisen: von den aaronitischen Priestern. Wie P unterscheidet auch sie zwischen Priestern und Leviten.[15] Wie P erkennt auch sie nur Nachkommen Aarons als rechtmäßige Priester an. Wie P liegt auch ihr besonders an den priesterlichen Pflichten, den heiligen Stätten und Geräten, den Opfern, der Anbetung und so weiter. Wir sind uns der genauen Beziehung zwischen den Büchern der Chronik und P noch nicht sicher; wir können aber sicher sein, daß beide untrennbar mit der aaronitischen Priesterschaft verbunden sind.

Und die Historie der Chronik macht Hiskia zum Helden.

Die Chronik beschreibt, wie die Deuteronomische Historie auch, die Religionsreform König Hiskias. Das 2. Buch der Chronik fügt aber noch etwa achtzig Verse über seine großen Taten hinzu, die in der Version des Buches der Könige nicht auftauchen.[16] Der Ergängungstext in der Chronik endet mit überschwenglichem Lob:

> ... und that, was gut, recht und wahrhaftig war vor Jahwe, seinem Gott.
> Und in allem Thun, das er anfing, am Dienst des Hauses Gottes nach der *Thora* und dem Gebot [bei Luther: nach dem Gesetz und Gebot ... – Anm. d. Übers.], zu suchen seinen Gott, das that er von ganzem Herzen; darum hatte er auch Glück.[17]

In der Frage, wer denn der größte der Könige war, stimmte die Historie der Chronik mit der Deuteronomischen Historie nicht überein. Josia kommt nach wie vor gut weg, aber an erster Stelle stehen zwei andere Könige: Salomo und Hiskia – die beiden Könige, die am meisten für die Aaroniten getan haben.

Die Deuteronomische Historie enthält ein ganzes Kapitel über Salomos Sünden und gibt ihm die Schuld an der Teilung des Königreiches.[18] Die Chronik läßt das weg.

Die Deuteronomische Historie erzählt eine Geschichte, in der der große Prophet Jesaja König Hiskia züchtigt. Jesaja teilt Hiskia mit, daß seine Söhne zur Strafe für etwas, das er als König getan hat, Eunuchen in Babylon sein werden.[19] Die Chronik läßt diese Erzählung aus. Sie erwähnt sie kommentarlos in einem Vers und merkt lediglich an, daß Gott Hiskia versucht habe.[20]

Kurz gesagt, die Chronik läßt die negativen Stellen über Salomo und Hiskia einfach aus.[21]

Außerdem hat Baruch Halpern Beweise dafür zusammengetragen, daß es ein altes Werk gegeben hat, welches die Geschichte der Könige von Salomo bis Hiskia erzählte.[22] Dieses Werk hat der Deuteronomiker bis zu einem gewissen Grad verwendet. Die Chronik hat es weit stärker benutzt. Im Rahmen unserer augenblicklichen Fragestellung besteht das Entscheidende in dem Punkt, daß die Zeit von Salomo bis Hiskia für die aaronitischen Priester und ihre Sympathisanten eine sinnträchtige, reizvolle Epoche darstellte. Und siehe da, die Chronik beschreibt die Reaktion des Volkes auf Hiskias religiöse Führung folgendermaßen:

> Und war eine große Freude zu Jerusalem. Denn *seit der Zeit Salomos ...* war solches zu Jerusalem nicht gewesen.[23]

Die Bücher der Chronik widerspiegeln die Sprache und die Interessen derselben Kreise wie P, und sie rühmen Hiskia. In diesem aus aaronitischen Kreisen stammenden Werk wird Hiskia als der größte König der Jahre gewertet, in denen P entstand. Die aaronitischen Priester hatten ein besonderes Verhältnis zu Hiskia. Und die Chronik, ein aaronitisches Werk, hält ihn besonders in Ehren.

Der Gedanke, daß P zu einer Zeit geschrieben wurde,

als die aaronitischen Priester mit dem Königshaus auf besonders gutem Fuße standen, paßt auch zu dem Bild, das im priesterlichen Text selbst gezeichnet wird. Der P-Text erwähnt, daß Aarons Frau die Schwester von Nehesson ben Amminadab ist.[24] Nehesson ist der Fürst des Stammes Juda und gleichzeitig Vorfahre Davids.[25] Das heißt, der Autor von P teilt seinen Lesern mit, daß die Priesterfamilie mit der Königsfamilie verschwägert ist.

Die Zeit Hiskias

Zugegeben, die Hinweise, die ich bis jetzt erwähnt habe, summieren sich nicht zu einem absoluten Beweis dafür, daß P zu König Hiskias Zeit geschrieben worden sein mußte. Sie dienen eher als Zeichen dafür, daß genau diese Zeit in Frage kommt und hier die Suche wahrscheinlich richtig ist. Hiskias Herrschaft begann etwa um die Zeit des Untergangs des nördlichen Königreiches Israel. Es war die Zeit, als neue Bevölkerungsgruppen nach Jerusalem strebten, als nördliche Leviten neu auf der Bildfläche erschienen, als E eintraf und als J und E höchstwahrscheinlich verschmolzen wurden. Es war die Zeit, als das aaronitische Priestertum Jerusalems sich der größten Herausforderung seit den Tagen Salomos stellen mußte.

König Hiskia verhalf den Aaroniten zum Sieg. Er führte priesterliche Ordnungen ein, die sie begünstigten, er zerstörte das eherne Zeichen ihrer Rivalen, und er zerstörte alle Anbetungsstätten außerhalb des Tempels, in dem sie amtierten.

Hiskias Herrschaft stimmt auch mit den sprachwissenschaftlichen und geschichtlichen Indizien überein. P mußte nach dem Fall Israels, aber in einer Zeit vor Jeremia, Hesekiel und dem Fall Judas geschrieben worden sein.

Hiskias Herrschaft ist auch als eine Epoche des literarischen Aufschwungs in Juda bekannt. In dieser Epoche wurde ein großer Teil der Bücher Jesaja, Micha, Hosea und Sprüche geschrieben, aber auch das Geschichtswerk über die Periode von Salomo bis Hiskia, das später zum Bestandteil der Bücher der Könige und der Chronik wurde.

Am allerwichtigsten ist vielleicht die Tatsache, daß in dieser Epoche die Religion zentralisiert wurde. Die Bücher der Könige und der Chronik mögen sich in ihrem Blickwinkel, in ihrer Bewertung der Könige und gelegentlich in ihren Fakten unterscheiden; in einer Tatsache stimmen sie jedoch überein: Hiskia führte die Zentralisierung ein. Er zerstörte die Anbetungsstätten außerhalb von Jerusalem. Mit welcher Begründung konnte er die Zerstörung von Anbetungsstätten für Jahwe rechtfertigen? Das Deuteronomium kann die Begründung nicht geliefert haben, da es erst unter Josia öffentlich bekannt wurde. JE konnte diesen Zweck nicht erfüllen, da JE eine Zentralisierung der Religion nicht ausdrücklich fordert. P dagegen war genau das Richtige. Es sagte immer und immer wieder, daß die Stiftshütte der einzige Ort sei, wo man opfern könnte. Eine idealere Grundlage und Rechtfertigung für Hiskias Reform läßt sich kaum vorstellen.

Über den Autor

Die Identifizierung des Autors von P bleibt, wie die der Autoren von J und E, namenlos. Doch wie bei J und E verfügen wir über Informationen, die wahrscheinlich wichtiger sind. Durch Hinweise aus der Sprache, der Architektur, der Archäologie, anderer Literatur und, wie immer, der Bibel selbst haben wir die Person, die P geschrieben hat, bis zu einer bestimmten Gruppe an einem bestimmten Ort zu einer bestimmten Zeit zurückverfolgen können. Die Erzählungen des Autors sowie ein großer Teil seines Gesetzes reflektieren die Interessen dieser Gruppe an den politischen, religiösen und sozialen Fragen dieser Zeit.

Der Autor zählte zur aaronitischen Priesterschaft oder war deren Sprecher. Durch seine Erzählungen und die dazugehörigen Gesetze lieferte er die Begründung für ihre Theologie und ihren Status.

Handelt es sich um einen oder um mehrere Menschen? Die P-*Erzählungen* scheinen mit Sicherheit von einer Person zu stammen. Sie fügen sich um einen festen Kern von Ideen und Interessen zusammen, ihre Sprache ist durchgängig einheitlich, und sie stehen in einem bestimmten Verhältnis zu den JE-Erzählungen. Wenn man sie von J und E trennt, bilden sie eine fortlaufende, fließende Schilderung, die nur sehr wenige Brüche enthält.

Andererseits könnten die P-*Gesetze* gut und gerne aus verschiedenen Gesetzessammlungen stammen. Der bereits früher erwähnte Heiligungskodex beispielsweise könnte ursprünglich ein eigenständiges aaronitisches Dokument gewesen sein. Dieser Autor fügte Gesetze aus seiner eigenen Zeit hinzu und faßte das gesamte juristische Material zusammen, um den definitiven Gesetzeskodex zu schaffen. Den Gesetzeskodex bettete er in die P-Erzählungen ein. So erhielt er einen geschichtlichen Kontext und damit historische Autorität. Niemand durfte fragen, woher diese Gesetze stammten. Der Text war eindeutig: sie kamen von Gott durch Mose – und Aaron.

Es mag uns seltsam erscheinen, Erzählungen und Gesetzeskodices zu vermischen. Ich glaube, das liegt nur an unserer geistigen Gewohnheit, alles zu kategorisieren. Wir sollten daran denken, daß wir unseren Hang zur Kategorienbildung von den Griechen geerbt haben; P (und J, E und D) wurde aber Jahrhunderte vor der Geburt der großen griechischen Philosophen geschrieben. In der Bibel konnten Prosa, Poesie, Gesetze, Prophezeiungen, Philosophie und Abstammungslisten zusammenkommen, ohne daß es irgendwen gestört zu haben schien. Es ist heutzutage Mode, darüber zu diskutieren, ob die Bibel ein literarisches oder eher ein geschichtliches Werk ist. Ich glaube, daß die alten Israeliten, einschließlich des Autors von P, diese Frage als irrelevant empfunden hätten. Im biblischen Hebräisch gibt es keine Begriffe für ›Geschichte‹ oder ›Literatur‹. Für die Israeliten war alles – ein Buch.

War P eine alte Gruppe von Geschichten, die lange Zeit mündlich überliefert worden waren und durch den Autor von P lediglich gesammelt und niedergeschrieben wurden? Einige Bibelwissenschaftler glauben, daß ein großer Teil der Bibel ursprünglich mündlich zusammengestellt wurde. Im Fall von P sehe ich dafür keinerlei Indizien. Ja, angesichts der Art und Weise, wie P als

Alternative zu JE entwickelt wurde, erscheint eine mündliche Herausbildung unmöglich. P erschien nicht lange nach JE. Zwischen beiden lagen keine Generationen, in denen die mündliche Herausbildung hätte stattfinden können. Im Gegenteil: P ist ein sorgfältig formulierter, Schritt für Schritt aufgebauter Text. Der Autor muß beim Schreiben JE vor sich auf dem Tisch liegen gehabt haben, oder er mußte es in- und auswendig kennen. Die Ähnlichkeiten sind zu zahlreich und zu eng, die Abweichungen zu planvoll.

Es ist üblich zu behaupten, als Literatur sei P gegenüber J und E minderwertig. Es ist richtig, daß der Autor von P weniger Wortspiele und literarische Ironie verwendet hat. Es ist ebenfalls richtig, daß zahlreiche Details von Zeiten, Daten und Maßen für viele moderne Leser langweilig sind. Vielleicht haben auch die Leser des Altertums sie langweilig gefunden. Trotzdem sollten wir die Kunstfertigkeit dieses Mannes nicht vorschnell schmähen. Gerade weil er einen unvollkommeneren Mose zeigte als J und E, schuf er ein psychologisch vielschichtiges Portrait.

Er konnte Moses einzigartige Stellung als Israels größter Führer und Prophet nicht in Abrede stellen, aber er versuchte dennoch, Moses Bild ein wenig herunterzunehmen. Es mag seine Absicht gewesen sein, Mose herabzusetzen, im Endeffekt aber hat er uns einen komplexeren, interessanteren und *menschlicheren* Mose gegeben. Seine Schilderung des Mose, der an den Felsen schlägt und fragt: »Werden *wir* euch Wasser bringen?« machte den Helden fehlbarer. Seine Schilderung von Mose, der ständig einen Schleier trägt, machte ihn geheimnisvoller.

Wer wollte außerdem behaupten, daß die Schöpfungsgeschichte von P im ersten Kapitel der Bibel künstlerisch weniger gut ist als irgendeine Stelle in J oder E?

Die Geschichte hat einen ironischen Schluß. Der Autor hatte sein Werk absichtlich als Alternative zur JE-Schrift verfaßt. Und dann hat jemand die beiden *vereint*!

KAPITEL 13

Die große Ironie

Die Vereinigung von P mit J, E und D war noch unge-wöhnlicher als Jahrhunderte zuvor die Vereinigung von J und E. P war *polemisch* – es war als *Thora* eine Antwort auf J und E. JE verunglimpfte Aaron. P verunglimpfte Mose. JE setzte voraus, daß jeder Levit ein Priester sein kann. P behauptete, daß nur männliche Nachkommen Aarons Priester sein könnten. JE sagte, daß es Engel gibt, daß Tiere manchmal sprechen können und daß Gott auf einem Felsen stehend oder durch den Garten Eden wan-delnd gesehen werden kann. Von all dem wollte P nichts wissen.

D indessen entstammte einem Kreis von Personen, die P so feindlich gegenüberstand wie der P-Kreis JE. Diese beiden priesterlichen Gruppen hatten jahrhunder-telang um priesterliche Vorrechte, Autorität, Einkünfte und Legitimität gekämpft.

Und jetzt fügte jemand alle diese Werke in einem Text zusammen.

Jemand vereinigte JE mit einem Werk, das als Gegen-stück zu ihm geschrieben wurde. Und dieser Jemand stellte sie nicht nur nebeneinander, als parallele Erzäh-lungen. Er oder sie zerschnitt und verwoben sie kunst-voll und kompliziert. Und ans Ende dieser miteinander vermengten, verwobenen Sammlung von Gesetzen und Erzählungen aus J, E und P setzte dieser Mensch als Schlußpunkt das Deuteronomium, die Abschiedsrede Moses. Jemand vermischte die vier verschiedenen, sich oftmals widersprechenden Quellen auf eine so kunstvolle Weise, daß es Jahrtausende brauchte, um dahinter zu kommen.

Dieser Mensch schuf die Thora, die Fünf Bücher Mose, die wir seit über zweitausend Jahren gelesen haben. Wer war dieser Mensch? Warum hat er oder sie das getan?

Genau das war die Frage, die in diesem Buch zuallererst gestellt wurde: Wenn Mose diese Bücher nicht geschrieben hat, wer dann?

Ich glaube, daß Esra sie geschrieben hat.

Ein aaronitischer Priester

Der Mensch, der die vier Quellen zu den Fünf Büchern Mose zusammenfügte, wird als ›der Redaktor‹ bezeichnet. Der Redaktor hat hauptsächlich Texte zusammengestellt, die es bereits gab, und selbst nicht viel geschrieben; daher gibt es wenig Indizien, die darauf hindeuten, wer er gewesen ist. Es stehen weder ganze Erzählungen noch lange Gruppen von Gesetzen für eine Überprüfung zur Verfügung, um folgern zu können, woher er kam, welche Interessen er verfolgte oder wen er bekämpfte.

Und doch wissen wir einiges über seine Person. Zuerst einmal stammte der Redaktor aus dem Kreis der aaronitischen Priester. Er war entweder selbst Priester, oder er war ihnen verbunden und vertrat ihre Interessen. Für diese Folgerung gibt es mehrere Gründe.

Erstens begann er die Hauptteile seines Werkes stets mit Erzählungen oder Gesetzen aus P, nie aus J oder E. Die heutigen Bücher Genesis, Exodus, Levitikus und Numeri (1., 2., 3. und 4. Buch Mose) beginnen sämtlich mit priesterlichen Texten.[1]

Zweitens verwendete er priesterliche Dokumente als Rahmen für sein Werk. Das erste Dokument, das er verwendete, war das Buch der Geschlechter, den Lesern der Bibel besser als ›Zeugungsliste‹ geläufig. Die meisten Bibelleser betrachten es als einen der langweiligsten Teile der Bibel. Es beginnt:

Dies ist das Buch von des Menschen Geschlecht.[2]

Dann geht es weiter mit einer Aufzählung der Generationen des Menschen von Adam bis Jakob, wer wen zeugte und wie alt die Leute in der Liste geworden sind.

Frank Moore Cross hat nachgewiesen, daß das Buch der Geschlechter ursprünglich ein eigenständiges Dokument gewesen ist. Der Mensch, der die Thora zusammengestellt hat, hat dieses Dokument in verschiedene Teile zerlegt und diese Teile dann über das 1. Buch Mose verteilt.[3] Dieses Arrangement verlieh den Erzählungen der unterschiedlichen Autoren Struktur und Kontinuität. Den Teil des Dokumentes, der die zehn Generationen von Adam bis Noah umfaßte, setzte der Redaktor zwischen die Geschichte Adams und die Geschichte Noahs; dann nahm er den Teil mit den zehn Generationen von Noah bis Abraham und setzte ihn zwischen die Geschichte Noahs und die Geschichten von Abraham,

314

und so weiter. Das gab den Erzählungen der Genesis, die so alle in einem fortlaufenden Fluß der Geschichte angesiedelt wurden, einen vernünftigen Rahmen.[4]

Das Buch der Geschlechter war ein priesterliches Dokument. Wie die P-Erzählungen im 1. Buch Moses bezeichnet das Buch der Geschlechter Gott als Elohim, nicht als Jahwe. Wie die Schöpfungsgeschichte von P behauptet das Buch der Geschlechter, daß die Menschen nach Gottes Bild geschaffen wurden.[5] Wie viele Erzählungen und Gesetze von P befaßt sich das Buch der Geschlechter mit immer wiederkehrenden Einzelheiten von Namen und Daten.

Das heißt, der Redaktor verwendete ein priesterliches Dokument zur Textstrukturierung des 1. Buches Mose.

Auch für die Strukturierung der anschließenden fünfzehn Kapitel der Bibel – den Erzählungen von der Versklavung der Israeliten und dem Auszug aus Ägypten – verwendete der Redaktor einen priesterlichen Text. Der Text, den er dazu benutzte, war die P-Version der Plagen, die Jahwe über die Ägypter kommen ließ. Einfach ausgedrückt: er benutzte die Sprache der P-Version, um den unterschiedlichen Quellen eine Einheit zu geben. In der P-Version folgen nach jeder Plage die Worte:

> Also ward das Herz Pharaos verstockt, und hörte sie nicht, wie denn Jahwe geredet hatte.[6]

Auch nach den Plagen in den JE-Erzählungen fügte der Redaktor Worte ein, die obigen ähnlich sind.[7] Als er dann die P- und die JE-Erzählungen von den Plagen miteinander verband, gaben die ihnen gemeinsamen Abschlüsse der gesamten zusammengesetzten Erzählung eine Einheit. Entscheidend ist dabei, daß der

Redaktor als Leitstruktur des Werkes *priesterliche* Dokumente verwendete.

Drittens fügte er eigene Texte ein, und diese neuen Texte waren nach Sprache und Interessen typisch für P. Weiter unten werde ich auf einige dieser Texte näher eingehen; im Anhang habe ich sie alle aufgelistet. An dieser Stelle mag die Bemerkung genügen, daß sie P sprachlich so ähnlich sind, daß Forscher sie lange Zeit als zu P gehörig betrachtet haben.

Professor Cross ging noch weiter. Er zog den Schluß, daß P und R (Redaktor) praktisch ein und dasselbe sind. Er argumentierte, daß es im Fluß der P-Geschichte größere Lücken gab. Da die P-Geschichte unvollständig war und die Struktur des Werkes aus priesterlichen Dokumenten stammte, folgerte Cross, daß es nie eine separate P-Quelle gegeben hat. Vielmehr meinte er, einzelne Person (oder Gruppe) habe von vornherein die P-Teile des Pentateuch um die JE-Teile herum geschrieben. Dieselbe Person formte den Rahmen, der alle Erzählungen zusammenhielt. Die Redaktion und das priesterliche Schreiben seien ein und derselbe Vorgang gewesen.

In diesem Punkt gehe ich mit meinem Lehrer nicht konform. Wie in den vorangegangenen Kapiteln bereits angeklungen ist, scheinen mir die Schilderungen von P eine fortlaufende, einheitliche Erzählung zu sein. Wenn man J und E von P trennt, ergeben sich beim Lesen dieser Geschichte kaum Lücken. Wo es Lücken gibt, lassen sie sich mit den Interessen des priesterlichen Autors erklären, wie ich es im letzten Kapitel dargelegt habe. Wenn wir die biblische Sintflut-Erzählung, nach den beiden Quellen getrennt, betrachten, müssen wir erkennen, daß jede der beiden Erzählungen für sich vollständig ist. Gleiches gilt für die Aufruhr-Geschichte (Korah, Dathan, Abiram). Gleiches gilt für die beiden Erzählungen von den Ereignissen am Berg Sinai. In jedem dieser Fälle ist die P-Erzählung keineswegs um die J- oder E-Erzählung herum geschrieben worden. Sie scheint vielmehr eine ursprünglich eigenständige, fortlaufende Erzählung zu sein, die dann jemand anderes mit der früheren Version vereinigt hat. Außerdem ist da ja auch noch der Punkt, daß die P-Geschichten *alternative* Versionen zu den J- und E-Geschichten sind. Welchen Sinn hätte es für den Autor von P gehabt, diese Alternativfassungen der Erzählungen zu schreiben, wenn er sie mit eben diesen Texten verbunden hat, zu denen sie Alternativen bilden sollten?

Trotzdem, obwohl mich die Indizien überzeugt hatten, daß der priesterliche Autor und der Redaktor zwei verschiedene Personen waren, überzeugt mich andererseits Professor Cross davon, daß der Redaktor selbst zu der aaronitischen Priesterfamilie gehörte und priesterliche Dokumente sowie priesterliche Terminologie benutzte.

Es gibt eine Möglichkeit, die originalen P-Texte und die Einfügungen des priesterlichen Redaktors voneinander zu unterscheiden, wie ich nachstehend erläutern werde. Für den Augenblick wollen wir uns, wie gesagt, damit begnügen, daß der Redaktor aus derselben Gruppe stammte wie der Autor von P. Sein Werk war eindeutig Ausdruck der Sorgen und Interessen eines Priesters, er verwendete die Sprache von P, er begann jeden größeren Abschnitt seines Werkes mit einem Text

von P, und er gab dem Werk mit priesterlichen Dokumenten seinen Rahmen.

Es ist eigentlich gar nicht überraschend, daß der
Redaktor ein Priester war. Die Mehrzahl der Erzählungen und sämtliche Gesetze, die wir bisher betrachtet
haben, sind auf Priester zurückzuführen (E, P und D).
Die Priester besaßen Zugang zu den Dokumenten und
die religiöse Autorität, die Dokumente öffentlich
bekanntzumachen. Es war Teil ihrer offiziellen Funktion, das Gesetz und die Überlieferung zu lehren.[8] Es ist
nur natürlich, daß die Priester, die P und die Deuteronomische Historie (zu der wahrscheinlich auch JE gehörte)
verfaßten, ihre Werke an andere Priester weitergaben
und daß diese Dokumente in priesterlichen Kreisen aufbewahrt wurden. Und dann traf in der Geschichte ein
Augenblick ein, in dem der Priester einen Vorteil darin
sah, sie zusammenzufügen.

Die Zeit des zweiten Tempels

Dieser Augenblick mußte zur Zeit des zweiten Tempels
gekommen sein. Die Quellen – J, E, P und D (Dtr^1 und
Dtr^2) – lagen erst wenig früher komplett vor. Und wenn
wir betrachten, womit dieser Priester diese Quellen
ergänzte, erhalten wir Hinweise, die den Entstehungs-
moment des endgültigen Werkes noch genauer markie-
ren.

Beispielsweise fügte er das Kapitel 15 des 4. Buches
Mose hinzu. Es ist ein Kapitel mit Gesetzen, das von
allen anderen priesterlichen Gesetzen abgetrennt ist.
Aus irgendeinem Grunde wurde es, statt inmitten ande-

rer Gesetze, zwischen Kapiteln eingefügt, die Erzählungen enthalten. Es steht zwischen der Kundschafter-Erzählung und der Geschichte vom Aufruhr. Es ist in der typisch priesterlichen Sprache geschrieben, und es behandelt eine typisch priesterliche Angelegenheit: das Opfer.

Es ist einfach zu typisch. Es behandelt das gewöhnliche Opfer, das Festopfer, das Opfer bei Gelübden und einzelne Opfer für versehentliche Sünden. All diese Dinge wurden bereits in P behandelt.[9] Dieses Kapitel ist also weitgehend eine Dublette, in der bereits erwähnte Dinge wiederholt werden, während einige Opfer der Liste hinzugefügt werden.

Nur gibt es einen gewaltigen Unterschied: Die Stiftshütte in 4. Mose 15 wird nie erwähnt.

Daß die Stiftshütte in einem Text, der priesterliche Opfergesetze wiederholt, überhaupt nicht erwähnt wird, ist kein Zufall. An anderen Stellen in P wird immer und immer wieder betont, daß die Stiftshütte für das Opfern unabdingbar ist. Außer am Eingang der Stiftshütte kann es ein Opfer überhaupt nicht *geben*. Dieser andere Text, 4. Mose 15, scheint aus einer Zeit zu stammen, als die Priester beim Opfern nicht mehr auf dem Vorhandensein der Stiftshütte bestehen konnten. Es paßt zur Zeit des zweiten Tempels, als die Stiftshütte nicht mehr existierte.

Der zweite Tempel hatte keine Stiftshütte, keine Cherubim und keine Bundeslade. Und doch wurden dort Opfer gebracht. 4. Mose 15 scheint der Text zu sein, der zwischen der alten und der neuen Zeit, zwischen dem ersten Tempel und dem zweiten Tempel eine Verbindung herstellte. Es mußte entweder in Jerusalem als Gesetz des zweiten Tempels oder noch im babylonischen Exil als Programm für die Zukunft geschrieben worden sein.

Es gibt eine zweite Einfügung, die noch aufschlußreicher ist. Die Quelle P enthält in 3. Mose 23 Gesetze über die Feiertage. Der dortige Text zählt die drei Hauptfeiertage — das Passahfest, das Wochenfest und das Laubhüttenfest — sowie den Neujahrsfeiertag [bei Luther: der heilige Sabbath des Blasens — Anm. d. Übers.] und den Versöhnungstag auf. Diese Aufzählung der Feiertage ist deutlich gekennzeichnet. Sie beginnt (Vers 4) und endet (Vers 37) mit den Worten: »Dies sind die Feste Jahwes.« Dann aber, zwei Verse nach dem Ende der Aufzählung (Vers 39), gibt es plötzlich noch ein Gesetz über einen dieser Feiertage: über das Laubhüttenfest. Dieses zusätzliche Gesetz, das von allen anderen Feiertagsgesetzen abgekoppelt ist, besagt, daß an diesem Feiertag mit Namen ›Laubhütten‹ (hebräisch: Sukkot) das Volk wirklich Laubhütten (d. h. Hütten oder Zelte) bauen und in ihnen eine Woche lang wohnen soll. Der Text vermerkt, dadurch solle das Volk daran erinnert werden, daß seine Vorfahren in Hütten in der Wüste gewohnt haben, nachdem sie Ägypten verlassen hatten. Der Text zählt Baumarten auf, die an diesem Fest verwendet werden sollen.[10]

Was soll das alles? Warum steht dieses eine Gesetz über eine besondere Regelung für einen Feiertag einzeln nach dem Ende der Feiertags-Passage? Die Antwort auf diese Frage hat mit der Epoche des zweiten Tempels zu tun. Als Esra das Volk am Wassertor versammelte und ihm die Thora vorlas — so berichtet uns das Buch Nehemia —, da war dem Volk in der Thora offenbar eine Sache völlig neu: nämlich ein Gesetz, welches vorschrieb, daß man zum Laubhüttenfest tatsächlich in Hütten wohnen sollte. Die Stelle in Nehemia vermerkt ausdrücklich, daß dieses Gesetz in der gesamten Geschichte des Landes zuvor niemals beachtet wurde. Es heißt:

> Denn die Kinder Israel hatten seit der Zeit Josuas, des Sohns Nuns, bis auf diesen Tag nicht also gethan.[11]

Nun, dieses Ergebnis zur Zeit Esras bezieht sich auf die Stelle im 3. Buch Mose über die Laubhütten. Es werden sogar dieselben Baumarten erwähnt, die im 3. Buch Mose aufgezählt sind. Und so haben wir also ein merkwürdig plaziertes Gesetz im 3. Buch Mose, und wir haben einen Bericht, demzufolge dieses merkwürdig plazierte Gesetz vor der Zeit des zweiten Tempels kein Teil des Lebens oder der Überlieferung des Volkes gewesen ist. Das paßt zu den anderen Indizien, die die abschließende Entstehungsphase der Fünf Bücher Mose in die Zeit des zweiten Tempels rücken.

Das ergibt auch einen Sinn. Die Zeit des zweiten Tempels war die Epoche, in der die aaronitischen Priester an der Macht waren. Es gab keine Könige mehr. Rivalisierende Priestergruppen waren aus dem Feld geschlagen. So überrascht es nicht, daß ein aaronitischer Priester zur Zeit des zweiten Tempels der Redaktor des gesamten Werkes gewesen sein soll. Es war eine Zeit, in der die Priester wie nie zuvor über die Autorität verfügten, die Macht hatten, das Werk öffentlich bekanntzumachen — und durchzusetzen.

Esra

Ein aaronitischer Priester im besonderen besaß solche Macht: Esra. Er hatte die Unterstützung des Kaisers. Er war mit Vollmachten ausgestattet. Obwohl er nicht der Hohepriester war, besaß er eine enorme Autorität. Und seine Autorität war unmittelbar mit einer Schriftrolle verbunden, die er nach Juda brachte, einer Schriftrolle, die als ›die Thora Moses, die Jahwe, der Gott Israels, gegeben hatte‹ bezeichnet wird.[12]

Wie ich in Kapitel 8 erwähnt habe, sind in der gesamten Bibel nur zwei Männer als Gesetzgeber bekannt: Mose und Esra. Esra war ein Priester, ein Gesetzgeber und ein *Schreiber*. Er hatte Zugang zu Dokumenten. Und die biblische Biographie Esras gibt eindeutig Auskunft darüber, welche Dokumente ihn interessierten. Es heißt:

> Denn Esra schickte sein Herz, zu suchen die Thora Jahwes ...[13]

Außerdem heißt es:

> Er war ein geschickter Schriftgelehrter in der Thora Moses.[14]

Es wird auch berichtet, daß der Großkönig ihn ermächtigte,

> das Gesetz Gottes, das unter deiner Hand ist[15]

zu lehren und durchzusetzen.

Wenn wir erstmals auf die vollständige Thora Moses in Juda stoßen, befindet sie sich im Besitz von Esra. Er spürte sie auf, er war ein Schreiber bzw. Schriftgelehrter, der mit ihr arbeitete, er brachte sie persönlich nach Jerusalem, und er persönlich führte ihre erste öffentliche Verlesung durch. Und als er sie dem Volke vorlas, hörte es Dinge, die es nie zuvor gehört hatte.

Das beweist keineswegs, daß es nun absolut Esra gewesen sein muß, der die Fünf Bücher Mose zusammenstellte. Aber er gehörte zur richtigen Priesterfamilie, hatte den richtigen Beruf, die erforderliche Autorität und befand sich zur richtigen Zeit mit dem ersten bekannten Exemplar des Buches am richtigen Ort. Wenn nicht Esra selbst das Werk zusammengestellt hat, dann war es jemand, der ihm nahestand – ein Verwandter, ein Priesterkollege, ein schriftgelehrter Kollege; denn lange vor seinem Eintreffen in Juda konnte das Buch nicht geschrieben worden sein. Als er damit nach Jerusalem kam, stand der Tempel erst etwa seit einer Generation.

Angesichts all dessen ist es faszinierend, daß es tatsächlich eine alte Überlieferung über Esra und die Thora von Mose gibt. Die Überlieferung besagt, daß die ursprüngliche Schriftrolle der Thora (und andere Bücher der Bibel) in dem Feuer verbrannte, das den Tempel 587 v. Chr. zerstörte, daß aber Esra es durch eine Offenbarung wiederherstellen konnte. Diese Überlieferung ist im sogenannten Vierten Buch Esra erhalten geblieben. Dieses Buch ist nicht Teil der Bibel. Es gehört vielmehr zu einer Sammlung namens Pseudoepigraphen mit Werken, die von Christen und Juden zwischen 200 v. Chr. und 200 n. Chr. geschrieben wurden. Das Vierte Buch Esra stammt aus der Zeit um 100 n. Chr. Darin spricht Gott zu Esra aus einem *Busch*. Esra sagt:

Darum ist die Welt in Finsternis gesetzt, und die, so drinnen wohnen, sind ohne Licht. Denn dein Gesetz ist verbrannt. Daher weiß niemand, was vor Werk von Dir gemacht seynd, oder noch sollen gemacht werden. Dann, so ich vor Dir Gnade gefunden, so geuß in mich den Heiligen Geist, und ich will beschreiben alles, was von Anfang der Welt geschehen ist, wie es in Deinem Gesetz vorhin geschrieben war.[16]

Anschließend deklamiert Esra vierzig Tage lang die verlorenen Texte.

Wir wollen die Bedeutung dieses relativ späten Textes nicht überbewerten, sondern lediglich festhalten, daß Esra bereits in frühen Zeiten mit der Herstellung des heiligen Textes in Verbindung gebracht wurde. Sogar Hieronymus im vierten Jahrhundert n. Chr. erklärte:

... ob man nun Mose als den Verfasser des Pentateuch oder Esra als den Erneuerer dieses Werkes bezeichnen will, ich habe nichts dagegen.[17]

Auch moderne Forscher haben dann und wann den Verdacht geäußert, daß es Esra gewesen ist, der die Fünf Bücher Mose zusammengestellt hat. Bei unserem derzeitigen Wissensstand scheinen mir die Indizien mit einer hohen Wahrscheinlichkeit auf Esra zu deuten, den Priester, Schriftgelehrten und Gesetzgeber, der mit der Thora Moses in der Hand ins Land kam.

Die Vereinigung

Und so hatten die Forscher des neunzehnten Jahrhunderts, die gemeint hatten, daß der priesterliche Autor aus der Zeit des zweiten Tempels stamme, teilweise recht. Der priesterliche *Schluß*redaktor dieser Texte stammte tatsächlich aus dieser Zeit. Seine priesterliche *Quelle* (P) kam aus einer früheren (Hiskias) Zeit.

Warum hat er es getan? Warum diese außergewöhnliche Ironie, Texte zu vereinigen, die einander diametral entgegengesetzt waren?

Er tat das vermutlich aus denselben Gründen, deretwegen 250 Jahre früher J und E zusammengeschrieben wurden. Zu jener Zeit waren all seine Quellentexte berühmt. J und E gab es bereits seit Jahrhunderten, und sie wurden in D zitiert. P gab es seit Hiskias Zeit, es stand im Zusammenhang mit einer nationalen Reform und hatte die Unterstützung der an der Macht befindlichen Priesterschaft. D war zur Zeit Josias öffentlich verlesen worden und enthielt ein Gesetz, das alle sieben Jahre ein erneutes öffentliches Verlesen forderte.[18] Wie konnte der Redaktor auch nur einen von diesen Texten weglassen? Wieder einmal bestand das Problem darin, den neuen Text mit Erfolg öffentlich bekanntzugeben. Wer hätte geglaubt, daß es sich um die Thora von Mose handelte, wenn es nicht die berühmten Erzählungen von Adam und Eva (J), dem goldenen Kalb (E), Pinehas (P) und Moses Abschiedsrede (D) enthalten hätte?

Außerdem gab es Gruppen, die diese verschiedenen Texte unterstützten. Die levitischen Priester von Silo, die E und D geschrieben hatten, mochten zur Zeit des zweiten Tempels nicht an der Macht sein, aber das hieß ja keineswegs, daß es sie nicht gab. Sie konnten noch immer ihre Stimmen erheben und die Authentizität einer Thora anzweifeln, die ihre Texte nicht enthielt. In der Tat, die Vereinigung all dieser Quellen könnte als Kompromiß zwischen verschiedenen Gruppierungen innerhalb der israelitisch-judäischen Gesellschaft entstanden sein.

Bleibt noch immer die Frage, warum der Redaktor sie miteinander vermischen mußte. Warum sie nicht einfach nebeneinander stehen lassen wie die vier Evangelien des Neuen Testaments? Der Unterschied bestand darin, daß zu Esras Zeit offenbar all diese Quellen inzwischen Mose zugeschrieben wurden. Was sollte der Redaktor machen? Er konnte nicht zwei oder drei unterschiedliche Texte von Mose gelten lassen, insbesondere da sie sich manchmal widersprachen. Also nahm er sich der ungeheuren, kniffligen und ironischen Aufgabe an, diese alternativen Versionen derselben Erzählungen in einem Werk zu vereinigen.

Die Methodik

Wie geht man eine solche Aufgabe an? An irgendwelche Richtlinien konnte er sich nicht halten, denn es handelte sich um eine einmalige Aufgabe, darum, auf ein ganz spezielles Bedürfnis in einem ganz bestimmten historischen Augenblick zu reagieren. Er konnte nicht irgendwie systematisch vorgehen, weil die Quellentexte so verschiedenartig waren. Sie enthielten Prosa wie Dichtung. Sie enthielten Erzählungen, Gesetze, Aufzählungen und bauliche Anweisungen. Der Mensch, der sich daranmachte, sie zusammenzubringen, mußte über eine außerordentliche literarische Sensibilität und über außergewöhnliche Fähigkeiten verfügen. Er mußte ein Gespür dafür haben, welche Widersprüche der Leser tolerieren konnte und welche nicht. Er mußte die Kanten glätten, damit Teile von Erzählungen, die nie dazu gedacht waren, zusammen zu stehen, bequem ineinander übergingen.

Seine einzige Leitlinie schien die gewesen zu sein, soviel als möglich von den Originaltexten beizubehalten, ohne daß sich unvertretbare Widersprüche ergaben. Das ist daran ersichtlich, daß, wenn wir im 1., 2., 3. und 4. Buch Mose JE und P trennen, jede Quelle mit nur ganz wenigen Lücken in sich sinnvoll fließt. Es gibt nur wenige Anzeichen dafür, daß der Redaktor etwas herausgeschnitten hat.

Er hatte Probleme zu lösen, die von Fall zu Fall immer neue Arten von Widersprüchen und Wiederholungen betrafen. Er konnte methodisch mit einer Entscheidung für ein alles überspannendes Konzept beginnen. Es ging nicht um eine einmalige kritische Grundentscheidung. Um seine diversen Quellen in eine zusammenhängend flüssige, sinnvolle Schilderung umzugestalten, hatte er Hunderte von richtigen Entscheidungen zu treffen.

Als erstes mußte er sich entscheiden, was er mit den beiden Schöpfungsgeschichten machen sollte. Er beschloß, beide aufzunehmen. Die erste, 1. Mose 1 (P), hatte eine universellere, mehr kosmische Perspektive, während die zweite (J) eher eine irdische, auf den Menschen fixierte Perspektive bot. Nebeneinander gestellt schienen sie einfach eine breite Darstellung der hauptsächlichen Schöpfungshandlungen zu bieten, der dann eine nähere Beleuchtung bestimmter Aspekte folgte. Die Tatsache, daß die Reihenfolge der Ereignisse und der Name der Gottheit wechselte, schien ihm offensichtlich nichts auszumachen. Das soll keine Kritik an seinem logischen Denken oder seinen Fähigkeiten bedeuten. Er konnte einfach mit solchen Entwicklungen leben, wie seine Leser in den folgenden zwei Jahrtausenden auch.

Als nächstes kamen die J-Erzählungen von Adam und Eva und Kain und Abel. Diese Erzählungen berührten enge persönliche Kontakte mit Gott sowie Cherubim (richtige, keine Statuen),[19] mächtige Pflanzen (Baum des Lebens, Baum der Erkenntnis des Guten und Bösen), und eine entsprechende Schlange. P hatte keine entsprechenden Erzählungen, und so stand es dem Redaktor frei, die J-Texte einfach hinter die beiden Schöpfungsgeschichten zu setzen.

Dann fügte er die ersten zehn Zeugungen aus dem Buch der Geschlechter ein, die bei Noah endeten.

An dieser Stelle sah sich der Redaktor seiner ersten wirklichen Herausforderung gegenüber. Er hatte zwei Sintflut-Erzählungen vor sich. Beide waren sie vollständig. Sie zeigten gewisse Ähnlichkeiten und klare Unterschiede. Die Sintflut-Erzählung von J berichtete von 40 Tagen Regen. Die Sintflut-Erzählung von P berichtete von einer ein Jahr andauernden kosmischen Krise. Die J-Erzählung gab von den reinen Tieren vierzehn und von den unreinen zwei pro Gattung an, die P-Erzählung immer nur zwei. In der J-Erzählung sendet Noah am Ende drei Tauben aus (oder eine Taube dreimal). In der P-Erzählung war es ein Rabe.

Der Redaktor konnte sie nicht eine nach der anderen plazieren, wie er es bei den Schöpfungsgeschichten getan hatte. Aber offenbar war er auch nicht bereit, die eine oder die andere einfach wegzulassen. Und so versuchte er, sie zu einer Erzählung zu vereinen, die dann immer noch einen Sinn ergäbe – und immer noch eine gute Geschichte wäre. Was dabei am Ende herauskam, habe ich in diesem Buch als ersten Text verwendet (Kapitel 2, S. 73-79).

Der Redaktor zerlegte die beiden Erzählungen und verschmolz die entsprechenden Stücke auf vollkommene Weise miteinander. Der Regen in J schien danach nur noch ein anderer Bezug auf die Wasser zu sein, die durch das kosmische Firmament von P brachen. Die Tiere (›von jedem zwei‹) bei P wurden so gedeutet, daß die vierzehn Tiere von jeder reinen Tierart bei J immer in Paaren von ›zwei und zwei‹ zur Arche kamen. Der Rabe aus P war jetzt so gedeutet, daß er von der Arche weggeflogen und nicht zurückgekehrt war, so daß Noah Tauben aussenden mußte, um zu erkunden, ob die Wasser der Flut sich verlaufen hatten. Es war eine brillante Synthese aus beiden Erzählungen, ohne daß offensichtlich aus den beiden Originaltexten auch nur ein Wort gestrichen wurde. Und diese Synthese hat zweieinhalbtausend Jahre lang überzeugt.

Diese Methode, die Erzählungen zu zerlegen und die entsprechenden Teile miteinander zu verweben, funktionierte so gut, daß der Redaktor sie dazu benutzte, um die P-Erzählung von Korah mit der JE-Erzählung von Dathan und Abiram zu vereinigen. Er wandte die gleiche Methode auch für die Kundschafter-Erzählung, die Erzählung von den Plagen in Ägypten und die Erzählung von der Teilung des Roten Meeres an.

Aber er war an diese Methode nicht gebunden. In einigen Fällen trennte er die P-Erzählung in mehrere kleine Teile auf und verstreute diese Teile über mehrere JE-Erzählungen. So verteilte er etwa die P-Teile der Erzählung von Jakob und Esau auf den viel längeren JE-Bericht über die Zwillingsbrüder. Dasselbe machte er mit dem kurzen P-Bericht von der Auswanderung nach Ägypten, indem er seine Einzelteile auf vierzehn Kapitel der JE-Erzählung von Joseph verteilte. In anderen Fällen bei Dubletten-Erzählungen traf er die Entscheidung, die beiden Fassungen voneinander zu trennen und sie als separate Ereignisse darzustellen. So setzte er, zum Beispiel, die JE-Erzählung über den Bund mit Abraham nach 1. Mose 15, und die P-Erzählung von diesem Bund verlegte er nach 1. Mose 17, indem er eine andere Erzählung dazwischenschob. Auf diese Weise wirkten die beiden Versionen von Abrahams Bund so, als würden zwei eigenständige Begegnungen zwischen Gott und Abraham geschildert. Noch dramatischer wurden die beiden Erzählfassungen der Geschichte isoliert, wie Mose Wasser aus dem Felsen schlägt. Die JE-Version finden wir nun in 2. Mose 17. Die P-Version folgt, zwei Bücher später, in 4. Mose 20. Voneinander getrennt scheinen sie nun zwei verschiedene Ereignisse wiederzugeben, die örtlich und zeitlich weit auseinanderliegen, obwohl sie beide an Orten gleichen Namens spielen.

Ihm schienen also einige Wiederholungen und Widersprüche tragbar zu sein, andere wiederum nicht. Zwei Sintfluten zu haben, von denen eine jede die ganze Welt bis auf einen Mann namens Noah zerstörte, mochte er nicht zulassen. Er war aber willens, Mose an zwei Orten namens Meriba an zwei Felsen schlagen zu lassen. Er war bereit, Mose in seiner Abschiedsrede die Zehn Gebote in 5. Mose 5 wiederholen zu lassen, obwohl sie dort ein wenig anders lauten als in 2. Mose 20. In 2. Mose 20 heißt das vierte Gebot:

> Gedenke des Sabbathtags, daß du ihn heiligest ... *denn in sechs Tagen hat Jahwe Himmel und Erde gemacht, und das Meer, und alles, was drinnen ist, und ruhete am siebenten Tage. Darum segnete Jahwe den Sabbathtag und heilige ihn.* [20]

Aber im 5. Buch Mose, als Mose das Gebot wiederholt, formuliert er es folgendermaßen:

> Den Sabbathtag sollst du halten, daß du ihn heiligest ... *denn du sollst gedenken, daß du auch Knecht in Ägyptenland warest, und Jahwe, dein Gott, dich von dannen geführet hat mit einer mächtigen Hand und ausgerecktem Arm. Darum hat dir Jahwe, dein Gott, geboten, daß du den Sabbathtag halten sollst.* [21]

Die erste Version stammt aus P, und sie zitiert als Begründung für das Einhalten des Sabbaths aus der Schöpfungsgeschichte von P: weil Gott am siebenten Tage ruhte. Die zweite Version stammt aus D und gibt einen geläufigen D-Grund für das Einhalten der Gebote an: weil Gott euch aus der Sklaverei befreit hat. Für den Redaktor und seine Leser war der unterschiedliche Wortlaut desselben Gebotes miteinander kompatibel. (Es ist interessant zu vermerken, daß eine der Schriftrollen vom Toten Meer beide Texte zusammenwirft und beide Begründungen für das Einhalten des Sabbaths einfach nacheinander bringt.) [22]

In all diesen Fällen gibt es keine allgemeingültige Methode, nach welcher der Redaktor verfahren hätte.

Die Texte des Redaktors waren sehr verschiedenartig und kompliziert, und er war weise und geschickt genug, um jeden einzelnen Fall so zu behandeln, wie er seiner Ansicht nach behandelt werden mußte.

Die Kontinuität

Der Redaktor mußte der ganzen Sammlung von Einzelheiten noch immer eine sinnvolle Gesamtstruktur geben. Die Kontinuität mußte gewährleistet sein. Diese Kontinuität war zum Teil durch den Charakter der Texte selbst gegeben. All diese Erzählungen fügten sich insofern ganz natürlich zusammen, als sie alle sicher in der Geschichte verankert waren. Alle Texte beschrieben die Ereignisse in der Reihenfolge, die man auch für die historische Reihenfolge hielt, in der sie sich abgespielt hatten.

Das mag heute so offenkundig scheinen, daß uns dieser Punkt kleinlich und unbedeutend vorkommt – dem ist allerdings nur deshalb so, weil wir in einer nachbiblischen (und nachgriechischen) Zeit leben. *Die Bibel war der erste Versuch einer Geschichtsschreibung.* Wir können darüber streiten, ob es eine gute oder eine schlechte Geschichtsschreibung ist – meiner Meinung nach ist sie größtenteils ausgezeichnet –, aber daß es die *erste* Geschichtsschreibung ist, steht unbestritten fest. Während des Altertums könnten aus dem Nahen Osten als Annäherung daran nur königliche Annalen wie die Prismeninschrift des Sanherib erwähnt werden, welche die militärischen Unternehmungen des Königs, die eroberten Orte und die Beute nennen. Sie ähneln aber eher Aufzählungen als tatsächlicher Geschichtsschreibung.

Die ersten uns bekannten, umfassenden Geschichtswerke eines Volkes sind eben die Quellen, die dieser
Redaktor zusammengebracht hat.

In einen geschichtlichen Ablauf fügte der Redaktor
diese Quellen mit Hilfe von drei Dokumenten. Er
benutzte zum ersten das Buch der Geschlechter. Er zerlegte diese lange Aufzählung darüber, wer wen zeugte,
und streute die Teile innerhalb der Geschichten von
Adam bis Jakob an den passenden Stellen ein. Auf diese
Weise gab er dem gesamten 1. Buch Mose eine historische Kontinuität.

Als zweites Dokument benutzte er zu diesem Zweck
die P-Schilderung der Plagen. Er verwendete ihr sprach-
liches Element ›also ward das Herz Pharaos verstockt‹
als Rahmen, um die verschiedenen JE- und P-Geschichten vom Auszug aus Ägypten zu integrieren. Diese
Struktur hält die ersten zwölf Kapitel des 2. Buches
Mose bis zu der Stelle zusammen, als das Volk Ägypten
verläßt.[23]

Als drittes Dokument diente ihm dazu eine Aufzählung der Rasten, die die Israeliten während ihrer vierzig
Jahre in der Wüste hielten. Diese Reiseliste befindet sich
im 4. Buch Mose, Kapitel 33. Sie beginnt mit der klaren
Aussage:

> Das sind die Reisen der Kinder Israel, da sie aus Ägypten-
> lande gezogen sind …

Anschließend wird jeder Ort genannt, den sie aufsuch-
ten, angefangen mit der Stadt Rameses in Ägypten über
all ihre Aufenthalte in der Wüste bis hin zu ihrer
Ankunft am Jordan-Fluß, der Schwelle zum gelobten
Land. Die meisten Bibelwissenschaftler hatten ange-

nommen, diese Liste sei eine bloße Zusammenfassung
all der Orte, die bis zu dieser Stelle der Erzählungen
erwähnt sind; Frank Cross hat jedoch nachgewiesen,
daß es sich bei dieser Liste ursprünglich um ein eigenständiges Dokument ähnlich dem Buch der Geschlechter gehandelt hat. Der Redaktor benutzte diese Liste,
um den Wüstengeschichten einen Rahmen zu geben, so
wie er für die Genesis-Geschichten das Buch der
Geschlechter und für die Geschichten in Ägypten die
Schilderung der Plagen verwendet hatte. Er durchsetzte
also den Text mit Teilstücken der Liste über die Reise-
stationen des Volkes, so daß jede seiner Geschichten an
der richtigen Stelle anschloß. Das verlieh den Büchern
Exodus (ab Kapitel 127, Levitikus und Numeri dieselbe
Art von Kontinuität, die er bereits dem Buch Genesis
gegeben hatte.[24]

Das 5. Buch Mose stellte bereits eine fortlaufende Einheit dar, da es die letzten Worte und Taten Moses
beschrieb. Der Redaktor mußte nur die JE- und die
P-Erzählungen von Moses Tod in das Ende des Buches
einpassen. Das letzte Kapitel des 5. Buches Mose (Kapitel 34) ist damit jetzt eine Zusammenfassung aller drei
Versionen von Moses Tod (JE, P und D).[25]

Zum Beitrag des Redaktors gehörten auch die Verse,
die er hier und dort einfügte, um die Übergänge und Ver-
schmelzungen seiner Quellen zu verbessern und ihm
besonders wichtige Punkte klarer oder nachdrücklicher
herauszustellen. Er fügte auch einige wenige Passagen
ein, die in seiner Zeit wichtig waren, darunter die Opfergesetze in 4. Mose 15, das Gesetz über die Laubhütten,
eine Stelle, die den Sabbath betont,[26] und eine Stelle über
die Heimkehr aus dem Exil.[27]

Dieser Redaktor war wie der Schreiber von P ein aaronitischer Priester. Ironischerweise bestand aber seine Aufgabe im genauen Gegenteil: Die Person, die P hervorbrachte, schrieb ein Werk, das eine Alternative zu älteren Quellen (JE) bildete. Der Redaktor schrieb ein Werk, das konträre Quellen *miteinander versöhnte*. Das war der Hinweis, den ich fand und der es mit anderen Beweisen, die in die gleiche Richtung wiesen, meines Erachtens möglich machte, P und das Werk des Redaktors voneinander zu unterscheiden. Der Text des Redaktors vereinte sie.

Die erste Bibel

Als der Redaktor seine Quellen um das Deuteronomium erweiterte, erzielte er einen zusätzlichen Effekt, den er vielleicht gar nicht beabsichtigt hatte. Das Deuteronomium wurde damit das letzte Buch der Thora wie auch das erste Buch der Deuteronomischen Historie. Auf diese Weise entstand eine natürliche Kontinuität vom 1. Buch Mose bis zum Ende des 2. Buches der Könige. Der amerikanische Bibelwissenschaftler David Noel Freedman bezeichnete diese über elf Bücher hinweg fortlaufende Geschichte als die Grunderzählung (Genesis, Exodus, Levitikus, Numeri, Deuteronomium, Josua, Richter, 1. und 2. Samuel, 1. und 2. Könige). Er bezeichnete sie auch als ›die Erste Bibel‹.

Solche Betrachtungsweise ist tatsächlich sehr nützlich. Die Grunderzählung bildete den Kern, um den herum der Rest der Bibel aufgebaut wurde. Sie erzählte die Geschichten jener Ereignisse, welche den Hintergrund bildeten für alles, was später geschehen sollte: die Schöpfung, das Werden des Volkes, die Ansiedlung in dem Lande, die Entstehung der messianischen Linie. Sie enthielt die vier wichtigsten Bündnisse (Noah, Abraham, Sinai, David). Vor dem Hintergrund der in ihr dargestellten Historie ließen sich die verschiedenen Propheten verstehen. Jesaja war besser zu begreifen, wenn man ihn vor dem Hintergrund der Herrschaft Hiskias sah, in der er lebte. Vor dem Hintergrund Josias wurde Jeremia verständlicher. Die übrigen Bücher der hebräischen Bibel (Altes Testament) und das Neue Testament sollten dann von den Gemeinschaften, die sie bewahrten, ebenfalls im Kontext der zentralen Ereignisse der Grunderzählung gesehen und verstanden werden. Deshalb habe ich mich absichtlich auf eben diese Bücher der Grunderzählung konzentriert, und deshalb war die Arbeit des Redaktors für die Formung der ganzen Bibel so wichtig.

Kunst über Kunst

Von den Schreibern, die zu den Fünf Büchern Mose beigetragen haben, ist der von mir als Esra identifizierte Redaktor in seiner Bedeutung am wenigsten bekannt. Die Verfasser der Erzählungen und Gesetze werden gewöhnlich höher bewertet. Das könnte falsch sein. Der Redaktor war auf seine Art genauso ein Künstler wie die Autoren von J, E, P und D es auf ihre Art waren. Sein Beitrag war mit Sicherheit so bedeutsam wie der ihre. Seine Aufgabe war nicht bloß schwierig: sie war schöpferisch. Sie verlangte bei jedem Schritt nicht nur Weisheit und literarische Sensibilität, sondern auch eine Kunstfertigkeit, die nicht geringer einzuschätzen ist als die Kunst des Geschichtenerzählens. Er ist es ja schließlich gewesen, der das Werk geschaffen hat, das wir all diese Jahre hindurch gelesen haben. Er brachte die Erzählungen und Gesetze in der endgültigen Form zusammen, die Millionen von Menschen auf tausenderlei Art und Weise beeinflußt hat.

Ist das *sein* Einfluß? Oder ist es den Verfassern der Quellen zuzuschreiben? Oder wäre es angemessener, von einer literarischen Partnerschaft all dieser Personen zu sprechen, einer Partnerschaft, von der die meisten von ihnen nicht einmal gewußt haben, daß sie zustandekommen würde? Wieviel Ironie war in dieser Partnerschaft enthalten, die sich über Jahrhunderte hinweg erstreckte? Wieviel Neues an Entwicklungen und Ideen ergab sich aus der Kombination ihrer aller Beiträge?

Kurzum, für das letzte Kapitel dieses Buches stellt sich die Frage: Ist die Bibel mehr als die Summe ihrer Teile?

KAPITEL 14

Die Welt, die durch die Bibel entstand

Das Endprodukt

Ist die Bibel mehr als die Summe ihrer Teile?
Selbstverständlich.

Das Vermischen der verschiedenen Erzählungen, Gesetze, Gedichte und Ansichten brachte Dinge hervor, die keiner der Autoren beabsichtigt hatte.

Der Verfasser von E schrieb die Erzählung von dem Abraham, der beinahe seinen Sohn Isaak opferte; es ist eine der bekanntesten, rätselhaftesten und beunruhigendsten Erzählungen in der Bibel. Die Erzählung schildert einen Abraham, der dem Willen seines Gottes dermaßen ergeben ist, daß er sogar bereit ist, seinen Sohn zu opfern. Göttliches Eingreifen hält ihn zurück und rettet das Leben Isaaks im letzten Augenblick.

Vielleicht hundert Jahre später schrieb der Autor von P die Erzählung von Abrahams Kauf der Höhle von Machpelah. Abraham kauft die Höhle als Familiengrabstätte, weil seine Frau Sara gestorben ist.

Etwa zweihundert Jahre später stellte der Redaktor die Erzählung von Saras Tod und dem Höhlenkauf unmittelbar nach die Erzählung von der Opferung

Isaaks. Die Opferung Isaaks steht in 1. Mose 22; der Tod Saras steht in 1. Mose 23.

Seither ist immer wieder die Deutung vorgetragen worden, daß Saras Tod möglicherweise seine Ursache darin hatte, daß sie zusehen mußte, wie ihr Sohn geopfert werden sollte; daß sie aus Kummer starb. Das war weder von dem Autor so beabsichtigt, der E geschrieben hat, noch von demjenigen, der P schrieb. Selbst der Redaktor hat das vielleicht gar nicht beabsichtigt.[1] Aber so wirkte es. Das bloße Nebeneinanderstellen der beiden Texte bereicherte die Erzählung um ein zusätzliches menschliches Element. Es fügte eine neue psychologische Ebene hinzu. Es öffnete neue Interpretationsmöglichkeiten. Es warf neue Fragen auf und provozierte neue Antworten.

Es gibt Hunderte, vielleicht tausend Beispiele dafür, wie aus dem Vermischen der Quellen solche neuen Elemente und Gedanken geboren wurden – neue Verlaufsformen der Erzählungen selbst, neue psychologische Dimensionen und neue Deutungsmöglichkeiten. Wir haben kaum damit begonnen, die Auswirkung der außergewöhnlichen Entstehungsgeschichte der Bibel auf ihre letztendliche Form und Bedeutung zu begreifen.

Am bemerkenswertesten von allem ist folgendes: diese Geschichte hat das Bild der Bibel vom Verhältnis zwischen Gott und der Menschheit berührt.

Zum Bilde Gottes

In der Schöpfungsgeschichte in 1. Mose macht Gott die Menschen, Mann und Frau, nach seinem Bilde. Die Bedeutung des Ausdrucks ›zum Bilde Gottes‹ ist nicht klar. Ist eine körperliche Ähnlichkeit gemeint – daß Gott ein Gesicht und einen Körper hat wie wir? Oder eine spirituelle Ähnlichkeit? Oder eine intellektuelle? Was immer gemeint sein mag, eines darf auf jeden Fall festgehalten werden, daß nämlich in der Bibel der Menschen als ein irgendwie am Göttlichen teilhabendes Wesen gesehen wird und sich darin von den Tieren unterscheidet. Im Menschen ist etwas von Gott, und dieses Etwas ist ausschlaggebend für die Ereignisse in Eden nach der Schöpfung.

Es ist den Menschen verboten, die Frucht vom Baum der Erkenntnis des Guten und Bösen zu essen. Aber die Schlange verführt sie, trotzdem davon zu essen. Was sagt aber die Schlange? Was veranlaßt die Menschen, sich nicht an das Verbot zu halten? Die Schlange erklärt der Frau: wenn sie von dem Baume äßen, ›werden sein *wie* Gott ...‹.[2] Nun, nach biblischen Begriffen hätte dieses Argument bei einem Tier, einem Vogel oder einem Fisch nicht gezogen, weil diese am Göttlichen nicht teilhaben. Nur die Menschen sind Gott zum Bilde erschaffen, und somit wäre das Streben zum Göttlichen nur bei Menschen vorauszusetzen. Die Schöpfung nach dem Bilde Gottes in 1. Mose 1 ist daher entscheidend für ein Verständnis dessen, was in 1. Mose 3 die Menschen im Garten Eden tun.

1. Mose 1 und 1. Mose 3 stammen aber von zwei verschiedenen Personen. Die Eden-Erzählung stammt aus

J, wo niemals behauptet wird, daß der Mensch Gott zum Bilde geschaffen wurde. Der Schöpfungsbericht dagegen stammt aus P, der nirgends derartig wirkungsvolle Pflanzen oder sprechende Schlangen berücksichtigt. Und der Redaktor bezog beide Erzählungen in ihrer Vollständigkeit ein, so daß wir nicht einmal zu erkennen vermögen, ob er sich solch bedeutungsvoller Verschmelzung beider Quellen bewußt war oder nicht.

Die Vereinigung von J und P ergab an dieser Stelle etwas, das mehr war als die Summe der Einzelteile. Die Erzählung war reicher geworden, entfaltete neue Sinn- und Deutungsmöglichkeiten. Sie rückte die Handlungen der Menschen in Eden in ein völlig neues Licht. Gott erschafft sie nach dem göttlichen Bilde und verbietet ihnen sodann eben die Frucht, deren Reiz darin besteht, jemand mit einer göttlichen Fähigkeit auszustatten. Er teilt eine göttliche Eigenschaft einzig und allein mit den Menschen und behandelt sie dann als Untergeordnete. Er beauftragt sie, über die anderen Kreaturen zu herrschen und kommuniziert mit ihnen dann fast ausschließlich durch Gebote. Die Szenerie ist so zwingend aufgebaut, daß die Menschen praktisch ungehorsam sein müssen. Und so ist es wahrscheinlich keinem Leser je überraschend vorgekommen, daß die Menschen sich überreden *lassen* durch die Nachricht: »Wenn ihr von dem Baum eßt, werdet ihr sein wie Gott« – und die Frucht essen.

Wie Mark Twain es ausdrückte: »Wenn der Herr nicht wollte, daß sie aufsässig sind, warum hat er sie dann nach seinem Bilde geschaffen?«

Das ist nur ein Blickwinkel, unter dem man den Text betrachten kann. Es gibt hundert weitere mögliche Deutungen, ehrfurchtsvoller die einen, zynisch andere. Und genau das ist der springende Punkt. Die Vermischung der Quellen zu seinem Text bereicherte die Interpretationsmöglichkeiten der Bibel für alle Zeiten.

Kosmisch und personal

Die Vermischung der Quellen hat nicht nur einzelne biblische Erzählungen berührt. Sie betraf das biblische Gottesverständnis.

J, E und D schilderten Gott in sehr persönlichen Formen: er wandelt über die Erde, nimmt sichtbare Gestalt an, läßt sich in Gespräche und sogar auf Diskussionen mit den Menschen ein. Die Gottesvorstellung in P entsprach einer kosmischen, transzendentalen Gottheit.

Die Schöpfungsgeschichte von P beginnt mit der Erschaffung der kosmischen Struktur: Licht und Finsternis, Tag und Nacht, Meer und Land, das ›Firmament‹ und die Gestirne. Die Schöpfungsgeschichte von J ist im wortwörtlichen Sinne erdgebundener. Sie setzt ein mit den Voraussetzungen für die Vegetation, und darauf folgt die Erschaffung der Menschen, der Pflanzen und der Tiere – ohne Licht und Dunkel, die Himmel oder selbst das Meer auch nur einmal zu erwähnen.

In ihren eigenen Worten ausgedrückt, ist P die Erzählung von ›Himmel und Erde‹ und J die Erzählung von ›Erde und Himmel‹.

Die Sintflut-Erzählung von P ist eine kosmische Krise: die Fenster des Himmels und die Brunnen der Tiefe brechen auf. Das Wasser über dem Firmament ergießt sich nach unten. Das Wasser unter der Erdoberfläche bricht sich nach oben Bahn. Der bewohnbare Teil des Universums ist eine von Wasser umgebene Luftblase, und die drohenden Wasser brechen von oben und von unten herein. Die Sintflut-Erzählung von J dagegen spricht einfach von einem vierzig Tage und vierzig Nächte andauernden Regen.

In P's Erzählungen von der Schöpfung und von der Sintflut bleibt Gott über und jenseits von allem, er beherrscht und steuert Mensch und Natur. In J's Erzählung geht Jahwe persönlich durch den Garten Eden, macht den Menschen die ersten Kleider, verschließt die Arche und riecht Noahs Opfer.

In der Erzählung, wie Mose in Meriba an den Felsen schlägt, steht bei E Gott auf einem Felsen, in P's Version der Erzählung nicht.

In J's Erzählung vom Berg Sinai steigt Jahwe persönlich im Feuer auf den Berg herab.[3] In P nicht.[4]

In J und E sieht Mose Gott wirklich.[5] In P nicht.

In J fleht Abraham Gott an, das Schicksal der Städte Sodom und Gomorra abzuwenden,[6] und in der Kundschafter-Erzählung setzt Mose sich um des Schicksals des Volkes willen ein.[7] Auch in E fleht Mose für das Volk in der Erzählung vom goldenen Kalb, und später interveniert er leidenschaftlich und beredt bei einem Gott, den er kennengelernt hat ›wie ein Mann mit seinem Freunde redet‹.[8] Er kann sogar zu Gott selbst sagen: »Warum bekümmerst du mich?« oder: »Und willst du also mit mir thun, so erwürge mich lieber«.[9] In D bittet Mose Gott eindringlich, ihn die Ankunft im gelobten Land erleben zu lassen, aber Gott lehnt das ab.[10] P läßt Menschen niemals mit solcher Vertraulichkeit zu Gott reden.

In P ist Gott transzendentaler, distanzierter. Er gibt Gebote, und sein Wille wird getan.[11] In D dagegen sagt Mose dem Volk:

> Denn das Gebot, das ich dir heute gebiete, ist dir nicht verborgen, noch zu ferne.
> Noch im Himmel daß du [das Volk] möchtest sagen: Wer will uns in den Himmel fahren, und es uns holen, daß wir's hören und thun?
> Es ist auch nicht jenseits des Meers, daß du [das Volk] möchtest sagen: Wer will uns über das Meer fahren, und es uns holen, daß wir's hören und thun?
> Denn es ist das Wort gar nahe bei dir, in deinem Munde und in deinem Herzen, daß du es thust.[12]

Um das Argument nicht überzubewerten: Gott wird in P gelegentlich als Person gesehen, und in J, E und D wird er manchmal transzendent vorgestellt. Doch insgesamt ist der Unterschied unübersehbar und tiefgreifend. Als der Redaktor all diese Quellen vereinigte, mischte er zwei unterschiedliche Gottesbilder.

Damit aber bildete er ein neuartiges Gleichgewicht zwischen den persönlichen und transzendenten Eigenschaften der Gottheit. So entstand ein Bild von Gott als einem universalen und zugleich ungemein persönlichen Gott. Jahwe war der Schöpfer des Kosmos, aber auch ›der Gott eurer Väter‹. Die Verschmelzung war im Künstlerischen dramatisch und theologisch profund, sie entwickelte aber auch eine neuartige Spannung. Jetzt zeigte sie Menschen in einem engen persönlichen Dialog mit dem allmächtigen Herrn des Universums.

Es war dies ein Gleichgewicht, das von keinem der einzelnen Verfasser intendiert worden war. Aber ob nun intendiert oder nicht, eben dieses Gleichgewicht sollte im Zentrum des Judentums und des Christentums stehen. Wie Jakob in Pniel haben seither beide Religionen mit einem kosmischen und doch persönlichen Gott gelebt und gerungen. Das gilt für den feinsinnigsten Theologen wie für den Menschen einfachsten Glaubens. Es geht um letzte Dinge, und doch wird jedem Menschen bedeutet: »Der Herr des Universums kümmert sich um *dich*.« Ein ungewöhnlicher Gedanke. Aber wiederum von keinem der Verfasser geplant. Wahrscheinlich lag es nicht einmal in der Absicht des Redaktors. Es war derart in den Texten eingebettet, daß der Redaktor gar nicht anders konnte als genau diese neuartige Gleichung hervorzubringen, wenn er seinen Quellen wirklich treu bleiben wollte.

Gerechtigkeit und Barmherzigkeit

Die Vereinigung der Quellen zeitigte ein anderes Ergebnis, das noch paradoxer war. Sie schuf eine neue Dynamik zwischen Jahwes Gerechtigkeit und seiner Barmherzigkeit.

Erinnern Sie sich, daß das Wort ›Barmherzigkeit‹ in P nicht ein einziges Mal verwendet wird. Ebensowenig werden die Wörter ›Gnade‹ oder ›Buße‹ verwendet. Auch die Treue Jahwes wird nie erwähnt. Der Priester, der P geschrieben hat, betont vielmehr den göttlichen Aspekt der Gerechtigkeit. Das heißt, man bekommt, was man verdient. Gehorsam wird belohnt. Übertretungen werden bestraft. Da gibt es keine Barmherzigkeit des göttlichen Richters, der man sich anvertraut.

J und E bilden dazu praktisch einen Gegensatz. Sie

betonen den göttlichen Aspekt der Barmherzigkeit. Für Übertretungen kann durch Buße Vergebung erlangt werden. Gott ist gnädig und in großzügiger Weise seinem Bunde treu. Die menschliche Grunderfahrung des Göttlichen wird bei J dargestellt, als Mose Gott wirklich auf dem Sinai sieht und Jahwe erklärt, er sei

> Jahwe, Gott, barmherzig und gnädig und geduldig und von großer Gnade und Treue ...[13]

Die Begriffe, die P nie nennt, tauchen in J, E und D ungefähr siebzigmal auf.

Es ist keineswegs nur eine Frage des Vokabulars. Auch in den Geschichten, die sie erzählen, entwickeln J, E und D den Gedanken des barmherzigen Gottes viel ausgeprägter als P. In der E-Erzählung vom goldenen Kalb erklärt Jahwe zunächst, daß er das ganze Volk vernichten und an seine Stelle aus Moses Nachkommen ein neues Volk setzen will. Aber Mose ruft die Barmherzigkeit Jahwes an, und Gott läßt sich erweichen.[14] In der Kundschafter-Erzählung von J geschieht dasselbe. Jahwe sagt, daß er das Volk vernichten und mit Mose einen Neuanfang machen will. Mose appelliert erneut an sein Erbarmen, und von neuem läßt er sich erweichen.[15]

Der Autor von P lehnte diese Darstellung Gottes ab. In seiner Version der Kundschafter-Erzählung bestimmt Jahwe das Schicksal des Volkes, und danach gibt es kein Bitten von Mose mehr.

Auch in diesem Zusammenhang wäre es falsch, eine absolute Trennungslinie zwischen den Quellen zu ziehen. J, E und D können Gott gelegentlich auch streng im Sinne der Gerechtigkeit handelnd schildern, und es kann auch vorkommen, daß P Gott als barmherzig zeigt. Aber alles in allem besteht hier ein offenkundiger und dramatischer Unterschied. P konzentriert sich in erster Linie auf die göttliche Gerechtigkeit. Die anderen Quellen konzentrieren sich auf die göttliche Barmherzigkeit.

Und der Redaktor fügte sie zusammen. Als er das tat, schuf er eine neue *Formel*, in der sich Gerechtigkeit und Barmherzigkeit die Waage hielten – ein solches Gleichgewicht hatte es vorher noch nie gegeben. So annähernd gleichgewichtig waren die Gerechtigkeit und die Barmherzigkeit in keinem der Quellentexte gewesen. Gott war beides: gerecht und barmherzig, zornig und mitleidsvoll, streng und verzeihend.

Dieses starke Spannungsverhältnis wurde für den Gott der Bibel bestimmend. Es war eine neuartige und ungemein vielschichtige Formel. Aber es war die Formel, die zu einem zentralen Bestandteil des Judentums und des Christentums über zweieinhalbtausend Jahre wurde.

Das Verhältnis von Gerechtigkeit und Barmherzigkeit ist – psychologisch wie theologisch – gespannter als die Relation von kosmischer und persönlicher Dimension Gottes. Da herrscht in Jahwe eine ständige Spannung zwischen seiner Gerechtigkeit und seiner Barmherzigkeit. Die beiden sind nicht miteinander zu vereinbaren. Wann soll das eine, wann das andere die Oberhand gewinnen?

Jeder, der je Vater oder Mutter – oder Kind – gewesen ist, kennt das Problem. Vater oder Mutter sagen: »Wenn du das tust, wirst du bestraft.« Das Kind tut es trotzdem. Und dann muß der Vater oder die Mutter sich entscheiden, was tun. Die Gerechtigkeit fordert: strafen. Aber da gibt es auch das Mitleid. In den meisten Familien entwickelt sich zwischen beiden ein Gleichgewicht, bei dem manchmal die Disziplin und manchmal die Vergebung die Oberhand hat. Die wenigsten Eltern könnten wahrscheinlich sämtliche Faktoren nennen, deretwegen sie bei der Gelegenheit so und bei der Gelegenheit anders entscheiden. Zu den widersprüchlichen Faktoren gehören nicht zuletzt die Empfindungen von Zorn und Liebe.

In dem vereinten biblischen Text ist Gott so hin- und hergerissen wie alle liebenden Eltern. Er schließt einen Bund mit den Menschen, und der Vertrag enthält Bedingungen. Wenn die Menschen die Bedingungen nicht einhalten, kann seine sofortige gerechte Reaktion von der Beendigung des Bundes bis zum Inkrafttreten eines jener Bundesflüche reichen, die in 3. Mose 26 und 5. Mose 28 aufgezählt sind. Aber seine Barmherzigkeit verzögert und/oder mildert die Ausübung der Gerechtigkeit fast immer.

Das so oft zitierte Bild vom ›alttestamentlichen Gott der Gerechtigkeit und des Zorns‹ ist nie mehr als die eine Hälfte des wirklichen Bildes gewesen. Wer Gott im Sinne des obigen Zitats sieht, scheint nur P und nicht den übrigen Text gelesen zu haben. Ironischerweise scheint dieses Bild gewöhnlich auf dem Rechtsprinzip ›Auge um Auge, Zahn um Zahn‹ zu beruhen.[16] Aber dieses Prinzip trifft für die *menschliche* Gerechtigkeit zu. In den biblischen Berichten handelt Gott fast immer mitfühlender und barmherziger als nach diesem Prinzip angemessen wäre.

Und so entwickelten sich die beiden Religionen um eine Bibel herum, die Gott als einen liebenden und treuen, manchmal aber auch zornigen Vater darstellte. In dem Maße, als dieses Bild der Bibel den Lesern mehr Echtheit und Wirklichkeit verleiht, war der Redaktor auch erfolgreicher als er es vielleicht beabsichtigt hatte. Und in dem Maße, als das Spannungsverhältnis zwischen Gottes Gerechtigkeit und Barmherzigkeit *an sich* zu einem wichtigen Faktor in der Geschichte der Bibel wurde, ist die Bibel auch mehr als die Summe ihrer Teile.

In einem sehr realen Sinn ist die Bibel größer als die Menschen, die sie geschrieben haben.

Die Synthese

Und somit schließt sich gewissermaßen der Kreis, und wie zu Beginn beschäftigen wir uns wieder mit der Bibel als ganzem. Und das hat wohl bisher bei vielem Forschen über die Verfasser der Bibel gefehlt; es ist oft ein Niederreißen und Auseinandernehmen ohne Wiederzusammenbringen gewesen. Und das mag zum Teil auch der Grund gewesen sein, warum ein solches Analysieren die Gläubigen in Christentum und Judentum so verletzt hat. Lange Zeit hatte es den Anschein, als verfolge alles wissenschaftliche Bemühen den Zweck, die Bibel auseinanderzunehmen und zahlreiche Einzelteile zu gewinnen, von denen keiner für sich genommen mehr die Bibel war. Möglicherweise konnte dieses Unterfangen in den frühen Phasen nur bis zu diesem Punkt kommen. Jetzt aber haben wir einen Punkt erreicht, an dem unserer Entdeckungen über die Ursprünge der Bibel zu einem vermehrten Verständnis und Achten der Bibel in ihrer abschließenden, endgültigen Form führen kann.

Seit den ersten Hinweisen der mittelalterlichen Gelehrten haben wir einen beachtlichen Weg zurückgelegt. Was als Beschäftigung mit einigen rätselhaften Stellen in den Fünf Büchern Mose begann, führte zu der Feststellung, daß einige Zeilen dieser Bücher nicht von Mose selbst stammten. Daran schloß sich die Erkenntnis, daß größere Teile des Textes von jemand anderem als Mose stammten. Dann isolierten Wissenschaftler mehrere unterschiedliche, durchgängige Werke und identifizierten sie anhand sprachlicher und inhaltlicher Merkmale. Und dann begannen wir damit, jedes einzelne dieser Werke mit verfeinerten Methoden genauer zu bestimmen und den Entstehungsprozeß der Bibel zu bemerken.

Während die Untersuchungen auf diesem Wege vorankamen, gab es neue bahnbrechende Erkenntnisse in der Archäologie und in unserem Verständnis der gesellschaftlichen und politischen Geschichte der biblischen Welt. Durch die Verknüpfung dessen, was wir aus solchen literarkritischen und historischen Arbeiten lernten, gelangten wir zu dem hier entworfenen Bild, einem Bild von der Entstehung der Bibel, das mit der historischen Welt ihrer Autoren untrennbar verbunden ist. Im Zusammenhang mit einem geteilten Königreich, von Israel und Juda, finden wir zwei Autoren, die zwei Versionen der Geschichte ihres Volkes schrieben – J und E. Jede dieser beiden Versionen war aufs innigste mit dem Leben der Gesellschaft verbunden, aus der sie kam – die eine aus Israel, von einem Vertreter der Priesterfamilie von Silo, der möglicherweise ein Nachkomme Moses war; und die andere aus Juda, von einem Vertreter des davidischen Königshauses. Im Zusammenhang mit dem

Fall des israelitischen Königreiches und der Wiedervereinigung des geteilten Volkes finden wir jemand, der die beiden Versionen vereint und zu einer Erzählung verschmilzt, welche der wiedervereinigten Gesellschaft dienen konnte.

In ähnlicher Weise ist nach meiner Überzeugung der geschichtliche Rahmen des priesterschriftlichen Werkes in der Zeit König Hiskias zu finden. Es war eine Zeit, in der die Unterschiede der priesterlichen Rangstufen eingeführt wurden, aufgrund derer die aaronitische Priesterschaft von Jerusalem eine privilegierte Stellung innehatte. Das priesterschriftliche Werk (P) war die Alternative dieser Priesterschaft zum Werk JE, das eine andersartige, oftmals entgegengesetzte Betrachtungsweise Gottes, der Geschichte und insbesondere eine feindselige Haltung gegenüber ihrem Vorfahren Aaron widerspiegelte.

Ihre Rivalen im Ringen um den priesterlichen Rang, die (möglicherweise musitische) Priesterschaft von Silo, sahen ihren Augenblick zur Zeit von König Josia gekommen. In dieser Epoche wurde der von ihnen bewahrte Gesetzeskodex vom König als das Buch der Thora (D) bestätigt. Ein Vertreter dieser Priesterschaft, Jeremia oder möglicherweise Baruch, schrieb eine Historie, die sich von Mose und diesem Gesetzeskodex bis zur Lebenszeit des Autors selbst spannte (Dtr[1]). Der Tod Josias und der Untergang des Königreiches veranlaßte den Autor, eine neue Ausgabe dieser Historie zu schreiben, in der die neuen, katastrophalen historischen Umstände berücksichtigt wurden (Dtr[2]).

Die Vereinigung dieser Teile zu einer fortlaufenden Erzählung ›der ersten Bibel‹, ist ebenfalls im historischen Kontext zu erkennen, sie spiegelt das Leben einer Gesellschaft, die aus dem Exil zurückkehrt und erwartungsvoll dem Wiederaufbau ihres Landes, ihrer Anbetungsstätte und ihres Kults entgegensieht. Es war eine Zeit, in der alle Textversionen schon zu bekannt geworden waren, als daß man sie ignorieren konnte. Der Schriftgelehrte, der für diese Redaktion (R) verantwortlich war und den ich als Esra identifiziere, war ein Vertreter der aaronitischen Priester, die in dieser Epoche zur führenden Kraft aufstiegen. Er nahm ihre Interessen und die allgmeine Situation seines Volkes in diesem geschichtlichen Moment wahr. Er bewahrte ihre wertvollen Werke in einer Form, die über Jahrtausende akzeptiert den Zusammenhang bilden konnte, in dem auch andere heilige Texte verstanden werden sollten.

Die Bibel ist somit eine Synthese von Geschichte und Literatur, die manchmal harmonisch und manchmal spannungsgeladen, auf jeden Fall aber untrennbar war. Und ein großer Teil dieser Geschichte und dieser Synthese ist, wie ich glaube, heute, Jahrhunderte später, für uns endlich sichtbar und begreiflich geworden.

Woher und wohin

Was sollen wir nun mit diesem Wissen anfangen?

Bisher hat sich die Suche nach den Autoren der Bibel hauptsächlich im Bereich eines Studiums der Geschichte abgespielt. Die Wissenschaftler interessierten sich meistens für die Religionsgeschichte, die Geschichte Israels oder die Entstehungsgeschichte der Bibel selbst.

Diejenigen, die die Bibel als Literatur betrachten, und

diejenigen, deren Interesse dem religiösen Studium der Bibel gilt, d. h. der Bibel als *heilige* Schrift, haben von solchem Wissen nur selten Gebrauch gemacht. Das war zum Teil darauf zurückzuführen, daß eine derartige Analyse als Bedrohung der Religion empfunden worden ist. Es war aber auch darauf zurückzuführen, daß die Analyse unvollständig war. In unserem Wissen über die Autoren gab es große Lücken: Wir wußten nicht, wann sie lebten, warum sie schrieben, welche Beziehung zwischen dem bestand, was sie schrieben, und den Ereignissen in der Welt.

Aber die Situation hat sich verändert. Die Bedrohung der Religion ist eigentlich nie Wirklichkeit geworden. Wellhausen erklärte, daß er aufhörte, Theologiestudenten dieses Fach zu lehren, weil er ›sie für ihr Amt untauglich mache‹. Aber die Erfahrung der nachfolgenden Generationen hat bewiesen, daß er sich offensichtlich geirrt hat. Viele — möglicherweise die meisten — protestantischen, katholischen und jüdischen Geistlichen haben dieses Fach bereits über ein Jahrhundert lang gelernt und gelehrt, und es mit ihrem Glauben und ihren Traditionen in Einklang zu bringen vermocht.

Die Ansätze zu solchem Einklang waren seit den Tagen der ersten Forscher gegeben. Einfach ausgedrückt, ging es nie um die Frage: »Wer *inspirierte* die Bibel?« oder »Wer *offenbarte* die Bibel?« Es ging lediglich um die Frage, welche Menschen sie tatsächlich verfaßt haben. Ob sie das aufgrund göttlicher Führung, göttlichen Diktats oder göttlicher Eingebung getan haben, war immer eine Frage des Glaubens. Joseph ben Eliezer Bonfils, vielleicht der erste jüdische Gelehrte, der zu einem Vers der Thora unmißverständlich bemerkte: »Das hat nicht Mose geschrieben«, hat genau das bereits vor sechshundert Jahren ausgesprochen. Er sagte:

> ... insofern, als wir an die empfangenen Worte und an die Worte der Prophezeiungen glauben müssen, was bedeutet es mir da, ob Mose sie schrieb oder ob ein anderer Prophet sie schrieb, da all ihre Worte Wahrheit und durch Weissagung empfangen sind.[17]

Der christliche Autor Andreas von Maes erklärte vor über vierhundert Jahren, daß ein Redaktor, möglicherweise Esra, zumindest erklärende Worte und Wendungen eingefügt hat. Aber auch von Maes war der Überzeugung, daß es für den Gläubigen keinen Grund gibt, darüber zu streiten, welche menschliche Hand nun den Text aufgezeichnet hat:

> In Wahrheit gibt es aber keinen großen Bedarf an einer Disputation über den Schreiber, solange wir glauben, daß Gott der Autor ist sowohl der Ereignisse selbst als auch der Worte, mit denen sie uns überliefert wurden ...[18]

Die Herausforderung, die diese Forschung darstellt, gilt nicht dem Glauben an die Bibel als Offenbarung oder Eingebung, sondern den Überlieferungen darüber, welche Menschen sie auf Pergament niederschrieben.

Die Unvollständigkeit der Analyse ist auch nicht mehr das Problem, das es früher einmal war. Sicherlich gibt es immer noch Wissenslücken — die Namen der Verfasser von J und E sind uns beispielsweise nicht bekannt. Aber schließlich ist die hebräische Bibel im Verlauf von fast tausend Jahren geschrieben worden, und es dauerte nochmals ein paar hundert Jahre, bis ihr die Christen das

Neue Testament hinzufügten. Wenn es so lange gedauert hat, das Geheimnis zu schaffen, dann sollte es nicht verwundern, wenn es ebenfalls tausend Jahre (seit den mittelalterlichen Forschern) dauert, es zu entschleiern. Das Entscheidende liegt darin, daß die Entdeckungen der letzten Jahre — literarische, linguistische und archäologische Entdeckungen — uns jetzt in die Lage versetzt haben, dieses Wissen zu nutzen.

Jetzt können wir die hohe Kunst erkennen und schätzen lernen, die in die Entstehung eines jeden Teiles des Buches eingebracht wurde. Wir können die vielen verschiedenartigen menschlichen Erfahrungen über Hunderte von Jahren erkennen und schätzen lernen, die es so vielschichtig und so reichhaltig gemacht haben. Wir können begreifen lernen, in welchem Maße die einzelnen Teile des Buches auf die tatsächlichen Bedürfnisse und die wirklichen Lebenslagen eingingen. Wenn wir von der Größe des Buches sprechen, so können wir nun besser verstehen, wodurch es so großartig geworden ist.

Man wird die Bibel mit völlig anderen Augen lesen. Im Bewußtsein ihrer außergewöhnlichen Geschichte und ihrer daraus resultierenden Komplexität können wir — und wahrscheinlich müssen wir — die Bibel mit einer neuen, tieferen Aufgeschlossenheit und Hochachtung lesen. Wir können eine Seite der Bibel lesen und wissen, daß — durch Jahrhunderte voneinander getrennt — drei oder gar vier Menschen, die alle Künstler waren, alle aus ihrer eigenen Erfahrung und in ihrer eigenen geschichtlichen Epoche schrieben, zur Komposition dieser Seite beigetragen haben. Und *gleichzeitig* können wir die Seite so lesen, wie sie ist, um uns an der Erzählung zu erfreuen, aus ihr zu lernen und herauszufinden, wie andere Menschen sie über Jahrtausende ausgelegt haben.

Für diejenigen unter uns, welche die Bibel als Literatur lesen, kann dieses neue Wissen eine neue Bekanntschaft mit den Personen vermitteln, die sie geschrieben haben, eine neue Möglichkeit zur Deutung ihrer Kunst und eine neue Bewunderung der endgültigen Schönheit und Vielschichtigkeit.

Für diejenigen unter uns, welche die Bibel im Suchen nach der Geschichte lesen, öffnet diese Forschungsperspektive ständig neue Wege, um zu entdecken, was sich in verschiedenen historischen Augenblicken ereignete, und ein neues Gespür dafür, wie Menschen der biblischen Gesellschaft auf solche Augenblicke antworteten.

Für diejenigen unter uns, welche die Bibel als heilige Schrift betrachten, sind neue Deutungsmöglichkeiten gegeben; das neue Wissen kann zu einer neuen Ehrfurcht vor der großen Kette von Ereignissen, Menschen und Jahrhunderten führen, die so innig zusammenfanden, um ein unvergleichliches Buch der Lehren zu schaffen.

Und für uns alle, die wir in dieser Kultur leben, die in so zentraler Weise von der Bibel mitgeformt worden ist, öffnet dieses Wissen die Möglichkeit, in engeren Kontakt mit den Menschen und Kräften zu treten, die Einfluß hatten auf unsere Welt.

Letztendlich geht es ja nicht nur um die Frage, wer die Bibel schrieb, sondern um die Frage, wer sie liest.

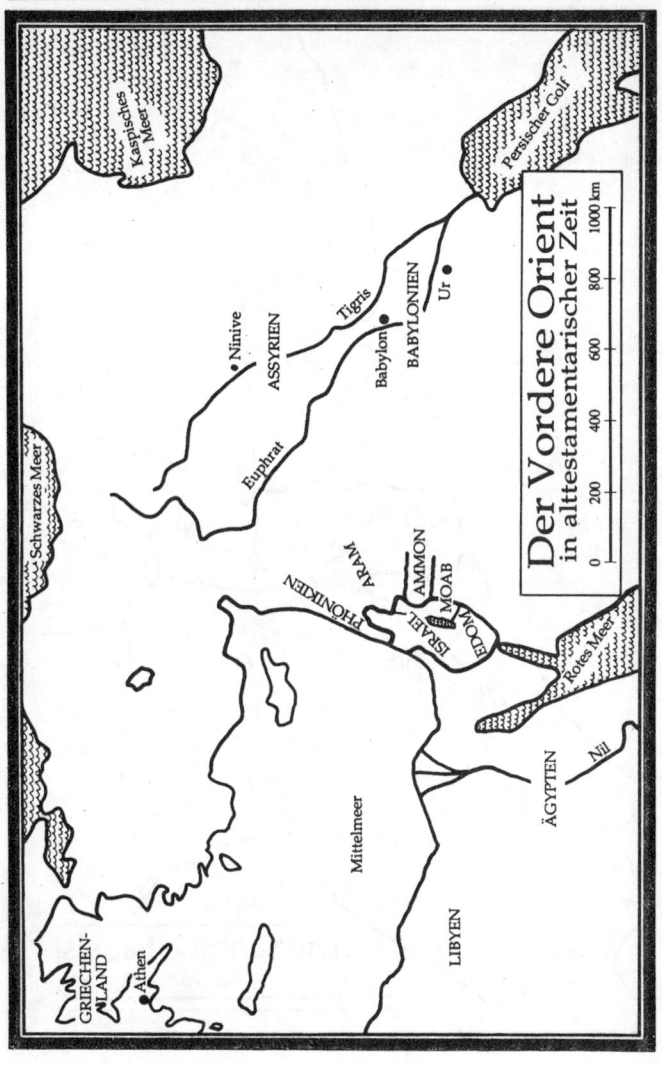

Der Vordere Orient in alttestamentarischer Zeit

357

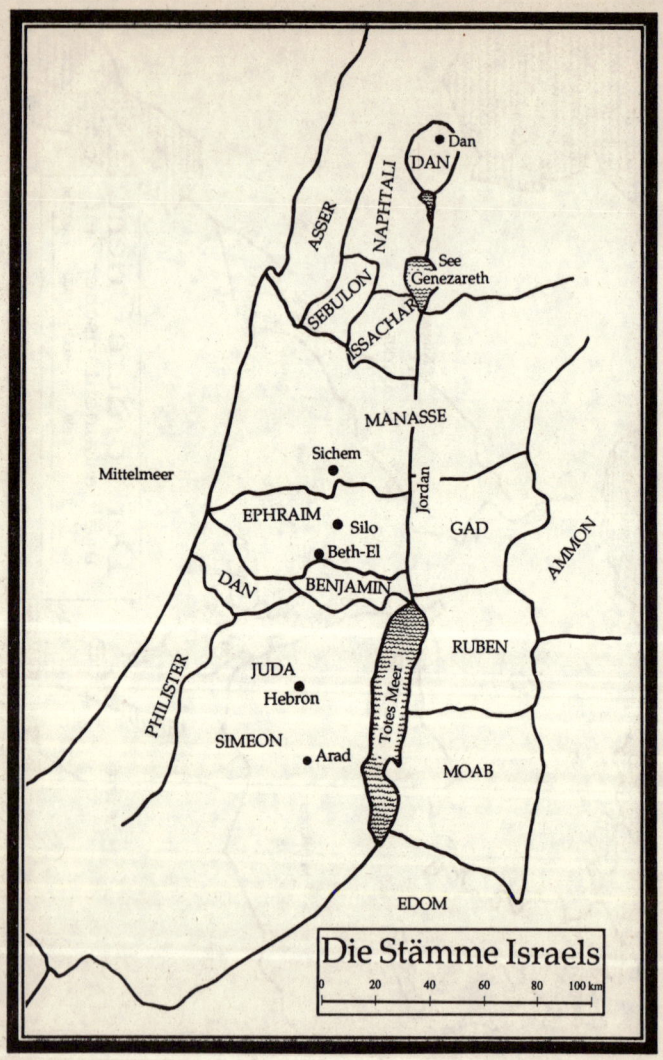

Die Stämme Israels

358

PHÖNIKIEN

ARAM (SYRIEN)

Tyrus • Dan

See Genezareth

Mittelmeer

ISRAEL

Meggido •

Sichem •

Silo •
Beth-El •

Jordan

AMMON

Jerusalem •

Lachis •

Hebron •

Totes Meer

MOAB

PHILISTÄA

JUDA

Ägyptischer Fluß

EDOM

Juda und Israel

0   20   40   60   80   100 km

Rotes Meer

359

Identifizierung der Autoren der Fünf Bücher Mose

* Mit Sternchen versehene Einträge: siehe Anmerkungen zur Identifizierung der Autoren.

DAS ERSTE BUCH MOSE

	J	E	P	R
Schöpfung	2,4b-25		1,1-2,3	
Schaffung von Himmel und Erde				2,4a
Garten Eden	3,1-24			
Kain und Abel	4,1-16			
Genealogie Kains	4,17-26			
Geschlechter des Menschen	5,29			*5,1-28; 30-32
Söhne Gottes und menschliche Frauen	6,1-4			
Die Sintflut	6,5-8. 7,1-5;7; 10;12; 16b-20; 22-23. 8,2b-3a;6; 8-12;13b; 20-22		7,8-9;11; 13-16a; 21;24. 8,1-2a; 3b-5;7; 13a;14-19. 9,1-17	
Noah betrunken	9,18-27			

	J	E	P	R
Noahs Alter				*7,6. 9,28-29
Geschlechter von Noahs Söhnen	10,8-19;21; 24-30		10,1b-7; 20;22-23; 31;32	10,1a
Der Turmbau zu Babel	11,1-9			
Geschlechter von Sem				11,10a; *10b-26
Geschlechter von Tharah				11,27a; *32
Abrahams Auswanderung	12,1-4a		11,27b-31. 12,4b-5	
Abrahams Verheißung	12,6-9			
Frau/Schwester	12,10-20			
Abraham und Lot	13,1-5; 7-11a; 12b-18 [*14,1-24]		13,6; 11b-12a	
Abrahams Bund	*15,1-21		17,1-27	
Hagar und Ismael	16,1-2; 4-14		16,3;15-16	
Die drei Besucher	18,1-33			
Sodom und Gomorra	19,1-28; 30-38		19,29	
Frau/Schwester		20,1-18		

	J	E	P	R
Geburts Isaaks	21,1a;2a;7	21,6	21,1b;2b-5	
Hagar und Ismael		21,8-21		
Abraham und Abimelech		21,22-34		
Isaaks Fesselung		22,1-10; 16b-19		*22,11-16a
Abrahams Verwandte	22,20-24			
Die Höhle von Machpelah			23,1-20	
Rebekka	24,1-67		25,20	
Die Söhne Keturas	25,5-6	25,1-4		
Abrahams Tod			25,7-11a	
Geschlechter Ismaels			25,13-18	25,12
Geschlechter Isaaks				25,19
Jakob und Esau	25,11b; 21-34. 27,1-45		26,34-35. 27,46. 28,1-9	
Frau/Schwester	26,1-11			
Isaak und Abimelech	26,12-33			
Jakob in Beth-El	28,10-11a; 13-16;19	28,11b-12; 17-18;20-22		

	J	E	P	R
Jakob, Lea und Rahel	29,1-30			
Jakobs Kinder	29,31-35. 30,24b	30,1-24a	35,23-26	
Jakob und Laban	30,25-43	31,1-2; 4-16; 19-54. 32,1-3		
Jakobs Rückkehr	31,3;17; 18a. *32,4-13	32,14-24. 33,1-17	31,18b. 35,27	
Jakob wird Israel		32,25-33	35,9-15	
Sichem	34,1-31	33,18-20		*33,18
Rückkehr nach Beth-El		35,1-8		
Rahel stirbt im Kindbett		35,16-20		
Ruben nimmt Jakobs Kebsweib	35,21-22			
Isaaks Tod			35,28-29	
Geschlechter Esaus	36,31-43		36,2-30	36,1
Joseph und seine Brüder	37,2b;3b; 5-11;19-20; 23;25b-27; 28b;31-35	37,3a;4 12-18;21-22; 24;25a;28a; 29.36	37,1	37,2a
Juda und Thamar	38,1-30			

	J	E	P	R
Joseph und Potiphars Weib	39,1-23			
Der Schenk und der Bäcker		40,1-23		
Joseph und der Pharao		41,2-45a; 46b-57	41,45b-46a	
Jakobs Söhne in Ägypten	42,1-4;8-20; 26-34;38. 43,1-13;15-34. 44,1-34. 45,1-2;4-28	42,5-7;21-25; 35-37. 43,14. 45,3		
Jakob in Ägypten	46,5b;28-34. 47,1-27a; 29-31. *49,1-27. 50,1-11;14-23	46,1-5a. 48,1-2;8-22. 50,23-26	46,6-27. 47,27b;28. 48,3-6. 49,29-33. 50,12-13	48,7. 49,28

DAS ZWEITE BUCH MOSE

	J	E	P	R
Die nach Ägypten kamen				1,1-5
Das neue Geschlecht			1,6-7	
Die Knechtschaft		1,8-12	1,13-14	
Tötung der männlichen Kinder	1,22	1,15-21		
Moses Geburt und Jugend	2,1-23a			
Gott hört Israels Schrei			2,23b-25	

	J	E	P	R
Jahwe ruft Mose	3,2-4a;5;7-8. *16-22. 4,1-17;19-20a; 21a;22-31	3,1;4b;6;9-15. 4,18;20b	6,2-12;14-25. 7,1-9	4,21b. 6,13; 26-30
Mose und Pharao	5,1-6,1. 7,14-18; 20b-21a;23-29. 8,3b-11a; 16-28.9,1-7; 13-34. 10,1-19;21-26; 28-29.11,1-9		7,10-13; 19-20a;22b. 8,1-3a;12-15. 9,8-12	8,11b. 9,35. 10,20;27. 11,9-10
Der Auszug	12,21-23	12,*24-27; 29-36;37b-39. *13,1-16	12,1-20;28. 40-49	12,37a; 50-51
Das Rote Meer	14,5-7;10b; 13-14;19b; 20b;21b;24; 27b;30-31. *15,1-18	13,17-19. 14,11-12;19a; 20a;25a. 15,20-21	13,21-22. 14,1-4;8;9b; 10a;10c;15-18; 21a;21c;22-23; 26-27a;28-29	13,20. 15,19
Wasser in der Wüste	15,22b-25a			15,22a;27
Gebote		15,25b-26		
Essen in der Wüste		16,4-5;35b	16,2-3;6-35a; 36	16,1
Wasser in der Wüste		17,2-7		17,1
Amalek		17,8-16		
Jethro		18,1-27		
Horeb/Sinai	19,10-16a;18; 20-25	19,2b-9, 16b-17;19. 20,18-26	19,1	19,2a

	J	E	P	R
Die zehn Gebote			*20,1-17	
Der Kodex des Bundes		*21,1-27. 22,1-30. 23,1-33		
Horeb/Sinai (Fortsetzung)		24,1-15a; 18b	24,15b-18	
Stiftshütten-Anweisung			25,1-31,11	
Sabbath-Gebot			31,12-17	
Die Tafeln			31,18	
Das goldene Kalb		32,1-33,11		
Moses Gottes-erscheinung	34,1a;2-13	33,12-23		34,1b
Die Zehn Gebote	34,14-28			
Moses Gesichtshaut			34,29-35	
Ausführung der Stiftshütten-Anweisung			35-40	

DAS DRITTE BUCH MOSE

Das ganze Buch			1-27	
außer: Hütten am Sukkot				23,39-43
Rettung aus dem Exil				26,39-45

	J	E	P	R
DAS VIERTE BUCH MOSE				
Die letzten Tage am Berge Sinai			1,1-2,34. 3,2-9,14. 10,1-10	3,1. 9,15-23
Aufbruch vom Berg Sinai	10,29-36		10,11-12; 14-27	10,13;28
Thabeera		11,1-3		
Essen in der Wüste		11,4-35		
Moses Frau, die Mohrin		12,1-16		
Die Kundschafter	13,17-20;22-24;27-31;33. 14,1b;4; 11-25;39-45		13,1-16;21; 25-26;32. 14,1a;2-3; 5-10;26-39	
Zusätzliches Opfergesetz				15,1-31
Verletzung des Sabbaths			15,32-36	
Quasten an der Kleidung			15,37-41	
Korah, Dathan und Abiram	16,1b-2a; 12-14;25-26; 27b-32a;33-34		16,1a;2b-11; 15-24;27a; 32b;35	[*16,24;27]
Aaroniten und Leviten			17,1-18,32	
Die rötliche Kuh			19,1-22	
Wasser in der Wüste			20,1b-13	20,1a

367

	J	E	P	R
Israel und Edom	20,14-21			*21,4a?
Aarons Tod			20,23-29	20,22
Israel und Arad	21,1-3			
Die eherne Schlange		21,4b-9		
Wanderungen				21,10-11; [*12-20]
Sihon und Og	21,21-35			
Bileam		22,2-24,25		22,1
Die Häresie von Peor	25,1-5		25,6-19	
Volkszählung			26,1-8;12-65	26,9-11
Die Töchter Zelophehads			27,1-11	
Die Einsetzung Josuas			27,12-23	
Zusätzliches Opfergesetz				28,1-31. 29,1-39
Gesetze über die Annulierung der Gelübde von Frauen			30,1-17	
Sieg über die Midianiter			31,1-54	
Stammes- ländereien			*32,1-42. 33,50-56. 34,1-29. 35,1-34. 36,1-13	
Liste der Rastplätze				*33,1-49

	DTR[1]	DTR[2]	ANDERE	E	P
DAS FÜNFTE BUCH MOSE					
Moses Einführung	1,1-4,24; 32-49. 5,1-8,18. 9,1-11,32	4,25-31. 8,19-20			
Gesetzes- kodex	26,16-19. 27,1-10		21,1-26,15		
Bundes- Zeremonie	27,11-26				
Segen und Fluch	28,1-35; 38-62	28,36-37; 63-68			
Moses Schluß- folgerung	28,69. 29,1-20;28. 30,11-13. 31,1-8	29,21-27. 30,1-10; 14-20			
Einsetzung Josuas				31,14-15; 23	
Die Thora	31,9-12; 24-27				
Das Lied Moses		31,16-22; 28-30. 32,44	*32,1-43		
Moses letzte Worte	32,45-47				
Der Segen Moses			*33,2-27	33,1	
Moses Tod	34,10-12		*32,48-52(R)	34,1-6	34,7-9

Anmerkungen zur
Identifizierung der Autoren

1. Mose 5,1-28, 30-32; 7,6; 9,28-29; 11,10b-26, 32

Diese Passagen stammen aus dem ›Buch der Geschlechter‹, das ursprünglich offenbar ein separates Dokument war und eine ähnliche Terminologie enthielt wie P. Der Redaktor hat es in Fragmente zerlegt und diese dann im gesamten 1. Buch Mose verteilt. Das vereinheitlichte die Erzählungen, indem es sie innerhalb einer chronologischen Reihenfolge der Generationen ansiedelte.

1. Mose 15,1-21

Dieses Kapitel halten viele Wissenschaftler aufgrund verschiedener Schwierigkeiten im Text für eine Mischung zweier Quellen. (Zum Beispiel werden Abraham im Vers 5 die Sterne gezeigt, aber Vers 12 zufolge begann gerade die Sonne unterzugehen.) Es wird hier als J gekennzeichnet, man sollte aber seine Komplexität beachten. Besonders die Vorhersage der ägyptischen Knechtschaft in den Versen 13-16 ist merkwürdig. Sie vereint Elemente von Angaben oder Terminologie, die ansonsten einzig für J oder E oder P charakteristisch sind. Und sie wird von einer Epanalepse (die wiederholte Erwähnung des Sonnenunterganges, Verse 12 und 17) eingerahmt. Möglicherweise wurde diese Stelle von dem Redaktor selbst geschrieben. Damit hätte sie einen doppelten Zweck erfüllt: (1) die Verbindung zwischen den Erzählungen über die Patriarchen im 1. Buch Mose und den Erzählungen über die Knechtschaft und den Auszug im 2. Buch Mose zu verstärken; und (2) die Einheit der Quellen im 1. Buch Mose selbst zu verstärken.

1. Mose 22,11-16a

Die Erzählung von der Beinahe-Opferung Isaaks wird auf E zurückgeführt. Sie bezeichnet die Gottheit in den Versen 1, 3, 8 und 9 als Elohim. Aber gerade als Abraham den Arm mit dem Messer erhoben hat, um Isaak zu opfern, sagt der Text, daß der Engel *Jahwes* ihn davon abhielt (Vers 11). Die Verse, in denen Isaak gerettet wird, sprechen von der Gottheit als Jahwe (Verse 11-14). Diesen Versen folgt ein Bericht, daß der Engel zum zweitenmal spricht und sagt: »... und *hast* deines eigenen Sohns *nicht* verschonet ...« Also beinhalten die vier Verse, die berichten, daß Isaak nicht geopfert wurde, sowohl einen Widerspruch als auch einen Wechsel des Namens Gottes. So ungewöhnlich es auch erscheinen mag, es ist tatsächlich behauptet worden, daß Isaak in der ursprünglichen Version dieser Erzählung wirklich geopfert wurde, und daß die intervenierenden vier Verse nachträglich eingefügt wurden, zu einer Zeit, als die Vorstellung von Menschenopfern abgelehnt wurde (vielleicht von dem Schreiber, der J und E zusammenfaßte). Natürlich können die Worte »... und hast deines Sohns nicht verschonet ...« auch nur bedeuten, daß Abraham *gewillt* war, seinen Sohn zu opfern. Man sollte aber bedenken, daß der Text schließt: »Also kehrte *Abraham* wieder zu seinen Knaben ...« (Vers 19). Isaak wird nicht erwähnt.

Mehr noch: Isaak taucht in E überhaupt nicht mehr auf. Interessanterweise nahm eine spätere Midrasch-Überlieferung diese Vorstellung auf, daß Isaak wirklich geopfert wurde. Diese Überlieferung wird in S. Spiegels *The Last Trial* (New York: Schocken, 1969; hebräische Edition 1950) diskutiert.

1. Mose 32,4-13

Diese Stelle ist nur schwer einem Autor zuzuordnen. Sie zeigt Verwandtschaft mit J als auch mit E-Material an, in das sie eingebettet ist. Die Zuordnung zu J ist hier vorläufig.

1. Mose 33,18

Die Worte »nachdem er aus Paddam Aram [bei Luther: Mesopotamien – Anm. d. Übers.] kommen war« in der Mitte dieses Verses sind merkwürdig. Der Kontext ist E, aber der Name Paddam Aram wird ansonsten nur in P verwendet. Diese Worte scheinen eine Ergänzung des Redaktors zu sein, vielleicht um die Tatsache zu erklären, daß die Verschmelzung der Quellen den Anschein erweckt, daß Jakob unheimlich viel Zeit benötigte, um zu seinem Vater Isaak zurückzukehren (in 1. Mose 35,27).

1. Mose 36,2-30

Diese Aufzählungen von Esaus Familie enthalten einige Widersprüche zu anderen P-Texten (1. Mose 26,34-35; 28,9). Es könnte sich um ursprünglich unabhängige Dokumente handeln, die der Redaktor hier eingefügt hat.

1. Mose 48,7

Dieser Text schließt sich nicht mühelos an den vorausgehenden Text (P) oder den folgenden Text (E) an, und er verbindet Anspielungen auf frühere Texte von P (1. Mose 35,9) und E (1. Mose 35,15-19). Daher scheint es sich um einen Zusatz des Redaktors zu handeln, vielleicht zu dem Zweck, die Redundanz der in 1. Mose 48 vereinigten P- und E-Texte abzuschwächen. In Vers 5 (P) verleiht Jakob Josephs Söhnen, Ephraim und Manasse, denselben Status wie Jakobs eigenen Söhnen; aber in Vers 8 (E) sieht Jakob auf Ephraim und Manasse und sagt: »Wer sind die?«

1. Mose 49,1-27

Dieses Lied, das als der Segen Jakobs bekannt ist, wurde wahrscheinlich nicht vom J-Autor geschrieben, sondern war eine Quelle, die dieser Autor benutzte und dann in die Erzählung einarbeitete.

2. Mose 3,16 (und die folgenden Bezugsstellen in J)

Ab diesem Vers ist es eine sehr schwierige Aufgabe, den Teil der Erzählung von Mose in Ägypten, der nicht zu P gehört, J oder E zuzuordnen. Ich habe diese Erzählung vorläufig unter J aufgeführt, es sind aber weitere sorgfältige Studien erforderlich, um in dem Punkt sicherer zu sein.

2. Mose 12,24-27; 13,1-16

Diese Texte weisen einige kleine Ähnlichkeiten mit deuteronomischen Texten auf, und daher haben einige Wissenschaftler behauptet, daß ein deuteronomischer Redaktor dem Text des 2. Buches Mose diese Zeilen hinzugesetzt hat. Das ist möglich; aber (1) sind die Ähnlichkeiten gering, (2) ist es nicht klar, warum solch ein Redaktor von allen ihm verfügbaren Möglichkeiten ausgerechnet diese Dinge eingefügt haben sollte, und (3) weisen D und E viele Ähnlichkeiten auf und stammen auf jeden Fall aus derselben Gemeinschaft. Daher bin ich der Ansicht, daß zumindest die Wahrscheinlichkeit besteht, daß diese Stellen zuerst einmal dem E-Text zuzuordnen sind.

2. Mose 15,1-18

Dieses Lied, das als Lied des Meeres bekannt ist, wurde – wie der Segen Jakobs – wahrscheinlich nicht vom J-Autor verfaßt, sondern war eher eine Quelle, die dieser Autor verwendet und in seine Erzählung eingearbeitet hat.

2. Mose 20,1-17

Die Unterschiede zwischen den Zehn Geboten, wie sie hier und in 5. Mose 5 erscheinen, deuten darauf hin, daß es einen Originaltext der Zehn Gebote – der ursprünglich wohl ein Teil von E gewesen ist – gab, der von dem Schreiber, der P schrieb, in typischer P-Terminologie, und von dem Schreiber, der Dtr[1] schrieb, in typischer D-Terminologie überarbeitet wurde. Man vergleiche besonders das Sabbath-Gebot in 2. Mose 20,11 und 5. Mose 5,15. Der J-Text der Zehn Gebote steht dagegen in 2. Mose 34,14-28.

2. Mose 21,1-27; 22,1-30; 23,1-33

Der Bundeskodex ist ein Gesetzestext, der möglicherweise nicht von dem E-Autor verfaßt wurde, sondern eine Quelle war, die dieser Autor in seine Erzählung eingearbeitet hat.

4. Mose 16,24,27

Die Namen Dathan und Abiram passen nicht hierher. Nur die Hütte von Korah wird in diesen Versen genannt. Dathan und Abiram (und ihre eigenen Zelte) werden in Vers 27b extra genannt. Die Namen Dathan und Abiram wurden anscheinend von dem Redaktor beim Verschmelzen der beiden ursprünglich separaten Erzählungen hinzugesetzt.

4. Mose 21,4a

Das könnte eine der Bemerkungen des Redaktors über die Stationen der Wanderung durch die Wüste sein, die als redaktionelle Verbindungsstücke der verschiedenen Texte dienen, welche sich mit den Jahren in der Wüste befassen.

4. Mose 21,12-20

Diese Verse, die ältere Texte zitieren, einschließlich des ›Buches von den Kriegen Jahwes‹, sind nur schwer zuzuordnen.

4. Mose 32,1-42

Dieses Kapitel scheint Elemente von J und P zu enthalten. Die genaue Zuordnung nach Versen ist schwierig.

4. Mose 33,1-49

Die Aufzählung der Rastplätze in 4. Mose 33 scheint wie das Buch der Geschlechter im 1. Buch Mose ursprünglich ein separates Dokument gewesen zu sein, das der Redaktor dazu benutzt hat, um die verschiedenen Texte mit Hilfe einer chronologischen Kontinuität zu vereinen.

5. Mose 32,1-43

Dieses Lied, bekannt als das Lied Moses, wurde von der Person, die Dtr^2 geschrieben hat, an dieser Stelle in den Text eingearbeitet, worauf die Tatsache hinweist, daß einige Themen und Ausdrücke, die in Dtr^2 weiterentwickelt wurden (z. B. ›das Verbergen des Antlitzes‹), aus diesem Lied zu stammen scheinen (Vers 20).

5. Mose 33,2-27

Auch dieses Lied, bekannt als der Segen Moses, war wahrscheinlich ursprünglich ein separates Dokument, das in den Text eingearbeitet wurde.

5. Mose 32,48-52

Diese Verse wiederholen den P-Text aus 4. Mose 27,12-14. Sie sind die Epanalepse des Redaktors, der die Erzählung von Moses Tod wiederaufnimmt, die durch das Anfügen des Textes des 5. Buches Mose an das Werk verschoben wurde.

Anmerkungen

Einführung

1. Es gibt eine Stelle im Fünften Buch Mose, die besagt, daß er vor seinem Tode ein ›Buch der Thora‹ geschrieben hat, das in dem goldenen Kasten (der ›Lade‹) aufbewahrt wird, welche die beiden Steintafeln mit den Zehn Geboten enthält. Der Bericht im 5. Buch Mose behauptet aber nicht, daß dieses Buch den gesamten Text aller fünf Bücher enthält (5. Mose 31,9; 24-25). Das Wort ›*Thora*‹ hier in 5. Mose 31 muß nicht unbedingt für die Thora stehen, den Namen, mit dem später dann der gesamte Pentateuch bezeichnet wurde. Das Wort kann auch ganz einfach Vorschrift im allgemeinen bedeuten.

2. Es gibt viele Leute, die behaupten, daß sie Bibelwissenschaftler sind. Ich meine mit Gelehrten bzw. Wissenschaftlern diejenigen, die die erforderlichen Kenntnisse der Sprachen und der biblischen Archäologie sowie die literarischen und historischen Kenntnisse besitzen, um an diesem Problem zu arbeiten, und die ihre Ansichten und Forschungsergebnisse mit anderen Gelehrten in Fachzeitschriften, auf Konferenzen usw. austauschen und kontrovers diskutieren.

3. Wie wir noch sehen werden, war der Autor ein Mann.

Kapitel 1

1. Haddu und andere männliche Gottheiten werden in der Bibel oftmals einfach als *ba'al* (Plural *ba^e'alim*) bezeichnet, und das bedeutet ›Herr‹.

2. *Anmerkung zur Übersetzung des Gottesnamens;* Der Name Gottes in der Bibel ist Jahwe. Nachdem die Bibel vollendet war, entwickelte sich der Brauch, diesen Namen nicht laut auszusprechen. In den meisten Übersetzungen erscheint deshalb ›der HERR‹ (in Kapitälchen), wenn im Hebräischen der Name Jahwe erscheint. Für den Zweck dieses Buches erscheint es sinnvoller, sich an das Original zu halten.

3. Für Leser, die an genaueren Einzelheiten interessiert sind: zu dieser Zeit war Samuel bereits gestorben, und Silo war an die Philister gefallen. Die Priester von Silo befanden sich daher zu dieser Zeit in der Stadt Nob.

Kapitel 2

1. Die erste Version der Schöpfungsgeschichte steht in 1. Mose 1,12,3, die zweite Version in 1. Mose 2,4-24.

2. Die Erzählung von der Sintflut erscheint hier auf den Seiten 73-79, wobei die beiden Versionen getrennt wurden.

3. 1. Mose 15 und 1. Mose 17.

4. Der Terminus ›Höhere Kritik‹ wurde gewählt, um diese Art der Arbeit von Textstudien zu unterscheiden, die als ›Niedere Kritik‹ bezeichnet werden. Bei Textstudien vergleicht ein Bibelgelehrter die verschiedenen und ältesten vorhandenen Bibelmanuskripte – u. a. den masoretischen [überlieferten,

traditionellen − Anm. d. Übers.] hebräischen Text, die griechischen Versionen, die lateinischen, die aramäischen und neuerdings auch die Qumran-Texte (›Schriftrollen vom Toten Meer‹). Wenn die Versionen nicht übereinstimmen, versucht der Forscher herauszufinden, welche das Original und welche das Ergebnis eines Schreibfehlers oder einer Ergänzung ist. Obwohl dieses Studium der Wörter des Textes an sich oftmals faszinierend und für die Bibelauslegung wichtig ist, wurde es doch als ›niedriger‹ (wenn auch nicht unbedingt im negativen Sinne) eingestuft als das ins Quellenstudium einbezogene Studium von Inhalten und Geschichte.

5. Die Namen Gottes waren der erste, nicht aber der einzige Hinweis: Beispielsweise spricht die E-Quelle vom Berge Gottes in Horeb; die J-Quelle nennt ihn Berg Sinai. E nennt Moses Schwiegervater Jethro, J nennt ihn Reuel.

6. 1. Mose 13,18. 18,1.

7. 1. Mose 15,18.

8. 1. Mose 32,25-31;1. Könige 12,25.

9. J=1.Mose 28,11a;13-16;19. E=1.Mose 28,11b;12; 17-18;20-23. 35,1-7.

10. 1. Mose 34.

11. 1. Mose 33,18-20.

12. Die Geburt von Benjamin ist in 1. Mose 35,16-20 beschrieben, einer Stelle, die gewöhnlich E zugerechnet wird. Zur technischen Abhandlung dieser Angelegenheit verweise ich auf meinen Artikel ›The Recession of Biblical Source Criticism‹ in *The Future of Biblical Studies*.

13. 1. Mose 30,1;24a.

14. 1. Mose 29,32-35.
15. 1. Mose 49,3-4.
16. 1. Mose 49,5-7.
17. 1. Mose 49,8.
18. 1. Mose 48,8-20.
19. 1. Könige 12,25.
20. Jes. 7,17; Jer. 7,15.
21. 1. Mose 37,21-22.
22. 1. Mose 37,26-27.
23. 1. Mose 48,22.
24. 1. Mose 13,17. 19,2. 26,22. 34,21. 2. Mose 3,8. 34,24.
25. 1. Mose 50,24-26.
26. 2. Mose 13,19.
27. Jos. 24,32.
28. 2. Mose 1,11.
29. 1. Könige 11,1.
30. 2. Mose 17,8-13. 24,13. 32,15-17. 33,11. 4. Mose 11,24-29.
31. 4. Mose 13,8. Jos. 24,1.30.
32. 4. Mose 17-20;22-24;27-31.
33. Jos. 14,13.
34. 1. Mose 25,23.
35. 1. Mose 25,29-34.
36. 1. Mose 27,1-40.
37. 2. Könige 8,16;20-23.

Kapitel 3
1. Man beachte, daß der Name Jahwe hier in einer E-Erzählung auftaucht. Ich werde das an späterer Stelle erläutern.
2. 2. Mose 32.

3. 1. Könige 12,28.
4. Nach einem Bericht von J:

> Und Jahwe sprach zu Mose: Hau dir zwo steinerne Tafeln [wie die ersten waren], daß ich die Worte darauf schreibe [die in den ersten Tafeln waren, welche du zerbrochen hast].

Da die Quelle J keinen Hinweis auf die Erzählung vom Goldenen Kalb enthält, wurden die Verweise auf die ersten zerbrochenen Tafeln in diesem Vers – d. h. die in Klammern stehenden Worte – wahrscheinlich durch den Redaktor eingefügt, der J und E zusammengefügt hat.

5. 1. Sam. 1,1.
6. Die Verbindung durch Heirat scheint sich in der priesterlichen Überlieferung widerzuspiegeln, daß Aaron die Schwester von Nehesson ben Amminadab, des Prinzen des Stammes Juda, heiratete. 2. Mose 6,23. 4. Mose 2,3.
7. 2. Mose 34,17.
8. 2. Mose 20,23.
9. Die Beschreibung ihres Aufbruchs kann als J identifiziert werden, weil darin der Schwiegervater Moses Reuel, und nicht wie in E Jethro genannt wird.
10. 2. Mose 34,17.
11. 2. Mose 33,7-11.
12. 1. Mose 3,24.
13. Man beachte, daß der Name Jahwe hier in einer E-Erzählung auftaucht. Ich erkläre das an späterer Stelle.
14. 4. Mose 11,11-15.
15. 2. Mose 3,8.
16. 2. Mose 3,10.

17. Einzelne Personen verwenden in J-Erzählungen das Wort Elohim, nicht aber der *Erzähler.*
18. 2. Mose 3,13.
19. 2. Mose 3,15.
20. 2. Mose 21,23. Der Gesetzestext wird als Gesetz des Bundes bezeichnet.
21. Jo Ann Hackett behandelt dieses Phänomen in ›Women's Studies and the Hebrew Bible‹, in R. E. Friedman und H. G. M. Williamson, Hrsg., *The Future of Biblical Studies.*
22. 2. Könige 8,16;20-22.
23. Die derzeit von mir betriebenen Forschungen weisen darauf hin, daß E in den letzten fünfundzwanzig Jahren vor dem Fall Israels im Jahre 722 v. Chr. geschrieben wurde.

Kapitel 4
1. 4. Mose 21,5-9.
2. 2. Könige 18,4.
3. 2. Könige 18,13-19;37. Jesaja 36-37. 2. Chronik 32,1-23.
4. 2. Könige 19,35.
5. Ich habe hier den entsprechenden Teil übersetzt. Den vollständigen Text der Prisma-Inschrift findet man in: *Ancient Near Eastern Texts,* hrsg. von James Pritchard.
6. 2. Könige 18,14-15.
7. 2. Chronik 32,2-4.
8. 2. Könige 22,8. 1. Chr. 34,14-15.
9. Jes. 2,4. Micha 4,3.

Kapitel 5

1. 2. Samuel 7,16.
2. 1. Könige 11,35-36.
3. 1. Könige 15,3-4.
4. 2. Könige 8,18-19.
5. Cross' Buch *Canaanite Myth and Hebrew Epic* und die Werke von anderen in diesem Kapitel erwähnten Forschern sind in der Bibliographie genannt.
6. Weitere Beispiele für Stellen, die die Worte ›bis auf diesen Tag‹ enthalten, sind 1. Könige 9,21. 10,12. 12,19. 2. Könige 8,22. 10,27. 14,7. 16,6. 17,23.
7. 1. Könige 13,1-2.
8. 2. Könige 23,15-18.
9. 2. Könige 20,12-19.
10. 2. Könige 23,25.
11. 5. Mose 34,10.
12. 2. Könige 23,25.
13. 5. Mose 6,5.
14. 2. Könige 23,25.
15. 5. Mose 17,8-13.
16. 2. Könige 22,13.
17. 5. Mose 17,11.
18. 5. Mose 17,20.
19. 2. Könige 22,2.
20. 5. Mose 31,26. Jos. 1,8. 8,31;34. 23,6. 2. Könige 22,8.
21. 5. Mose 31,11.
22. 2. Könige 23,2.
23. 5. Mose 9,21.
24. 2. Könige 23,6.
25. 2. Könige 23,12.
26. 2. Könige 12,3.

27. 5. Mose 5,8.
28. 5. Mose 4,16;23;25. 27,15.
29. 5. Mose 7,25.
30. 2. Könige 21,7.
31. 2. Könige 18.
32. 5. Mose 12.
33. Beispiele: König Asa, 1. Könige 15,11-14; König Josaphat, 1. Könige 22,43-44.
34. Jer. 17,3. Hes. 6,3;6.
35. 2. Könige 22,2.
36. 2. Könige 16,2. 18,3. 21,7.

Kapitel 6
1. 5. Mose 12,20.
2. 5. Mose 17,14-20.
3. 5. Mose 10,6.
4. 5. Mose 9,20.
5. 5. Mose 24,9.
6. 1. Könige 11,5-7.
7. 2. Könige 23,13.
8. 1. Könige 12-13. 2. Könige 23,15.
9. Jeremia 1,2.
10. 2. Chronik 35,25.
11. Jeremia 29,1-3.
12. Jeremia 36,10.
13. Jeremia 26,24.
14. Jeremia 39,14. 40,6.
15. Jeremia 7,12;14. 26,6;9. vgl. 41,5.
16. Jeremia 7,12.
17. Josua 21,18-19.
18. Jeremia 11,21-23.
19. Jeremia 8,17-19.

20. 2. Könige 24,8.
21. Jeremia 15,1.
22. E=2. Mose 3,1. 17,6. 33,6. D=5. Mose 1,6;19. 4,10;
    15. 5,2. 9,8. 18,16. 28,69.
23. E=2. Mose 20,24. D=5. Mose 12,5;11;21. 14,23;24.
    16,2;6;11. 26,2.
24. 5. Mose 1-3. 4,1-24;32-49. 5-7. 8,1-18. 9-11. 26,16-
    19. 27. 28,1-35;38-62;69. 29,1-20;28. 30,11-14. 31,1-
    13;24-27. 32,45-47. 34,10-12. 2. KJönige 22,1-23,25.
25. Josua 1,7-9. 8,30-35. 21,41-43. 22,5. 23,1-16.
26. Richter 2,11-23. 3,1-11. 10,6-7;10-16.
27. 1. Samuel 7,3-4. 8,8. 12,20-21;24-25.
28. 2. Samuel 7,1b;13-16.
29. 1. Könige 16,29.
30. 1. Könige 22,41.
31. 1. Könige 22,39. Die ›Chronik der Könige Israels‹
    ist nicht dasselbe wie das biblische Buch der Chro-
    nik.
32. 1. Könige 11,38-39.
33. Psalm 89,21-38. 132,11-18. Der Wortlaut des Bundes
    in 2. Samuel 7 scheint auf dem Wortlaut von Psalm
    89 zu basieren.

Kapitel 7
 1. Die Einfügungen des exilierten Verfassers sind in
    dem Quellenverzeichnis S. 373-374 aufgelistet. Die-
    jenigen, die an der speziellen Beschreibung der
    grammatikalischen, syntaktischen, strukturellen
    und anderen Beweise interessiert sind, verweise ich
    auf meinen Artikel ›From Egypt to Egypt: Dtr[1] and
    Dtr[2]‹ in J. Levenson und B. Halpern (Hrsg.): *Tra-
    ditions in Transformation: Turning Points in Biblical
    Faith*.

2. E=2. Mose 20,3. J=2. Mose 34,14.
3. 5. Mose 4,25. 8,19-20. 29,25. 30,17. 31,16;18; Josua 23,16. 1. Könige 9,6;9. 2. Könige 17,35-39.
4. 5. Mose 31,16-19.
5. 2. Könige 21,9-15.
6. 2. Könige 23,26.
7. 1. Könige 9,3.
8. 1. Könige 9,7.
9. 5. Mose 28,68.
10. 2. Könige 25,26.
11. 5. Mose 4,25-31.
12. Jeremia 36.
13. Babylonischer Talmud, Baba Batra 15a.
14. Üblicherweise wird von den Bibelwissenschaftlern die Dichtung in dem Buch Jeremia selbst, die Prosa Baruch und/oder anderen zugeschrieben.
15. Jer. 32,12;13;16. 36,4;5;8;10;13;14;15;16;17;18;19; 26;27;32. 43,3;6. 45,1;2.

Kapitel 8
1. Sacharja 7-8.
2. Hesekiel 40-42.
3. Esra 1,8;11. 2,2. 3,8. 4,2;3. 5,2;14;16. Neh. 7,7. 12,1;47.
4. Hag. 1,1;12;14. 2,2;4;21;23. Sach. 4,6;7;9;10.
5. Jer. 52,28ff. 2. Könige 24,14.
6. Esra 2,64.
7. Jer. 52,11. 2. Chr. 36,21;22. Esra 1,1.
8. Siehe insbesondere Nehemia 9, wo auf die Verlesung der Thora eine Schilderung folgt, in der alle Quellen vermischt sind. Z. B. die Verse 7 und 8 erinnern an

1. Mose 15 (J) und 17 (P); Vers 13 erinnert an 2. Mose 19,20 (J) und 2. Mose 20,22 (E); Vers 25 erinnert an 5. Mose 6,11 (D).

Kapitel 9

1. Siehe R. J. Thompson: *Moses and the Law in a Century of Criticism Since Graf,* S. 42ff.
2. Hes. 44,15-16.
3. 1. Mose 1,1-3.
4. Jer. 4,23.
5. 1. Mose 1,22;28. 17,20. 28,3. 35,11. 47,27. 48,4. vgl. 2. Mose 1,7. 3. Mose 26,9.
6. Z. B. 2. Mose 25.
7. Jer. 3,16.
8. 3. Mose 7,37f.
9. Jer. 7,22.
10. 3. Mose 26,3.
11. 3. Mose 26,15.
12. Hes. 5,7.
13. 3. Mose 26,29.
14. Hes. 5,10.
15. 3. Mose 26,22;25.
16. Hes. 5,17.
17. 2. Mose 6,8.
18. Hes. 20,28.
19. Liste der Stellen in Friedman: *The Exile and Biblical Narrative,* S. 63.
20. Hes. 7,26. 22,26. siehe auch 43,11. 44,5;23.
21. Hesekiel 40-42. 2. Mose 26.
22. Siehe die Ausgewählte Bibliographie.
23. Jacob Milgrom, Robert Polzin, Gary Rendsburg,

Ziony Zevit und A. R. Guenther; siehe die Ausgewählte Bibliographie.
24. 3. Mose 17,3-4.

Kapitel 10

1. 1. Könige 6,2.
2. 1. Könige 8,4. 2. Chronik 5,5.
3. *Jewish Antiquities*, VIII: 101,103.
4. Babylonischer Talmud, Sota 9a.
5. 1. Chronik 9,23.
6. 1. Chronik 6,33.
7. 2. Chronik 29,6.
8. 3. Mose 26,11. Weitere Einzelheiten über Aufbau und Maße der Stiftshütte, Zitate und Besprechungen weiterer biblischer Bezüge auf die Stiftshütte im Tempel finden Sie in meinem Artikel ›The Tabernacle in the Temple‹.
9. 1. Sam. 1,9;24. 3,3. Richter 18,31. Psalm 78,60.

Kapitel 11

1. 2. Mose 6,1. 7,14. 8,16. 10,1. 4. Mose 11,16. 14,11.
2. 2. Mose 6,13. 7,8. 9,8. 12,1. 3. Mose 11,1. 13,1. 14,33. 15,1.
3. 2. Mose 7,15;17. 9,23. 10,13.
4. 2. Mose 6,10-12. 7,19. 8,1;12-13.
5. 2. Mose 4,14.
6. 2. Mose 7,7.
7. 2. Mose 6,20-25.
8. 2. Mose 40,13;29-32.
9. 2. Mose 7,1.
10. 1. Mose 2,4b.
11. 1. Mose 1,1.
12. 3. Mose 10,1-2.

13. Die Namen Dathan und Abiram mußten hier von dem Redaktor hinzugefügt werden, der die beiden Erzählungen miteinander abgestimmt hat. Der Vers bezieht sich nur auf *eine* Stiftshütte, nicht auf drei; und Dathan und Abiram werden ohne Korah noch einmal in der Mitte von Vers 27 genannt.

14. Die Bedeutung von *sheol* [bei Luther: Hölle – Anm. d. Übers.] in der Bibel ist ungeklärt. Einige glauben, daß damit eine Art Totenreich gemeint ist. Andere glauben, damit sei einfach das Grab gemeint.

15. 2. Mose 6,18-21.

16. 2. Mose 34,6-7.

17. Frank Moore Cross analysierte diese Falle im Zusammenhang mit der Rivalität zwischen den Priesterfamilien in ›The Priestly Houses of Early Israel‹, in: *Canaanite Myth and Hebrew Epic*.

18. 4. Mose 20,23-24.

19. 2. Mose 34,29-35.

20. 2. Mose 24,16-18a.

21. 4. Mose 20,29.

22. Siehe die Identifizierung von Bibelstellen nach Verfassern im Anhang.

23. 4. Mose 13,30.

24. 4. Mose 14,24.

25. 4. Mose 14,6-9.

26. 2. Mose 33,11.

27. 1. Mose 23.

28. Josua 21,13.

Kapitel 12

1. 5. Mose 11,6.

2. 5. Mose 1,36. Josua wird zwei Verse später genannt.

Zu diesem Punkt siehe Anmerkung 7 in diesem Kapitel.

3. 5. Mose 9,16. 24,9.
4. 5. Mose 24,8.
5. 4. Mose 14,3.
6. 4. Mose 14,31.
7. 5. Mose 1,39. Frühere Forscher (Driver, Carpenter und Hardford-Bettersby) dachten, daß die Verse im 4. Buch Mose, die den Ausdruck ›... und unsere Kinder ein Raub werden‹ enthielten, von JE stammten. Schreibt man diese Verse aber JE zu, so ergibt sich im 4. Buch Mose ein Bruch im Kontext und im Sinn sowohl von JE als auch von P. Spätere Wissenschaftler (Martin Noth, Y. Kaufmann und ich) erkannten sie als P. Diejenigen, die an weiteren Einzelheiten zu diesem Punkt interessiert sind, verweise ich auf mein Buch *The Exile and Biblical Narrative,* S. 68-69.

   Bitte beachten Sie, daß in 5. Mose 1,36 ausdrücklich gesagt wird, daß nur Kaleb von der Verurteilung ausgenommen ist, aber schon zwei Verse später (1,38) wird gesagt, daß Josua Moses Nachfolger sein soll. Dieser Vers steht Seite an Seite mit dem P-Bezug ›Kinder werden ein Raub‹ (1,39), und so scheint das ein Versuch des Deuteronomikers zu sein, den Widerspruch zwischen seinen Quellen redaktionell zu lösen. Auf jeden Fall ist es ein weiterer Beweis für seine Vertrautheit mit der P-Version.

8. Siehe Kapitel 9, S. 191.
9. Jer. 8,8.
10. 5. Mose 17,9;18. 18,1. 24,8. 27,9.
11. 2. Chr. 31,2.

12. 4. Mose 21,4b-9.
13. 2. Könige 18,4.
14. 2. Könige 23,13.
15. 1. Chr. 13,2. 15,14. 23,2. 28,13. 2. Chr. 8,15. 11,13. 13,9;10.
16. 2. Chr. 29,3-36. 30,1-27. 31,1-21.
17. 2. Chr. 31,20-21.
18. 1. Könige 11.
19. 2. Könige 20,12-19.
20. 2. Chr. 32,31.
21. Die Chronik kritisiert Hiskia einmal, daß er hochmütig wird, fügt aber sofort hinzu, daß er wieder demütig wird und dadurch dem göttlichen Zorn entgeht (2. Chr. 32,25-26).
22. B. Halpern: ›Sacred History and Ideology: Chronicles' Thematic Structure — Indications of an Earlier Source‹, in Richard Elliot Friedman (Hrsg.): *The Creation of Sacred Literature.*
23. 2. Chr. 30,26.
24. 2. Mose 6,23.
25. 4. Mose 2,3. Ruth 4,20-22.

Kapitel 13
1. 1. Mose 1,1-2;4a. 2. Mose 1,1-7. 3. Mose (alles). 4. Mose 1,1-10;29.
2. 1. Mose 5,1.
3. 1. Mose 5,1-28;30-32. 7,6. 9,28-29. 11,10-26;32.
4. Cross: ›The Priestly Work‹ in: *Canaanite Myth and Hebrew Epic.*
5. 1. Mose 5,1.
6. 2. Mose 7,13;22. 8,15. 9,12.
7. 2. Mose 8,11b. 9,35. 10,20;27.

8. 3. Mose 10,11.

9. 3. Mose 1-7.

10. 3. Mose 23,40.

11. Nehemia 8,17.

12. Esra 7,6.

13. Esra 7,10.

14. Esra 7,6.

15. Esra 7,14.

16. Die [englische] Übersetzung stammt von B. M. Metzger, in J. J. Charlesworth (Hrsg.): *The Old Testament Pseudepigrapha*, 1,554, [deutsche Übersetzung nach Luther: 4. Esra 14,20-22 (zitiert aus der Bibelausgabe Nürnberg, 1729)].

17. Zitiert in E. M. Gray: *Old Testament Cristicism*.

18. 5. Mose 31,10-11.

19. 1. Mose 3,24.

20. 2. Mose 20,8;11.

21. 5. Mose 5,12;15.

22. Die Allerseelen-Deuteronomium-Schriftrolle.

23. Diejenigen, die sich für die Einzelheiten dieser Struktur interessieren, verweise ich auf ›Sacred Literature and Theology: The Redaction of Torah‹, in R. E. Friedman (Hrsg.): *The Creation of Sacred Literature*.

24. Cross: ›The Priestly Work‹, in *Canaanite Myth and Hebrew Epic*.

25. 5. Mose 34,1-6 ist E; 7-9 ist P; und 10-12 ist Dtr[1].

26. 2. Mose 31,12-17.

27. 3. Mose 26,39-45.

Kapitel 14

1. Ich habe versucht, die Motive für die Entscheidungen des Redaktors in meinem Artikel ›Sacred Literature and Theology: The Redaction of Torah‹ aufzuzeigen, in: R. E. Friedman (Hrsg.): *The Creation of Sacred Literature*.
2. 1. Mose 3,5.
3. 2. Mose 19,18.
4. 2. Mose 24,16-17.
5. 2. Mose 33-34.
6. 1. Mose 18,23-33.
7. 4. Mose 14,13-20.
8. 2. Mose 32,7-14. 33,11.
9. 4. Mose 11,11;15.
10. 5. Mose 3,23-26.
11. 1. Mose 1,3;9. 6,22. 2. Mose 7,6. 39,32.
12. 5. Mose 30,11-14.
13. 2. Mose 34,6-7.
14. 2. Mose 32,7-14.
15. 4. Mose 14,13-20.
16. 2. Mose 21,24. 3. Mose 24,20. 5. Mose 19,21.
17. Aus Bonfils' Kommentar zu 1. Mose 12,6.
18. Aus Masius *Commentariorum in Josuam Praefato* (1574), zitiert in: E. M. Gray, *Old Testament Criticism*, S. 58.

Ausgewählte Bibliographie

Addis, William Edward. *The Documents of the Hexateuch*. David Nutt, London 1892-1898.

Aharoni, Yohanan. ›The Solomic Temple, the Tabernacle, and the Arad Sanctuary.‹ In: Harry A. Hoffner, Jr. (Hrsg.). *Orient and Occident*. Essays presented to Cyrus Herzel Gordon. Neukirchener, Neukirchen 1973.

Albright, William Foxwell. *The Biblical Period from Abraham to Ezra*. Harper, New York 1963.

– *Von der Steinzeit zum Christenum. Monotheismus und geschichtliches Werden*. Franke, Bern 1949. (= Sammlung Dalp 55).

Alt, Albrecht. *Kleine Schriften zur Geschichte des Volkes Israel*. 3. Bde. C. H. Beck, München. Bd. I 1969[4], Bd. II 1977[4], Bd. III 1968[2].

Anderson, B., und Harrelson, W. (Hrsg.). *Israel's Prophetic Heritage*. Harper, New York 1962.

Astruc, Jean. *Conjectures sur les mémoires originaux dont il parait que Moyse s'est servi, pour composer le livre de la Genèse*. 1753.

Bacon, Benjamin W. *The Genesis of Genesis*. Hartford 1892.

Baltzer, Klaus. *Das Bundesformular*. Neukirchener, Neukirchen 1960.

Ben-Sasson, H. H. (Hrsg.). *Geschichte des jüdischen Volkes*. 3 Bde. C. H. Beck, München 1978-1980.

Bright, John. *Geschichte Israels. Von den Anfängen bis zur Schwelle des Neuen Bundes*. Patmos, Düsseldorf 1966.

Brown, Raymond E.; Fitzmeyer, J. A.; und Murphy, R. E. (Hrsg.). *The Jerome Biblical Commentary*. Prentice Hall, Englewood Cliffs, N. J. 1968.

Busink, Th. A. *Der Tempel von Jerusalem*. Brill, Leiden 1970.

Carpenter, Joseph Estlin, and Harford-Battersby, George. *The Hexateuch*. Longmans, Green, London 1902.

Cheyne, T. K. *Founders of Old Testament Criticism*. Methuen, London 1893.

Clements, R. E. *Abraham and David*. SCM Press, London 1967. (= Studies in Biblical Theology 2. Ser. 5.)

Cross, Frank Moore. *Canaanite Myth and Hebrew Epic*. Harvard University Press, Cambridge, Mass. 1973.

— ›The Priestly Tabernacle.‹ *Biblical Archeologist* 10 (1947), 45-68.

Driver, Samuel Rolles. *Einleitung in die Literatur des Alten Testaments*. Reuther & Richard, Berlin 1986.

Duff, Archibald. *History of Old Testament Criticism*. Watts, London 1910.

Eissfeldt, Otto. *Einleitung in das Alte Testament*. 4. Aufl., unveränderter Nachdruck der 3. neubearb. Aufl., C. H. Beck, München 1976.

Emerton, J. A. ›The Origin of the Promises to the Patriarchs in the Older Sources of the Book Genesis.‹ *Vetus Testamentum* 32,14-32.

Engnell, Ivan. *A Rigid Scrutiny*. Vanderbilt University Press, Nashville 1969.

Fohrer, Georg. *Einleitung in das Alte Testament*. 12. Aufl., Quelle & Meyer, Heidelberg 1979.

Frankfort, Henry; Frankfort, H. A.; Wilson, John John A. und Jacobsen, Thorkild. *Frühlicht des Geistes*. Wandlungen des Weltbildes im Alten Orient. Kohlhammer, Stuttgart 1954.

Freedmann, David Noel. ›Divine Commitment and Human Obligation.‹ *Interpretation* 18 (1964), 419-431.

– ›Pentateuch.‹ *Interpreter's Dictionary of the Bible*.

– *Pottery. Poetry, and Prophecy*. Eisenbrauns, Winona Lake, Ind., 1980.

Friedman, Richard Elliott (Hrsg.). *The Creation of Sacred Literature*. University of California Press, Berkeley 1981.

– *The Exile and Biblical Narrative*. Scholars Press, Decatur, Ga. 1981. (= Harvard Semitic Monographs.)

– (Hrsg.). *The Poet and the Historian*. Scholars Press, Decatur, Ga. 1984. (= Harvard Semitic Studies.)

– ›The Tabernacle in the Temple.‹ *Biblical Archeologist* 43 (1980).

– und Williamson, H. G. M. (Hrsg.). *The Future of Biblical Studies: The Hebrew Scriptures*. Scholars Press, Decatur, Ga. 1986. (= Semeia Studies.)

Grant, Robert M. *A Short History of the Interpretation of the Bible*. 2. erweiterte und durchgesehene Aufl., Fortress Press, Philadelphia 1985.

Gray, Edward M. *Old Testament Criticism*. Harper, New York 1923.

Habel, Norman. *Literary Criticism of the Old Testament*. Fortress Press, Philadelphia 1971.

Hahn, Herbert F. *The Old Testament in Modern Research*. Neuaufl. Fortress Press, Philadelphia 1966.

Halpern, Baruch. *The Constitution of the Monarchy in Israel.* Harvard Semitic Monographs. Scholars Press, Decatur, Ga. 1981.

— *The Emergence of Israel in Canaan.* Scholars Press, Decatur, Ga. 1983. (= Society of Biblical Literature Monographs.)

— ›Sectionalism and the Schism.‹ *Journal of Biblical Literature* 93 (1974), 519-32.

Hanson, Paul. ›Song of Heshbon and David's NÎR.‹ *Harvard Theological Review* 61 (1968), 297-320.

Haran, Menahem. ›The Priestly Image of the Tabernacle.‹ *Hebrew Union College Annual* 36 (1965), 191-226.

— ›Shiloh and Jerusalem: The Origin of the Priestly Tradition in the Pentateuch.‹ *Journal of Biblical Literature* 81 (1961), 14-24.

— *Temples and Temple Service in Ancient Israel.* New York, Oxford 1978.

Hermann, Siegfried. *Geschichte Israels in alttestamentarischer Zeit.* 2. überarb. u. erw. Aufl., Kaiser, München 1980.

Hillers, Delbart. *Convenant: The History of a Biblical Idea.* John Hopkins, Baltimore 1969.

Hobbes, Thomas. *Leviathan.* Teil 3, Kap. 33. Suhrkamp, Frankfurt am Main 1984.

Hurvitz, Avi. ›The Evidence of Language in Dating the Priestly Code.‹ *Revue Biblique* 81 (1974), 24-56.

— *A Linguistic Study of the Relationship Between the Priestly Source and the Book of Ezekiel,* Gabalda, Paris 1982. (= Cahiers de la Revue Biblique.)

Hyatt, J. P. ›Torah in the Book of Jeremiah.‹ *Journal of Biblical Literature* 60 (1941), 381-96.

Ishida, Tomoo (Hrsg.) *Studies in the Period of David and Solomon and Other Essays*. Yamakawa-Shuppansha, Tokio 1982.

Jenks, Alan W. *The Elohist and North Israelite Traditions*. Scholars Press, Decatur, Ga. 1977.

Kapelrud, A. S. ›The Date of the Priestly Code.‹ *Annual of the Swedish Theological Institute* III (1964), 58-64.

Kaufmann, Yehezkel. *The Religion of Israel*. University of Chicago Press. Chicago 1960. Originalausgabe (hebräisch) 1937.

Kennedy, A. R. S. ›Tabernacle.‹ *Hastings Dictionary of the Bible* IV: 653-68.

Knight, Douglas A. *Rediscovering the Traditions of Israel*. Society of Biblical Literature Dissertation Series. Scholars Press, Decatur, Ga. 1973.

Levenson, Jon. ›Who Inserted the Book of the Torah?‹ *Harvard Theological Review* 68 (1975), 203-33.

– und Halpern, Baruch (Hrsg.). *Traditions in Transformation: Turning-Points in Biblical Faith. Essays presented to Frank Moore Cross*. Eisenbrauns, Winona Lake, Ind., 1981.

Liver, Jacob. *Korah, Dathon, and Abiram*. Hebrew University, Jerusalem 1961 (= Scripta Hierosolymitana 8.)

Lohfink, Norbert. ›Auslegung deuteronomischer Texte, IV.‹ *Bibel und Leben* 5 (1964).

Lundbom, Jack R. ›The Lawbook of the Josianic Reform.‹ *Catholic Biblical Quarterly* 38 (1976), 293-302.

Malamar, Abraham. ›The Twilight of Judah: In the Egyptian-Babylonian Maelstrom.‹ *Vetus Testamentum Supplements* 26 (1975), 123-145.

– *Ursprünge und Frühgeschichte*. In: Ben-Sasson, op. cit., Bd. 1, S. 3-111.

May, Herbert (Hrsg.). *Oxford Bible Atlas*. 3. Aufl., Oxford University Press, New York 1981.

McBride, Samuel Dean. *The Deuteronomic Name Theology*. Dissertation, Harvard University 1969.

McCarthy, Dennis J., S. J. *Old Testament Covenant*. John Knox, Richmond 1972.

– *Treaty and Covenant*. Komplett überarb. Neuaufl., Pontifical Biblical Institute Rom 1981. (= Analecta biblica 21a.)

McEvenue, Sean. *The Narrative Style of the Priestly Writer*. Pontifical Biblical Institute, Rom 1971. (= Analecta biblica 50.)

McKenzie, Steven L. *The Chronicler's Use of the Deuteronomistic History*. Harvard Semitic Monographs. Scholars Press, Decatur, Ga. 1984.

Mendenhall, Georg. *Recht und Bund in Israel und dem Alten Vorderen Orient*. Theol. Verlag, Zürich 1960. (= Theol. Studien 64.)

Milgrom, Jacob. *Cult and Conscience*. Brill, Leiden 1976. (= Studien in Judaism in Late Antiquity 18.)

– *Studies in Levitical Terminolog*. I. University of California Press, Berkeley 1970.

Moran, W. L. ›The Literary Connection Between Lev 11,13-19 and Deut 14,12-28.‹ *Catholic Biblical Quarterly* 28 (1966), 271-277.

Mowinckel, S. *Erwägungen zur Pentateuch-Quellenfrag.:* Universitetsforlaget, Trondheim 1964.

Myers, Jacob M. *Ezra/Nehemiah*. Doubleday, Garden City, N. Y. 1965. (= The Anchor Bible 14.)

Nelson, Richard. *The Double Redaction of the Deutero-*

nomistic History. Sheffield University Press, Sheffield 1981. (= JSOT Supplement Series 18.)

Nicholson, E. W. *Deuteronomy and Tradition.* Blackwell, Oxford 1967.

– *Preaching to the Exiles,* Blackwell, Oxford 1970.

Noth, Martin. *Aufsätze zur biblischen Landes- und Altertumskunde.* Hrsg. v. Wolff, Hans W., 2 Bde. Neukirchener, Neukirchen 1971.

– *Das Buch Josua.* Unveränd. Nachrd. d. 2. verb. Aufl., J. C. B. Mohr, Tübingen 1971.

– *Das dritte Buch Mose (Leviticus).* 5. unveränd. Aufl., Vandenhoeck & Ruprecht, Göttingen 1985.

– *Geschichte Israels.* 10. Aufl., Vandenhoeck & Ruprecht, Göttingen 1986.

– *Könige.* 2. Aufl., Neukirchener, Neukirchen 1983. (= Biblischer Kommentar Altes Testament, 9/1.)

– *Überlieferungsgeschichtliche Studien. Die sammelnden und bearbeitenden Geschichtswerke im Alten Testament.* 3. Aufl., M. Niemeyer, Tübingen 1973.

– *Das vierte Buch Mose (Numeri).* 4. unveränd. Aufl., Vandenhoeck & Ruprecht, Göttingen 1982.

– *Die Welt des Alten Testaments. Einführung in die Grenzgebiete der Alttestamentlichen Wissenschaft.* 4. neu bearb. Aufl., de Gruyter, Berlin 1962.

– *Das zweite Buch Mose (Exodus).* 7. unveränd. Aufl., Vandenhoeck & Ruprecht, Göttingen 1984.

Perdue, L. G., und Kovacs, B. W. (Hrsg.). *A Prophet to the Nations: Essays in Jeremiah Studies,* Eisenbrauns, Winona Lake, Ind., 1984.

Polzin, Robert. *Late Biblical Hebrew: Toward an Historical Typology of Biblical Hebrew Prose.* Scholars Press, Decatur, Ga. 1976. (= Harvard Semitic Monographs 12.)

Pritchard, James B. (Hrsg.) *Ancient Near Eastern Texts Relating to the Old Testament*. 3. Aufl., Princeton Univ. Press 1969.

Propp. William H. ›The Skin of Moses Face — Transfigured or Disfigures?‹ *Catholic Biblical Quarterly*, 1987.

Rad, Gerhard von. *Das erste Buch Mose (Genesis)*. 12. Aufl., Vandenhoeck & Ruprecht, Göttingen 1987.

— *Das fünfte Buch Mose (Deuteronomium)*. 4. unveränd. Aufl., Vandenhoeck & Ruprecht, Göttingen 1983.

— *Die Priesterschaft im Hexateuch, literarisch untersucht und theologisch gewertet*. W. Kohlhammer, Berlin 1934.

— *Das formgeschichtliche Problem des Hexateuch*. W. Kohlhammer, Berlin 1938.

Rendsburg, G. ›Late Biblical Hebrew and the Date of P.‹ *Journal of the Ancient Near East Society* 12 (1980), 65-80.

Rendtorff, Rolf. *Das überlieferungsgeschichtliche Problem des Pentateuch*. Walter de Gruyter, Berlin/New York 1977. (= Beihefte zur Zeitschrift für die alttestamentliche Wissenschaft 147.)

Rogerson, John. *Old Christian Criticism in the Nineteenth Century: England and Germany*. London 1984.

Rowley, H. H. *The Old Testament and Modern Study*. Oxford University Press, New York 1951.

Sarna, Nahum. ›Hebrew and Bible Studies in Medieval Spain.‹ *The Sephardic Heritage*. Bd. 1. Vallentine, Mitchell, London 1971.

Seters, John van: *Der Jahwist als Historiker*. Theol. Verlag, Zürich 1987. (= Theol. Studien 184.)

Shiloh, Yigal. *Excavations of the City of David*. Bd. 1.

Institute of Archeology, Hebrew University, Jerusalem 1984.

Speiser, E. A. *Genesis*. Doubleday, Garden City, N. Y. 1964 (= The Anchor Bible 1).

Spinzoa, Benedictus de. *Sämtliche Werke.* 7. Bde. u. 1 Erg.-Bd. Meiner, München 1965 f. Bd. 3: *Theologisch Politisches Traktat.* 2. durchges. Aufl. 1984.

Tadmor, Hayim. *Die Zeit des Ersten Tempels, die babylonische Gefangenschaft und die Restauration.* In: Ben-Sasson, op. cit., Bd. 1, S. 113-228.

Thompson, R. J. *Moses and the Law in an Century of Criticism Since Graf.* Brill, Leiden 1970. (= Vetus Testamentum Supplements 19.)

Tsevat, Matitiahuh. ›Studies in the Book of Samuel, III.‹ *Hebrew Union College Annual* 34 (1963), 71-82.

de Vaux, Roland. *Das Alte Testament und seine Lebensordnungen.* 2. Bde. Herder, Freiburg i. Br. 1960-1962.

Weinfeld, Moshe. ›The Covenant of Grant in the Old Testament and in the Ancient Near East.‹ *Journal of the American Oriental Society* 90 (1970), 184-203.

– *Deuteronomy and the Deuteronomic School.* Nachdruck, Clarendon Press 1972.

– ›Getting at the Roots of Wellhausen's Understanding of the Law of Israel on the 100th Anniversary of the Prolegomena.‹ Report No. 14/79. Institute for Advanced Studies, Hebrew University, Jerusalem 1979.

– ›Jeremiah and the Spiritual Metamorphosis of Israel.‹ *Zeitschrift für die alttestamentliche Wissenschaft* 88 (1976), 17-56.

de Wette, W. M. L. *Dissertativ critica qua a prioribus Deuteronomium Pentateuchi libris diversam, alius cuiusdam recentioris auctoris opus esse monstratur.* 1805. Nachdruck in *Opuscula Theologica.* Berlin 1830.

Williamson, H. G. M. *Israel in the Books of Chronicles.* Cambridge University Press 1977.

Wolff, Hans Walter. ›Das Kerygma des deuteronomistischen Geschichtswerks.‹ *Zeitschrift für die alttestamentliche Wissenschaft* 73 (1961), 171-86.

Wright, George Ernest (Hrsg.). *The Bible and the Ancient Near East.* Routledge & Kegan Paul, London 1961.

– *Biblical Archeology.* Westminster Press, Philadelphia 1962.

– *The Book of Deuteronomy. The Interpreter's Bible.* II, 311-537. Abingdon, New York 1953.

– und Fuller, R. H. *The Book of the Acts of God.* Doubleday, Garden City, N. Y. 1957.

– *The Lawsuit of God: A Form-Critical Study of Deuteronomy* 32. Anderson-Harrelson, op. cit.

– *The Old Testament Against Its Environment.* SCM Press, London 1850.

Zevit, Ziony. ›Converging Lines of Evidence Bearing on the Date of P.‹ *Zeitschrift für die alttestamentliche Wissenschaft* 94 (1982), 502-09.

– ›The Priestly Redaction and Interpretation of the Plague Narrative in Exodus.‹ *Jewish Quarterly Review* 66 (1976), 193-211.

Danksagung

Meine Forschungen für dieses Buch wurden durch ein Stipendium vom American Council of Learned Societies mit Mitteln des National Endowment for the Humanities unterstützt. Ich danke für diese Förderung.

Ich führte die Forschungen und das Schreiben dieses Buches zum Teil während eines Aufenthaltes in Oxford als Gastdozent am Oxford Centre for Hebrew Studies durch. Die freundliche Aufmerksamkeit, die mir während dieses Aufenthaltes in so vielfältiger Weise vom Präsidenten, Dr. David Patterson, den Fellows und dem Personal des Oxford Centre, insbesondere Ms. Sally Arkley, entgegengebracht wurde, weiß ich zu schätzen.

Auch der University of California, San Diego, bin ich dankbar für Zuschüsse zur Förderung dieser Forschungen.

Mein Interesse an dieser Frage wurde geweckt während meiner Jahre als Graduierter im Department of Old Testament und im Department of Near Estern Languages and Civilizations an der Harvard-Universität. Mit dem Fortgang der Zeit ist meine große Dankesschuld gegenüber meinen dortigen Lehrern nicht geringer geworden, angefangen bei G. Ernest Wright seligen Angedenkens bis hin zu Frank Moore Cross, Thomas

O. Lambdin, William L. Moran, Thorkild Jacobsen und Paul Hanson. Insbesondere danke ich Professor Cross, der meine Ausbildung beaufsichtigte, dessen Gelehrsamkeit für mich beispielhaft bleibt, und der mir soviel Gutes getan hat, daß ich nicht hoffen kann, diese Schuld je abzutragen.

Ich danke dem hervorragenden Archäologen Professor Nachman Avigad von der Hebräischen Universität von Jerusalem dafür, daß er mir großzügigerweise das in diesem Buch abgedruckte Foto vom Siegelabdruck von Baruch ben Neria, dem Schreiber, überlassen hat.

Einer der Glücksfälle in meinem Leben war, daß ich Professor Noel Freedman begegnet bin, der an mir viel Gutes getan hat und von dem ich durch sein Vorbild und seine weisen Ratschläge viel gelernt habe. Diesen Mann und seine Gelehrsamkeit verehre ich mit großer Hochachtung.

Was ich Baruch Halpern schulde, dürfte aus meinen auf ihn bezogenen Bemerkungen in diesem Buch hervorgehen. Es gibt keinen Gelehrten meiner Generation, den ich höher achte. Ich glaube, daß seine Beiträge, die ich hier zitiere, für unser Gebiet von immenser Bedeutung sind. Von ihm habe ich mehr über die Geschichtsmethodik gelernt als von irgend jemand anderem.

Mein Kollege an der Universität von Kalifornien, William Propp, ist der ideale Mitstreiter. Er ist kongenial, unabhängig, ein sorgfältiger, eigenständiger Wissenschaftler und Freund. Ich danke ihm für Anmerkungen und Kritik, die das Buch an verschiedenen Stellen verbessert haben.

Eine der schönen Fügungen, die sich durch diese Arbeit ergaben, ist meine Bekanntschaft mit Jonn Ellison Rodgers, die mir geholfen hat, eine neue Art des Schreibens zu lernen, die mich unterstützt und ermutigt hat und nun freundschaftlich mit mir verbunden ist.

Wie ich im Vorwort erwähnte, habe ich vor einiger Zeit beschlossen, den Versuch zu unternehmen, diese Forschungsergebnisse in einer Weise darzulegen, die sie sowohl dem allgemeinen Publikum als auch den Gelehrten zugänglich macht. Meine literarische Agentin, Elaine Markson, hat diesem Buch und seiner Zielstellung ihr Vertrauen geschenkt. Ihre ganz besondere Mischung von Professionalität und Menschlichkeit ist bewundernswert und von mir aufrichtig geschätzt.

Arthur H. Samuelson, der Redaktor dieses Buches im Verlag Summit Books ist ein Lektor und Redaktor in der Tradition des Deuteronomikers. Die Leser dieses Buches wissen, daß das ein großes Lob ist. Ihm gilt meine fachliche Hochachtung und meine persönliche Dankbarkeit.

Richard Elliott Friedman
Dezember 1986

Register